逃吧，地球人！

EMERGENCY

我的末日求生秘籍

（美）尼尔·斯特劳斯◎著 王祖宁◎译

重庆出版集团 重庆出版社

版贸核渝字(2010)第 054 号

图书在版编目(CIP)数据

逃吧，地球人！ / (美) 斯特劳斯著；王祖宁译. —重庆：重庆出版社，2010.8
书名原文：EMERGENCY

ISBN 978-7-229-02069-9

I.①逃… II.①斯… ②王… III.①长篇小说－美国－现代 IV. ①I712.45

中国版本图书馆CIP数据核字(2010)第070348号

逃吧，地球人！
TAOBA, DIQIUREN !
(美) 尼尔·斯特劳斯 著
王祖宁 译

出 版 人：罗小卫
策　　划：中资海派·重庆出版集团科技出版中心
执行策划：黄　河　桂　林
责任编辑：温远才　朱小玉
版式设计：洪　菲
封面设计：肖　杰　唐　玮

重庆出版集团 重庆出版社 出版
(重庆长江二路205号)

深圳市鹰达印刷包装有限公司制版　印刷
重庆出版集团图书发行有限公司　发行
邮购电话：023-68809452
E-MAIL：Fxchu@cqph.com
全国新华书店经销

开本：890mm×1 240mm　1/32　印张：10.5　字数：333千
2010年8月第1版　2010年8月第1次印刷
定价：29.80元

如有印装质量问题，请致电：023-68706683

契约责任书

本人 ＿＿＿＿＿＿，身体健康，智力正常。阅读《逃吧，地球人！》一书，完全系本人自愿。在今日，即 ＿＿＿/＿＿＿/＿＿＿ 前，本人自信历经世界性危机、社会大崩溃、集体精神狂热后仍能存活之概率为 ＿＿＿%；而在本人阅毕本书且全力提升自立能力之后，此概率将变更为 ＿＿＿%。鉴于此，本人相信，该书之所有内容皆为作者潜心研究之成果，并已确保准确无误。其次，本人同意因试用该书内容所造成的一切伤害及损失，本书作者及其出版者不具有承担任何责任之义务。因此，本人保证，在认真阅读、独立研究并透彻理解本书一切内容后方行试用，并独自承担由之引起的所有后果。无论枪支、刀具、烈火、野生植物、荒野动物还是野蛮的警务人员、外国政府、国家税务局乃至鄙人自身，本人绝不轻涉。若在世界末日中不幸丧生，本人绝不追究哈珀·柯林斯出版集团任何责任。若本人此时继续阅读、放弃阅读或中止阅读，均应视作已认同本契约责任书具有不可撤销之效力。

兹指定居于 ＿＿＿＿＿＿ 之 ＿＿＿＿＿＿ 及本人最近之亲属为该书受益人，特此声明。

致已故的唐纳德·布斯，因高楼落冰击中脑部而殒命。

致一切尚不知末日将至者。

人皆有一死……

人在生死关头，总是无所不用其极的。

——塔德乌什·博罗夫斯基

《一月攻势》

目 录
Contents

本书一切活动所涉用具、资源、材料皆具一定危险性，如无专人指导、监督及反复操练直到能安全使用，切勿肆意尝试。您的自身安全乃您最大之职责。请确保仪器运用方式之正确、安全装置配备之齐全、全程操作之熟练齐备。

上帝保佑您。

第1章

事出有因

ORIENTATION

我们的城墉固若金汤……
我们的内壁富丽堂皇。
看那砖工有多么精良，
一堵堵墙垣举世无双！
任你是凡人还是帝王，
谁能再兴如斯之辉煌。

——吉尔伽美什，《第一块泥板》，公元前2100年
Gilgamesh，*Tablet Ⅰ*，2100 B.C.

引 子

丁零。丁零。

早上 7：40。我接起电话。

“你的斧子在吗？”声音从那头传来，是麦德·刀哥。

“在。”

“斧子快不快？”

“不快，不过你来的路上我可以磨好。”

“你的刀呢？”

“也在。”

“都要又快又好。”

见鬼，今天要宰活羊了。可是昨晚我连屋里的一只苍蝇都下不了手。

没错。真是可悲。

我只是用水杯扣住后拿碟子捂着，然后就把它放生了。

我的同情心让我深受其害。

可是一想到若是自己被揍扁，那会有多不好受。要去踩躏别的什么生物，我也于心不忍啊。

15 分钟后，麦德·刀哥的蓝色道奇公羊 3500 停在了门口。历经风吹日晒，卡车已略显斑驳。脚踏垫上印着骷髅和交叉腿骨的标志，保险杠上只有一个准星图案的贴纸，旁边还有一行字：*我的和平之徽*。

山羊从卡车后厢一只浅褐色的狗笼里饶有兴致地打量着我。它比我料想的还要惹人怜爱。笑容可掬，毛色银白，性情温顺。于是我的老毛病又犯了。

症状：眩晕、恶心、气促。

我背过脸去。我只是从未想过弄只羊养，给它起个名，然后整天与羊为友，以羊为伴。要是我想过，今天我无论如何也不能坐视不管吧。

凯蒂，我的女友。我本指望带她过来给我做精神支柱，这时候却与我所见略同。

“哦，天哪——它刚刚还对我‘咩咩’叫呢，”她的尖叫声既兴奋又惊恐，“别让我再看啦。我会爱上它的。”

精神支柱，如此而已。

“这样不行吧？”开进树林时一片死寂，我问麦德·刀哥，“总得有个什么说法让良心上过得去。”

“这是自然循环。”他漠然答道，一副无动于衷的样子。刀哥身材颀长，发际偏高，蓝色的眼睛眼神凌厉，脸上还蓄着棕色的八字胡须。他的帽子上饰有独立战争年代的标语“别惹我”，无袖T恤上印着自家手工刀具的广告。

“你在喜互惠买的每一块牛排刚开始都是这个样，”他接着说，“如果你想有个说法，那就是今天你饿了，你得吃东西。要想有得吃，就有什么得要死掉。”说完他侧身向前，啪地扭开音响，里边传出AC/DC乐队的怒吼“满地找牙”。

麦德·刀哥不像我，他是个真汉子，砍柴生火，铸刀捕猎，徒手搏击，他样样能行。可以说，就是世界上没有统 电力，没有电报电话公司，没有美孚埃克森，没有麦当劳，没有沃尔玛，没有250年积累起来的美国工业文明，他照样能够独立生存下去。这也正是现在我和他在一起的缘故，我正踏上跨越精神底线的不归路。

“帮我找棵树挂羊。”刀哥一边吩咐我，一边把车停在树林深处的一片空地上熄了火。

时间越长，我越觉得这好像是一场黑帮的私刑。不远处，一头麋鹿一蹦一跳地穿过空地消失在丛林中。它看起来那样健美优雅，我想我怎么也不可能去开枪射它。

除非麦德·刀哥叫我开枪。

我们找好了树，把绑带抛上树枝，然后返回原地，站在靠近羊的后保险杠旁。“这就是你的蛋白质来源，”麦德·刀哥开始向我解说，“沿

着脖子就是它的颈动脉。你得先分开羊腿。用刀从一侧划到另一侧，然后切开喉管。接着就可以挂起来剥皮割肉了。”

症状：眩晕、恶心、气促、自责、内疚。

他把山羊从笼子里放出来戴上项圈。羊儿走到我身边，用头拱拱我的腿，然后踱到一边在地上便溺。

“这会儿它排泄的越多，”麦德·刀哥说，“就越好办。”

现实就是这样。这时我觉得自己简直就正堕入地狱。羊很听话地戴着项圈，等着被从笼里解放出来。它温驯得跟家畜一样。

我可以不去杀它。我大可唠叨着央求麦德·刀哥让我来养它。

“别在那儿悲天悯人啦，”我刚一开口麦德·刀哥就冲我吼道，“动物一般都不在自己倒下的地方大小便。”

“我已经尽力跟它保持距离了，”我对他说，“所以我一直忍住没有给它起名字。”

“我起了，”凯蒂脱口而出，“我管它叫贝蒂。B-E-T-T-I-E。”

“你什么时候起的？”

“它朝我眨眼的时候啊。”

这是我最不该听到的话了。

症状：浑身难受，无可名状、彻头彻尾地惊慌失措。

不知道我还能不能挺得过去。

我戴着一顶橄榄绿的棒球帽，配上一件军装衬衫和一条卡其布工装裤，弹带左右分别插着斯普林菲尔德兵工厂的 XD 9 毫米手枪和 3 英寸 RAT 户外军刀。这不太像我。一个月前的我是不大可能穿工装裤戴棒球帽的，更不用说像现在这样舞刀弄枪了。为什么，我问自己，为什么我要这样？

因为我要生存。没有农庄和屠宰场，没有罐头厂和冷藏车，没有州际公路，也没有食品店和信用卡，那个时候，人们就是这样获取能量的。

我从未想过有一天我也需要制订一个生存备用计划。

我的自白

我开始用宿命的眼光来看世界。

这种感觉一般都是从机场开始的。在那里我第一次感到不祥之兆。在想象的画面里，爆炸四起，警报长鸣，墙倒屋塌，尸横遍野。

可是，当我到达目的地，从出租车里向外张望时，看到的却是人们在每天必经的路上熙来攘往，数不清的高楼大厦里一派繁忙景象，成千上万辆汽车要务在身、疾驰而过。这一切的秩序看起来仿佛牢不可破，这样的情景似乎会永无止境，一成不变，而又理所应当。

然而仅仅一场战争、一次动乱、一枚脏弹、一起天灾、一支叛军、轮经济危机或者一瓶病毒，这一切便会丧失殆尽。这样的场面我们都曾亲眼目睹，在广岛，在德累斯顿，在波斯尼亚，在卢旺达，在巴格达，在哈拉布甲，在新奥尔良。

美国社会，看似牢牢构筑于水泥与传统之上，其实只不过是文明的一处临时栖息地。200 多年前我们入住，说不定哪一天我们就要离开。无论是玛雅废墟、古埃及遗址，还是罗马的古迹，无一不使游人感慨命运之无常。不知道距离游客凭吊美国废墟的日子还有多久?

用宿命的眼光来看，这就是世界的原貌。于是你开始思索从花花世界到荒无人烟之间的空白地带。你开始设想末日何以降临，如何发生，你和你所爱的人们是否能逃过劫数。

当然，我并不希望有世界末日。也许它永远不会来临。但这是我有生之年第一次感到灾难近在眼前。这一理由足以让我有所行动。趁为时未晚我必须行动起来，拯救自己，拯救亲人。

我不想躲在地下室与年迈的老妇争抢面包，也不想在枪林弹雨下被迫行军，更不想在难民营死于霍乱，或者遭遇历史课本上说的那些其他可怕的事情。我只是希望能够安然躺于海滨沙滩编写美国史书，远离那个由自私自利的政客、奸邪刁滑的CEO和恶毒愚忠的狂徒充斥的西方世界。

我要成为那个劫后余生、大难不死的生存赌注大赢家。

我并不总像这样思考。不过话说回来，我的确有些天真，因为我们这一代美国人总是相信自己可以超越历史。20世纪的头20年世界经历了第一次世界大战。下一个20年的大萧条让人刻骨铭心。接下来的20年始于第二次世界大战。而随后的一代则遭遇了越战。至少在千禧年前，以往历代的深重灾难没有在我们身上重演。

此后，从1980年到20世纪末——一切都安然无恙。至少没有战争、国难或什么生死攸关的事情，大到足以将我们从这个唯我独尊的世界拽出，把我们从这个人民饱暖安逸、金融经济繁荣的一己之见中唤醒。

诚然，美国社会并非十全十美。但是对于许多国人来说，好像除了还没有找到能够治愈艾滋病的良方、解决毒品问题的方案和打击城市黑帮暴力的办法以外，美国几乎可以说已经完美无缺了。

然而接下来的一切，突如其来，毫无征兆。

历史就这样发生。

恐怖袭击，全国严打，洪灾肆虐，银行破产，经济崩溃。

我说不清楚我对现行制度失去信心的确切日期，因为以上五件事在某一个时期内接踵而至。然而就是在这一时期——大致与布什政府的任期相当，也许是巧合，也许不是——我渐渐醒悟。因此我决意无论将来政治历史如何风云变幻，我都将自力求得生存。

尽管奥巴马政府的登场带来了一线革故鼎新的希望，但是我的心结已经解不开了。因为现在我已经明白，即使是在美国，任何事情都有可能发生。

备战备荒的任务的确艰巨非凡。尽管有人生而强悍，但我不然。我的父母住在芝加哥一栋72层楼的第42层。他们既不会野外生存、捕猎耕种，也不会自己烹制食物，甚至没有自己动手修理过东西。

至于自立以后学过的本领，我成年后的大多时间只是在为《纽约时报》做音乐撰稿人。因此，说起摇滚和嘻哈我可能无所不知，但若论及刀耕火种和自卫搏击，我实在一无所知。实际上，我这辈子还从没跟谁打过架，倒是被抢劫过两次。

总之，一旦社会崩溃，除了写作我什么求生的技能都不具备。充其量我或许可以说服某个具备生存本领的家伙，不过或许他们能救我于水火，或者会再抢我一次。

但是往事不再。今天的我可以在 1.5 秒内拔枪，瞄准 7 码以外的目标，并连续击中目标的心脏两次；我可以用两根木棒钻木取火；我可以在追踪猎物或同类时分辨 700 种不同的足迹；我可以在荒野中仅凭一把刀和身上的衣服生存下来；我可以在沙漠中取水，把海水提纯，可以接生婴儿、驾驶飞机、撬锁盗车、搭屋设陷、躲避杀手、缝合枪伤、徒手杀人，甚至带上来自某偏僻岛国的伪造公民文件然后越境潜逃。

当你一不留神遇上麻烦，你一定会需要我。那时你会想做我现在所做的一切。因为我曾师从高手。

你可以说我是个疯子。

或者你也可以听听我这 8 年来的故事，听听我是如何意识到，祖国其实并不能真正保护你的身家性命，而你必须自己采取行动。

这可能真的会救你一命。

怎样把信用卡变成防身武器

HOW TO TURN A CREDIT CARD INTO A KNIFE

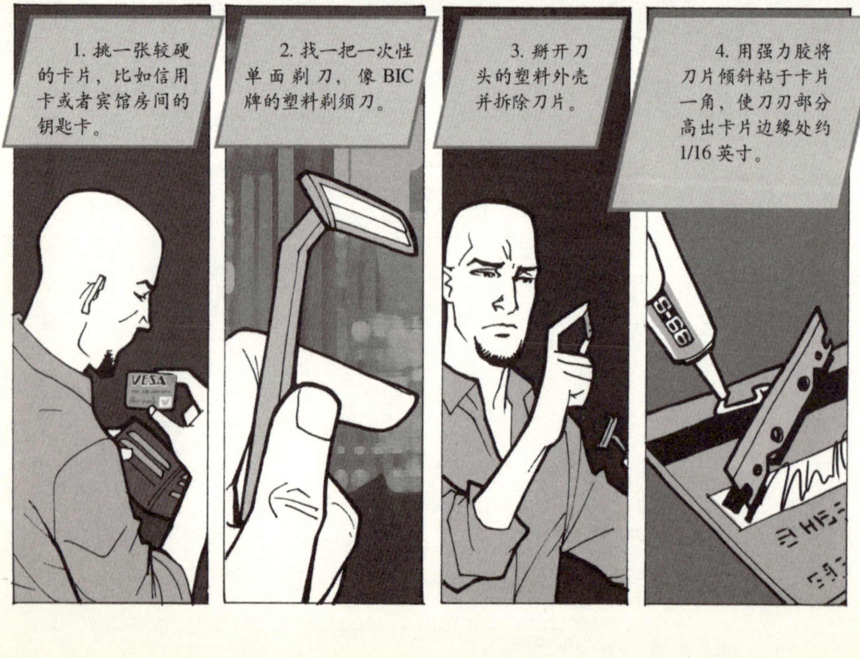

1. 挑一张较硬的卡片，比如信用卡或者宾馆房间的钥匙卡。

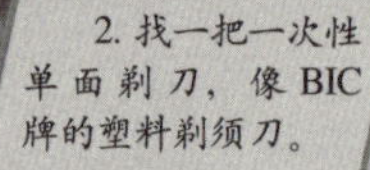

2. 找一把一次性单面剃刀，像BIC牌的塑料剃须刀。

3. 掰开刀头的塑料外壳并拆除刀片。

4. 用强力胶将刀片倾斜粘于卡片一角，使刀刃部分高出卡片边缘处约1/16英寸。

6. 将卡片置于驾照后，并使刀刃朝下，以便进行操作。

VESA

7. 这时一旦有人见财起意，向你索要身份证或者信用卡时，你就可以疾速抽出刀片，割向对方的喉咙。

未完待续……

第2章

步步为营

FIVE STEPS

唯有太阳与诸神永恒。
芸芸众生皆时日有定。
无论你何等万苦千辛，
始终不过是逝如疾风。

——吉尔伽美什，《第二块泥板》，公元前 2100 年
Gilgamesh，*Tablet II*，2100 B.C.

步步为营之第一步：1999 年 12 月 31 日

第 1 节
当心生日聚会上的小丑

“要选就选那些不会加害于你的人。”

电话里传来乔·托马斯的声音。她也是《纽约时报》的记者，负责对各类邪教和恐怖主义事件的报道。俄克拉何马城发生大爆炸后，她曾经采访过提摩西·麦克维；新芬党恐怖活动猖獗时期，她前往北爱尔兰做过报道；大卫·考雷什与 FBI 对峙喋血韦科镇时，她也深入现场做过后续报道。

我刚刚自告奋勇，要在 1999 年的新年前夜打入末日教派内部。这个主意听起来还不错。但是，为了安全起见，我还是打电话给乔，听听她有什么看法。

当时，报社正往各地派驻记者，准备对千禧年进行专题系列报道。于是，我也跃跃欲试，准备大显身手。这时，我的脑海里立即出现了这样一个画面：荒山野岭上，一群已到中年的男男女女，一边拍着手，一边等待世界末日的降临。我真想去看看，当午夜的钟声响起，世界安然无恙时，他们脸上的表情。我还想知道接下来他们会怎样自圆其说。

不过那时候我总认为，美国没有什么可担心的，更不会发生意外要我自己应变的事儿了。我们就是全宇宙的政治、文化、精神中心，是全世界独一无二的超级大国。这一切仿佛都稳如磐石、坚不可摧，谁也不能动摇。所以，当世界末日和计算机大崩溃的传言在各大报纸的头条甚嚣尘上时，任何一个正常人都不会信以为真。难道日历到头了世界就得玩完吗？上个千年过去了，我们还不是照样好好活着。

但还是有些人惊恐万分，认为无论如何我们都过不了2000年1月1日这一关。“就是这些人，”乔告诫我说，“他们可不只是一群友善的异类。”

“在纽约，我觉得没有多少人能了解这群人有多可怕，”她解释说，“他们当中有好多人都是疯子，不仅藏着枪支，而且处处与媒体作对……尤其是对《纽约时报》。”

接下来，她还举了几个具体的例子，告诉我同这群人打交道凶多吉少。萨克拉门托某反政府武装团体曾经策划焚烧两罐各120万加仑的丙烷，要在新年引发动乱，不过他们的阴谋已经破产。还有一个号称东南诸邦联盟的帮派，心怀叵测要炸毁佛罗里达州和佐治亚州的电厂，也刚于计划实施3天前被捕获。

“这也太疯狂了，”我对她的忠告表示感谢，“我肯定会谨慎行事的。”

但是，她还不放心。

“我不知道你到底有多大，”临了她还吓唬我说，“可是不管你有多大，都还没有大到想要离开人世吧。”

人对于死亡的恐惧不是天生的，而是后天习得的。有研究显示，5岁以下的儿童对死亡基本上没有什么概念；5～8岁时，他们会隐隐约约知道人迟早都是要死的；只有到了9岁时，他们才开始懂得，死亡终有一日要在自己身上降临。

我能在9岁的时候就悟到这一点。这不能不归功于老爸老妈每天早上落在餐桌上的《芝加哥太阳报》。一天早上，一条新闻引起了我的注意：

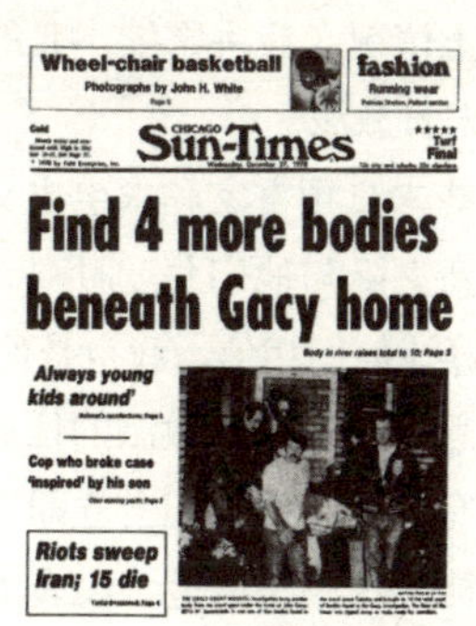

Wheel-chair basketball
Photographs by John H. White

fashion
Running wear

CHICAGO Sun-Times

Turf Final

Find 4 more bodies beneath Gacy home

'Always young kids around'

Cop who broke case 'inspired' by his son

Riots sweep Iran; 15 die

我坐下来一口气读完了报道。警察在我家乡芝加哥西北区的一间地下室和庭院里，分别发现了十几具的男孩尸体。他们都和我年纪相仿。

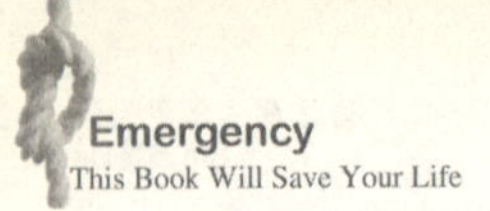

一个生日派对小丑约翰·韦恩·凯西对他们进行折磨、摧残和性侵害后，将他们残忍地杀害。也就是从那一天起，我意识到，我的人身安全不再由自己做主。能够让我受伤的不只会是因为爬树或者摆弄剪刀——还有我的同类。

在决定如何度过千禧新年之前，我打电话给乔的一个朋友。他在南部扶贫法律援助中心工作，负责追踪有关邪教和仇恨团体的案子。我告诉他要在新年前夜做采访，请他帮忙推荐几个相对安全的教派。

"堪萨斯州有个极端反犹的法西斯团体，叫教宗庇护十世，也许你可以去调查一下，"麦克·雷诺兹向我建议，他是该援助中心的军事行动调研员，"一般情况下，他们不会对你怎么样。"

"一般情况下？"

"要不，亚利桑那州还有一个武装团体，他们的头儿叫威廉·库柏。由于他宣称新年前夜撒旦将会现身，所以现在他们正在进行训练准备参加战斗。或者，你也可以去会会汤姆·乞顿，他正打算挑起种族骚乱，也就是他说的第二次内战。不过对你来说，这些派别可能都太黑暗了。要不芝加哥还有一个叫希伯来犹太黑人的组织……"

很显然，麦克并不关心我能不能活到明年。

即使5年前发生了俄克拉何马州大爆炸案，我仍然没有意识到国内有这么多势力蠢蠢欲动，想要将美国毁于一旦。约翰·韦恩·凯西一案只是让我认识到，那些危险孤立的疯子们能让我们的人生变得如此险恶；而雷诺兹的一席高论却让我猛醒，这些疯子不仅组织严密，而且的的确确就在我们身边。鉴于以上情况，我决定缩小我的搜索范围，只接触那些和善友好、通情达理的末日教派。

第二天，我开始给一些末日预言家和求生主义者发电子邮件，语气诚恳地询问能否在辞旧迎新之际与他们共度时艰。我向他们保证会自备干粮、用水和急救物品，好让他们相信，我也是他们当中的一员。

可是很快我就发现，想要报道末日教派的任务其实并不简单。最大的难题就是，一旦你想要写点儿什么他们会立即发觉你在做戏。因为在他们看来，一个真正的信徒应该心里清楚，没有人可以活过那一天，到时候还会有谁去读你的那些文章？

我联系到的第一个人是作家兼理论家托马斯·蔡斯。他曾经预言过千年虫会导致计算机的大崩溃，从而引发一场世界范围内的经济大萧条。

到那个时候，反基督派将会东山再起。于是对于恐怖的世界末日该如何作打算的问题，我想他的回答一定是举行神圣庄严、意味深远的宗教仪式吧。

“我打算和妻子佩格前往波士顿，”他回答说，“参加一年一度的跨年庆典。”

那么对世界末日的计划呢？

“我就是多在家里蓄了些水。”他说。

看来，要是新年的前夜只能逛逛查尔斯河，然后到蔡斯家同他的妻子一同喝喝水，那我就别再指望能拿普利策奖了。所以我决定给那个在电视上布道的凡·因普打电话。早在末日说流行之前，他就开始四处鼓吹，并不停地告诫电视观众们，一定要在千年虫肆虐之前未雨绸缪。

可是，当我拨通了部门执行理事约翰·R. 朗牧师的电话时，他却告诉我说，他们的教主，凡·因普先生，将同夫人和孩子一起在家中收看电视，并“鸣钟迎新年”。

接下来的四通电话结果如出一辙。看起来，所谓千禧世界末日危机，整个就像是一场声势浩大的骗局。也许这只不过是经济因素在作怪，只不过是记者（包括我）和那些小报读者们在虚张声势罢了。有几个人真的会相信世界要完蛋了？2000 年 1 月 1 日——真是完美的数字，难道就不应当发生点什么大事来纪念一下吗？所以，就有了那些如饥似渴争夺关注的人。其实他们只不过是应运而生罢了。不过那时，电视真人秀还没有流行开来。就是想要给国家抹黑，手段也极其有限。

所以，在经历了这一连串的失望后，我下定决心不再理会乔·托马斯的忠告，要去联系一下那些最为凶险的教派了。

第 2 节 末日教派的礼仪贴士

除了有个乡村摇滚歌星的教主以外，耶和华之家可不是什么好玩的地方。

这个末日教派的掌门就是曾经风靡一时的乡村摇滚歌星，绰号“水牛比尔”的以色列尔·霍金斯。因为与大卫教派很相似，所以韦科镇血案后，他们这一派便声名大噪。不过，对他们很关注的，除了民众，还有 FBI 的千年危机反恐小组。

他们的总部建在得克萨斯州一个方圆 44 英亩的围场上。围场四周有荷枪实弹的士兵秘密把守——这可真是狂妄之极。因此，当我拨通他们的总机时，心里不免有些战战兢兢。

“您好，请问您有什么事？”接电话的是个女人，声音非常悦耳。

我吃了一惊。她怎么会这么和蔼？

“这是耶和华之家吗？”我问。

“是的，”她的回答亲切又练达，“请问您要接哪部分机？”

她说起话来就像是哪个律师事务所的秘书。唯一的区别是，无法通过他们的姓查到电话号码：他们都改姓霍金斯，以示对教主的敬仰。

“你们有没有，那个，发言人之类的？”我有些语无伦次，“要不，有没有什么人是同新闻媒体打交道的？”

“请稍候，”她动听的声音飘进我的耳膜，“我给您接通沙乌尔·霍金斯。”

现实生活的妙处就在于它往往总是出人意料。每件事情的结局你都预想不到。也许这就是我不写小说的原因吧。假如今天的事发生在电影里，恐怕这个组织早就追踪到我的号码，窃听我的电话，绑架了我的亲生兄弟了。相反，我顺利地接通了末日教派公共关系部头头的电话。

“我在为《纽约时报》写一篇报道，”接通沙乌尔后我说，“报社正向各地派驻记者，打算，呃，鸣钟迎新年。所以，我想问问你们有什么打算。”

我是个糟糕的记者。每当我和别人讲话时，总是慌里慌张，一点儿也不像一个清晰锐利、仗义执言的新闻工作者。反之，我的语气听起来倒像是在请他跟我约会。

“也没什么特别的。”他回答。

这一次我没有再大惊小怪。

接着，他告诉我，他们的教派并不相信 2000 年一说。他们信奉“托拉”。而且遵循希伯来的历法，今年是 5760 年。所以，新年前夜围场里的唯一活动，就是周五例行的安息日仪式。

他和蔼可亲，而且似乎也很正常，就像是可以和我一起出去闲逛的朋友。可是，接下来他的口气就变了。这是他们的通病。

“不过，我们还是鼓励大家多存一些食物。当然，不只是为了 2000 年。如果到时候千年危机没有爆发，大家很可能都会以为这个世界就平安无事了。但是，按照以赛亚的说法，总有一天地球将被付之一炬，没有人能够幸存。所以如果发生这样的事，只有一个可能，那就是爆发核战争。”

好了，到这儿事情总算是有了点儿眉目。至少他们认同世界末日的说法——不过不是在 12 月 31 日，而是别的什么时候。

他停了一下以制造效果，然后一语惊人：“到时候绝对不会有任何征兆。”

“这倒也是。”我说。这句话还是从我的口中说出来了。我这个人就是善于体察别人的想法。我总是习惯从他人的角度去看问题，不管这个人是罪犯还是疯子。可是作为交友之道，这倒是很管用。因为没过一会儿，沙乌尔就邀请我参加他们的以色列朝圣之旅了。

“我得问问报社让不让我去。”

为什么我要这样说？

挂了电话，我开始继续研究。这时我已经定下心来，准备与末日教派患难与共了。反正新年总是越过越没意思。去年的新年前夜，我参加了一个在一所小公寓里举行的派对，而那里面我只认识一个人。当午夜的钟声响起，我像个傻瓜一样孤单地站在那里，对着每一个凑巧跟我目光相接的人装模作样、有气无力地说“新年快乐！”所以，2000年的新年估计只会更没劲儿——除非我能物色到一个对世界末日不只是说说而已的角色。

结果我真就找到了一个人，加里·诺斯的弟子，一个基督教重建主义者信徒和千年危机论的散布者。从1998年起，他就开始宣称自己已经进行了4 000小时的研究，并警告世人说：当时钟敲响12点时，所有由电脑芯片预定程序控制的电厂，极有可能无法完成从99到00的数位转换而自动终止其程序，从而引起一系列连锁性的灾难与混乱。到时候，将有20亿人因此而丧生。

尽管诺斯和在他之前的生存主义者库尔特·萨克森一样，都对媒体三缄其口。但是我还是设法打听到，他们的信徒在阿肯色州亨茨维尔郊外的深山里建造了一处能自给自足的小区，取名“栖湖”。

在他们看来，唯有信仰才能保佑他们在即将到来的浩劫中渡过难关。不过，他们还是存了干粮、水和求生用具，以防信仰也有用尽的时候。与其他生存主义者不同的是，他们没有准备枪支弹药，也不进行自我保卫的训练，而是多盖房子、多备干粮。如果有人趁火打劫，他们会拱手相让以求平安。

电话公司的查号服务可真是个奇迹。幸亏有它，我才找到了“栖湖”设想的创始人鲍勃·鲁茨的电话号码。我想象着自己坐在鲁茨的新家，和他的家人一起，一边祈祷，一边等待午夜的到来。他果真另有想法。

“到时候，这里的滑冰场上会有一个全县的大型活动，”他告诉我说，“我们会在那里祈祷、滑冰，然后一起吃年夜饭。”

虽然鲁茨表示不愿意同媒体谈及千年危机，以免被人当做“疯子”，但在接下来的半个小时里，他还是跟我讲了一些东西。

“我的看法很悲观，但是我不会过于耿耿于怀，”他说，“我要做的就是相信上帝。”

鲁茨认为，克林顿总统正计划利用千年危机引起的恐慌情绪作为颁布战争法的借口，从而进一步全面控制国内局势。

“所以，注定要有很多事情会同时发生，”他接着说，“中国人有自己的盘算。伊拉克人想要将我们从地图上抹去。俄罗斯则抱着非亲即仇的心态。基地组织的恐怖分子恨不得将我们置之死地而后快。另一方面的证据就是，你可以看看你的油箱还能加到多少汽油。我曾经在波斯湾做过福陆公司的工程师，所以我知道那些落后的电脑系统是什么样子。就是再给我们3年时间和几百万美元，也还是无济于事。你唯一能做的事，就是相信主，了解主。”

看来鲁茨就是我要找的人。没错，他的末日计划只是在亨茨威尔的冰场滑滑冰。但是至少我已经有了一个引人入胜的开头、一套阴谋论、一些《圣经》语录，还有一个像样的标题“最后一次滑冰”。

“要是上帝指引你找到了我们，那么你就应当和我们在一起，”最后他说，“晚上六七点钟的时候到冰场来吧。不管发生什么事，我们都会与你同在。”

他还给我推荐了镇上的一个住处，福伯斯汽车旅馆。于是我打电话过去，问能不能在12月31那天订到房间。

“到时候天翻地覆的，”店老板操着一口懒洋洋的南方口音警告我说，“要是房间里的设备都不管用，我们可不负这个责任。而且，不可能有退钱之类的事情。”

于是我问，用不用自己带上点什么以防万一。

“这个，”他一字一顿地答道，“我在海湾战争中服过兵役。当时我的长官送给我一句话，现在我转送给你，‘优秀的士兵总是有备无患。’”

第二天，我花了整整一个下午的时间进行准备工作。不过据我所知，附近没有什么出售求生用具的商店，所以我只好到街角上的一家熟食店里买了一袋牛肉干、一把手电筒和一瓶水。实际上，我很怀疑到底会不会有什么事情发生。不过即使真的发生了也不要紧，因为我知道鲁茨囤积了不少多余的粮食，以防有人来抢。所以我要做的就是开抢，到时候他的这些宝贝就都是我的了。

虽说如此，还是有一件事要做，我得让鲁茨这家伙相信我。于是，我去书店买来了一本《圣经》。

现在离新年还有两个星期的时间。尽管我对所谓的末日论满腹狐疑，但随着新年越来越近，我的心弦也越绷越紧。

20世纪90年代的最后几年，西方文明的进步，似乎已经超越了教派纷争、种族屠杀、帝国主义和边防界线带来的负面影响。冷战业已结束，欧元应运而生，美国正历经有史以来持续时间最长的经济繁荣，互联网和手机让全球天涯比邻，整个世界毫无秘密可言。

人类是一种有着阴谋情结的动物，他们的故事永远没有圆满的结局。就是在《圣经》里，也迫不及待地用《启示录》为《创世纪》作结。既然如此，人们不禁要问，如果我们真的走到了历史的尽头，那么接下来，我们的文明、我们的物种、我们的星球，将会有什么事情发生？我们又将如何终结？

随着新千年愈来愈近，上面的问题愈发让我心神不宁。就是在和朋友聊天时，我也只会谈到千年危机，以及将要发生的事情。尽管我心里清楚什么都不会发生，可是我满脑子都是最糟糕的打算。

起先我并不明白，但是现在我知道了。对我来说，这就像是地震来临时的第一次颤抖，它终将唤醒蛰伏在我内心深处的生存主义情结。在我的不停游说下，国内的一些商业精英们这时也翻然醒悟，尽管他们似乎不大可能与我为伍。

也许我们所嘲笑的，正是我们害怕成为的那些人。

很快地，对于我的思维来说，12 月 31 日仿佛成了一道不可逾越的界限。一旦时间超出了那一天，我就不知道该如何计划未来，也不知道该怎样下笔撰文。我要和那些生存主义者们去滑冰，我要屏住呼吸，我要一直等下去，一直等到新千年安然降临。到那时，我才会长长地吁一口气。

接下来发生的事情却出人意料：我接到了一封来自白宫的邀请函。

第3节
人生观：出尔反尔的借口

我是从碧昂卡·吉尔克莱斯特的电话录音留言里了解她这个人的。她说话简短急促，是个典型的事业型女性，好像她的一切都应当围绕着自己的工作职责展开。碧昂卡在一家乡村音乐公司做公关，因此，她时常会叫我去采访约翰尼·卡什或者多莉·帕顿什么的。每次我都欣然从命，因为我觉得和她一起工作的那些人都还不错。

尽管我每次都欣然从命，但是，我一直以为这对她来说只不过是一次成功的业务联系，或者是只是对她的客户尽职尽责而已，而不是为了借机同我套近乎。直到有一天，她开始对我在《纽约时报》上的署名文章有了感情，虽然我们还不曾谋面。然而事不凑巧的是，我曾经给自己定过一条规矩，就是不和音乐圈的人上床——这倒不是因为我有多高尚，而是前几次都是失败的经验，现在一想起来还觉得无地自容。

离千禧之夜还有3天，碧昂卡打来电话。

“你想不想陪翠莎和我一起去白宫走一趟？”

她说的翠莎就是最近刚刚和环球唱片公司签了约的乡村歌手翠莎·耶吾德。

“什么时候去？告诉我具体时间。”我问她。

“林肯纪念堂有一场千禧年的音乐会，完了以后要在白宫举行宴会，”她说话时好像嘴里老含着一块口香糖，“到时候会有私人飞机来接。你什么稿子也不用写，只管当好翠莎的嘉宾就行了。肯定会很好玩。”

“见鬼，我本打算和一群末日教徒滑冰来着。给我一天时间吧，我

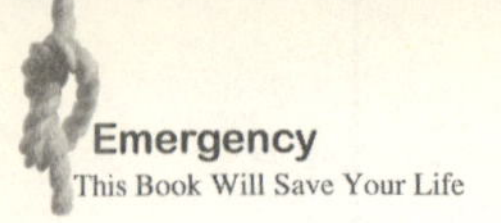

得想想。我会尽快给你回话。”

“好吧，不过你最好快点。要不我就另请高明了，知道不？”

接下来的 24 小时简直是对我的精神折磨，两种选择我都想要。

我的人生观是：人的生命只有一次。除非我亲眼看到不是这样，否则我只相信这一条。即使真的有天堂、有起死回生、有能量不灭，可是谁也不能保证我们的记忆、我们的思想能够穿越这未知之旅，平安归来。因此，我要让我的人生满满当当。世界是如此之大，我一定要看个够，做个够，学个够，经历个够——只要不是让我皮开肉绽或是累及他人就行。既然我这辈子里千禧之夜只有一次，所以我必须做好抉择，究竟是要坐在华盛顿特区美国的权力之巅上，还是坐在亨茨维尔镇的美国极端分子身旁。

不管选哪一边，我想，即使真的有事发生，应该都是安全得不能再安全了。

最终，权力战胜了极端，我选择了前者。但是这样一来，有一件事会变得很麻烦。因为我知道碧昂卡之所以邀请我，并不是想要媒体的报道，她想要的是我。所以，接受她的邀请就等于准备出卖自己的肉体。

这个嘛，其实也不是什么太大的问题。

于是，我先去租了一件无尾晚礼服，然后把原本准备去亨茨维尔要用的东西：手电筒、格兰诺拉燕麦卷、牛肉干，当然还有那本《圣经》全都塞进了手提箱里。略一迟疑，我又装进去一副双筒望远镜。优秀的士兵总是要有备无患嘛。

1999 年 12 月 30 日一早，碧昂卡就开车过来接我一起前往私人飞机场。她个子不高，体形偏胖，脸上有几颗雀斑，还有一头细长如丝的金发。和这个圈子里的其他女性一样，她看起来有点冷冷的。这似乎成了一个定律，一个女人要想在这个男人的世界里打拼出头，就必须褪去一些温顺柔弱的天性。因为对男人们来说，女人的温柔在约会时像是美酒，在工作时可就成了软弱可欺了。

我们在飞机一侧的停机坪下了车，提着行李登上飞机。这才知道翠莎因为他的男友加斯·布鲁克斯没有来正在生闷气呢。随后飞机在华盛顿特区着陆，早有一辆豪华轿车在机场等候。我们先把行李放到了麦迪逊酒店，然后继续乘车去参加彩排。林肯纪念堂里，刚刚搭建起了一个巨型舞台。

虽然离正式演出还有一天，可是身着黑色西服的特勤人员已经各就各位，在卢瑟·范德罗斯、汤姆·琼斯、威尔·史密斯、昆西·琼斯、史莱斯等名人间穿梭往来。数百英尺开外，狙击手们已经在礼堂上方随时待命，将枪口瞄准下面的人群。

看着这里如此戒备森严，我不禁觉得，似乎极端分子和政界要人们也没什么两样。他们都一样固执己见、一意孤行，对彼此都带有偏执性的警惕。当极端分子们在避难所里对政府时刻提防时，政府也在防空洞里对极端分子严密防范。

“我们在怀疑，现在千年虫是不是已经发作了，”白宫的一名工作人员对翠莎说，“我们的门禁卡今天都不管用了。听说刚才有家报社的电脑也坏掉了，他们手动设置了一下才弄好。”

“我认为这只是一例个案。”有人插话进来。原来是约翰·麦凯恩，他正准备竞选共和党2000年的总统候选人。他身后的助手似乎稚气未脱，一脸热衷功名的样子。

麦凯恩轻而易举地就融入到我们的谈话中来，不过他对千年虫的看法似乎比我们在座的每一个人都无畏得多。他刚刚推出了一个提案，以限制因千年虫问题而针对科技公司的诉讼案。不过这个提案适得其反，引起了公众更大的恐慌。

这些社会名流和政界要人们谈话的时间越长，他们的恐慌就越甚：电话不通、交通大阻塞，以及缺粮和能源荒，等等。因为事先毫无准备，所以比起那些伪先知和邪教徒们来，实际上他们对千禧末日更加紧张，至少末日教徒们在某种程度上已经接受了自己的命运。

很少有人知道，当年美国的创建，其实伴随着末日论的暗涌。克里斯托弗·哥伦布发现美洲大陆之行的目的并不是寻找黄金和香料，或者发掘开往亚洲的全新贸易之路。当时的他相信，世界即将走到时间的尽头，而他的任务则是在这之前尽可能地拯救更多的同侪。

哥伦布在写给西班牙国王和王后的一封信中，请求他们资助他再进行最后一次远征。信中写道：“7 000年的历史只剩下155年了……世界即将毁灭。”所以，新大陆自发现之日起就已经注定成为噩运的代名词，是即将来临的世界末日的催化剂。200年后，约翰·温斯洛普带领一群清教徒来到美洲。当时在他看来，上帝将会摧毁英格兰。

因此，我们的祖先实际上和以色列尔·霍金斯与鲍勃·鲁茨那样的激进分子毫无二致。更让人不安的是，这种狂热的宗教情绪仍然在美国蔓延。CNN 最近有一项调查表明，在美国，有 57% 的基督教徒相信《启示录》中预言的情景定会出现，其中 1/5 认为会在他们的有生之年出现。

我一边为美国风雨飘摇的命运心急如焚，一边艰难地穿行于那群政客、明星和他们的众多跟班之间，一路走出了后台。前面有一群舞台工作人员，当中的几个人正在愤愤咒骂，原来是人造太阳坏了。这个花掉了纳税人 300 万美元的东西不管怎么摆弄就是不肯发光。他们可是已经为这个连续工作了 3 个星期。舞台上，威尔·史密斯正在排演他为千禧之夜亲自创作的新歌：

会有什么事，谁也不知道。
钟声响起时，一切见分晓。
到处闹哄哄，警察满街跑。
不管这一套，只要心还跳。

可是那些特工们并不想让人们心跳。当我回到后台时，看见翠莎和几个黑衣人正吵得不可开交。她本来打算用鲍勃·迪伦《随风消逝》里的几句歌词作为开场，但是他们说这首曲子不合适，并拒绝解释其中的原因。后来，我才听到节目的一个制作人说起个中缘由。

“他们觉得这首歌有指涉爆炸的嫌疑。”他解释说。

也只有在华盛顿，这样经典的和平之音才会被曲解成为恐怖主义的阴谋。

总之，距离千禧年越近，人们的举止就变得越发荒谬绝伦。但是，政治毕竟是政治，大权在握总是伴随着对有朝一日权力旁落的恐惧。

第 4 节
入门须知：那些 20 世纪惹的祸

第二天就是 12 月 31 日。

重要的一天终于到来。

早上一起床，我就打开电视。

澳大利亚已经平安度过千禧之夜。我拿出望远镜（我早知道它会派上用场），朝街道对面的《华盛顿邮报》办公大楼望去。里面好像没有什么动静。所有的一切——街道、旅馆、空气——看起来都是那么的安详，让人慰藉，却又感觉怪怪的。

离音乐会开始还有不少时间，所以碧昂卡和我来到二战纳粹大屠杀纪念馆参观。回首 55 年前人类自己制造的暴行，看起来千年虫问题好像也没有那么严重了。比起集中营、行刑队、纳粹的血腥报复和世界蓝图来，极端分子们的所有预言恐怕都要黯然失色。

有关阿道夫·希特勒最具争议的一个问题就是，他是不是也像拿破仑或者威廉·麦金莱那样，是一个帝国主义者。不过，他想要做的不是让其他国家俯首称臣，而是要将其消灭。他致力于清除那些所谓的劣等民族，并通过亚利安人的增殖来加速人类的进化。其结果是，这项计划实施了长达 7 年之久。即便是在中世纪历史上最残酷的那个时期（从罗马惨案到早期宗教法庭），都没有像以开明著称的现代西方文明历史上所发生的暴行那样冷血和野蛮的事件。

当离开纪念馆时，我还满怀憧憬地认为，种族屠杀的暴行“绝不能重演”。然而只消一分钟我就已经记起，历史曾经很快重新上演，血腥

的种族屠杀仍在继续：数百万人民被肆意流放、发配劳改、忍饥受冻，1971年在孟加拉，1975年在柬埔寨，1994年在卢旺达，还有20世纪90年代中期的波斯尼亚。

所有这些屠杀都发生在平常世界里的普通人身上。在德国，大屠杀前，纳粹将从事各种职业的社会各阶层犹太人都集中起来。在柬埔寨，所有受过教育的人——教师、医生、律师，甚至凡是戴着眼镜的人，都统统被送往死亡集中营。正如菲利浦·古力维奇在一本记录卢旺达惨案的书中写的那样："邻居在家里将邻居砍死，工人在工厂将同事砍死。医生杀死病人，教师杀死学生。"

社会契约的突然撕裂让我目瞪口呆、惊恐不安——不只是大屠杀，还有小规模的集体暴力，比如因马丁·路德·金被刺在美国国内引发的骚乱，1968年芝加哥民主公约事件，洛杉矶罗德尼·金被殴惨案。实际上，大多数民众的千年恐慌，不是因为停电，而是担心支撑社会得以正常运行的系统因此毁于一旦。

所以，我终于明白纳粹大屠杀纪念馆告诉我的：历史不是"不再重演"，而是"再次重演"、"一次又一次地重演"。也许就在今晚。

离开纪念馆后，碧昂卡、翠莎·耶吾德和我在酒店大厅见了面，然后一起搭乘一辆经特勤组地毯式扫雷排查过的巴士，前往林肯纪念堂。我们一路疾驰而过，两边有警察护航，警灯闪烁，汽笛呼啸。等我们到了音乐会场，又开始新一轮的检查：金属探测器、安全盘问、包裹搜查，等等。我很怀疑，极端分子是否已经成功了，至少成功地让我们——这些所谓的正常人——变得和他们一样极端。

"克林顿座位的下面，"麦凯恩的助手对我说，"有一扇暗门直通楼梯，楼梯的尽头有一辆豪华轿车，车的引擎一直开着。以便万一有什么情况，我们就可以随时待命。"

麦凯恩被分到的座位紧挨着克林顿的后边。这本来是紧急逃生时的最佳位置，但是他的助手可不这么想。他担心这会在共和党内引发一场灾难。

"我得让人重新排一下他的座位，"他说，"要是有人拍到了他俩在一起的照片，会对麦凯恩参议员的竞选活动影响不好。"

我想，大概这就是为什么想要参政的都是一群神经兮兮、目光短浅的学生娃吧。政治同改造世界无关，政治关心的只是餐桌旁的座次而已。

我们好不容易走到演员休息室，里面有演员、政客，还有便衣的特工们。在中国，千禧新年也已经平安到来，精美绝伦的庆典似乎预示着下个世纪的主流文化还是在东方。埃菲尔铁塔上的大钟也安然无恙，看来欧洲也已经安然渡过了这一关。一切简直是万无一失。

纵观全球局势，可谓大快人心。一架被劫持在阿富汗的印度班机上，155 名人质安全获释。俄国总统易位，鲍里斯·叶利钦卸任。纳斯达克指数再创历史新高。这都是千禧年的吉祥之兆啊。我仿佛听见周围的人都松了一口气。看起来，我们也应该会平安无事吧。不只是今天，而且是永永远远。

比起中国精心打造而精彩纷呈的节日庆典来，美国的千禧音乐会显得是那样平淡无奇，同时带点漫不经心。11 时 45 分，我站在舞台前方正努力想要做点儿什么特别的事情，来庆祝这个越来越没劲的新年前夜，突然看见碧昂卡端着一塑料杯子的香槟跑了过来。

“翠莎想让我们到后台陪她，”她说，“她已经定妆了，准备待会儿在 12 时 05 分的时候唱‘美丽的美国’。”

于是，出示通行证后，我们绕过脚手架，穿过一堆道具，来到了舞台的右侧。翠莎的两边分别站着昆西·琼斯和克里斯·克里斯多佛森。她看到了我们，面无表情地伸出了一只手来。这只手今天不是从男友的手里，而是从碧昂卡手里接过酒杯。突然，有几个黑衣人站在了我们面前。我只能看见他们的背。这时我才注意到，在他们正前方不到 20 英尺的地方，克林顿总统站在那儿，正拿着话筒发表长篇大论。他正讲到美国肩负领导世界的重大责任。

“在美利坚，太阳将照样升起，只要一代又一代的国人点燃自由之火。”他继续说道。听起来还不错。

不过，说真的，你要去仔细一想，天晓得他说的这些话是什么意思！

我们还没来得及去认真考虑这些话的含义时，倒计时已经开始了。

5—4—3—2—1。咔嚓。

我朝着克林顿的方向拍了一张照片，就是这个样子。那些特工们连头也没回一下。

灯没有灭。电也没有停。世界并没有完蛋。

我们头顶上，那颗人造太阳闪了一下，开始噼啪作响。舞台管理员总算松了一口气。

人们都还健在，欢呼着互相拥抱，开始了一年一度的庆祝活动。

在林肯纪念堂的上方，我看到有一队特工，手拿夜视镜，用枪口瞄准下面的人群。我忽然记起自己曾经说过不会去有枪的地方过年。看来这次是食言了。

不知道鲍勃·鲁茨和他那些唱圣歌的生存主义者们，在最后一次滑冰时都在想些什么。

在阿肯色州的围场上，他们的钱都白花了吗？房子都白建了吗？

我很庆幸自己没有在生存主义者的一片恐慌中倒下。刚开始，他们的确把我吓坏了。但是至少我现在还不错。从我今天在这里听到的谈话中，可以看出他们确实把这里的每一个人都吓坏了。

音乐会结束了，我们乘车前往白宫。中间要经过重重关卡：先是被狗嗅，接着是检查身份证和社会安全号码，最后还要被一个金黄头发、满脸胡须的家伙搜身。他当然不是来这里捣乱的变态狂，而是白宫的保安人员。

我们步入大厅，看到的第一个人便是穆罕默德·阿里，这也许是下个十年的完美写照——一个从前精力旺盛，而现在正同衰老抗争的人。紧挨着他的是马丁·斯科塞斯、杰克·尼科尔森还有罗伯特·德尼罗，他们正谈得热闹。对我来说，这些都是名人，美国梦的化身。

但是对碧昂卡来说，他们只不过是一堆保龄球瓶。

带着满嘴香槟的味道，她把我推到墙边，拖着长腔说："你可是我请来的。别想从我身边跑掉。"

不能跑掉，那我就走掉吧。

这还是我第一次来白宫。大楼中间的两层几乎是完全对宾客开放。我的第一个违规行为就是从洗手间偷走了这条毛巾，因为那上面盖有总统的印玺。

说实话，对我来说，白宫不是什么令人神往的地方。那些组建青年共和党俱乐部的、自告奋勇为选举工作的，只不过是一群热衷政治的乏味小孩儿。因为在操场和派对上都备受冷落，他们只好参与到这个有着具体规则和虚荣头衔的政治游戏中来。也许只有这样才能让他们体验一下自命不凡的感觉。

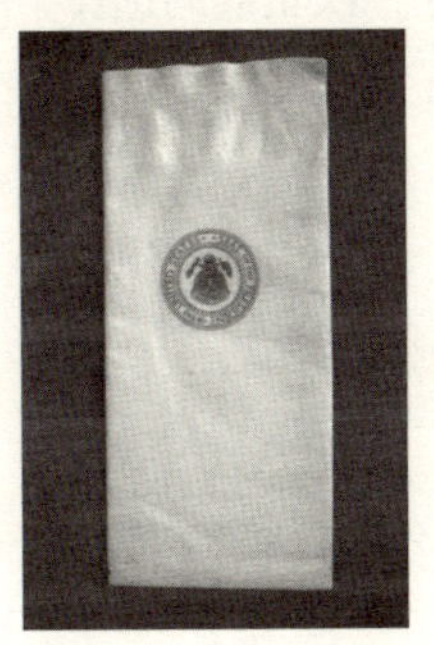

我了解他们，因为我也曾是他们当中的一员。我进过学生会，参加过选举计票工作，甚至还加入了青年共和党俱乐部，虽然当时我并不知道民主党同共和党究竟有什么区别。我只是想有所归属，想和那些我曾低声下气追随的、看起来不是太乏味实质上依然沉闷无比的小孩打成一片。

这时我听到巴尼·弗兰克，那个唯一一个公开承认自己是同性恋的众议员，正在鼓励身旁的同性夫妻过来跳舞，并故意让他的同僚们看到。突然，有一只大手抓住了我的肩膀。

“我们该回家了。”碧昂卡凑到我耳根旁低语。我刚才悄悄溜走让她很不高兴。

一个小时后，我们回到了私人飞机上。刚一上去飞机就开始发动了。这时大家都已经很困乏了，唯独碧昂卡已经酩酊大醉还蠢蠢欲动着。她一边不停地把我的转椅扭过来扭过去地对着她，一边满口的荤话：“我想要你，你知道的。颜射。我还没这样干过呢。不知道是什么滋味呀？”

于是我对她说，那有点像啃荔枝核。天知道我为什么会想到这个。

当新年的太阳从飞机后面冉冉升起时，碧昂卡从座位上朝我扑了过来。她拽掉裙子，把乳房紧紧贴到我的脸上。

难道千禧年就这样来了吗？这可不是什么让人惬意的开端。我只想夺路而逃。

好不容易才回到家，上床之前我先去看了看电子邮件。其中一封来自我的一位末日教派的朋友："你好，尼尔·斯特劳斯。我是蒂姆·蔡斯。看到俄罗斯的新总统普京了吗？能在千禧之际当选，他还真有点意思。也许他就是黑暗之子。"

我知道自己刚刚做了一次正确的选择。因为白宫的千禧之夜只有一次，但是末日总是还会有下一次。

第 5 节
若隐若现的生命之谜

12 岁时，我常常会想自己究竟能不能活到 2000 年。2000 年……好像遥遥无期，然后，我会坐在教室里扳起手指，一边计算着到时候自己年事几何，一边在心中默默向上帝祈祷："请不要让我在 2000 年来临之前就死去，因为我想知道未来的世界是什么样子。"

于是，他对我大发慈悲。

15 岁时，我常常会想自己究竟哪一天才不再是处男之身。然后，我会躺在床上想入非非，一边幻想着自己与女孩的肌肤之亲，一边默默向上帝祈祷："请不要让我在体验性爱之前就死去，因为我想知道那会是什么感觉。"

于是，他对我大发慈悲。

19 岁时，我常常会想究竟什么才是欧洲风情。然后，我会泡在大学的图书馆里浮想联翩，一边神往着巴黎圣母院、威尼斯运河、欧洲铁路和瑞典女郎，一边默默向上帝祈祷："请不要让我在去过欧洲之前就死去，因为我想知道真正的欧洲是什么样子。"

于是，他对我大发慈悲。

现在的我常常会想，如果有一天当上爸爸会是什么感觉。每当夜深人静，我可以暂时抛却那些没完没了的工作，一边满怀憧憬，一边默默向上帝祈祷，请他不要让我现在就死于非命，因为我想知道为人之父，然后看着自己的孩子从娇小柔弱到长大成人是什么感觉。

但是，每一条高速公路上，总有一个驾着大型卡车以 80 英里的时

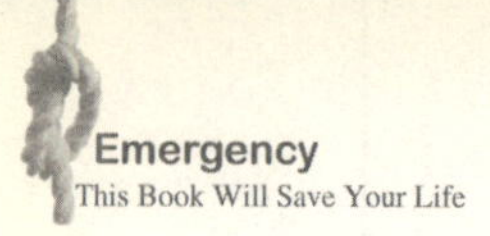

速狂飙的醉汉；每一个社区里，总有一个手持致命武器、穷凶极恶的盗贼；每一座城市中，总有一个准备随时大开杀戒的恐怖分子；每一个有核国家里，总有一位政府官员坐在核按钮前静候指令；每一具身体中、每一个细胞中，总有一种可能会发生突变而让你身患绝症的基因。他们甚至与我们毫无联系，但是却能把我们置于死地。他们杀人不眨眼，但是我们却再也看不见明天。

人生是一场悲剧,从来就没有什么完美无缺,年华璀璨。人皆有一死，不管你再怎么策算无遗——年历也好，日程也罢，手机也好，个人信息管理软件也罢——那一刻永远都在你的计划之外。

死，就像悬在我们头顶的铡刀，无时无刻不在提醒着我们：我们最为宝贵的生命，对于整个宇宙来说，不过就像每年在我们的车轮下丧生的那 20 万只小虫一样，是多么微不足道。

在自然界里，没有悲剧，没有灾难；没有善良，没有邪恶；只有创造与毁灭。但是，对于我们每个人来说，一旦你过了孩提时代，一旦你知道人人都难逃一死而处处都暗藏杀机，你就永远不再拥有真正的幸福与自由。所以，我们所能要求的，我们所能期盼的，我们所能向上帝祈祷的，不过是要在这一场注定要输的战争中小胜几次战役而已。

步步为营之第二步：2000 年 9 月 22 日

第 6 节
恨美国却爱美片的原因

明信片上画的是一个满脸络腮胡的大兵。他的裤子已经褪到了脚踝。趴在他前面像个足球一样的是米老鼠。从它扭曲的表情上看，他正被那个大兵强暴。

他俩的上面有一行红白蓝三色相间的大字：“操美国。”

这张明信片是我在塞尔维亚贝尔格莱德一个旅游中心的货架上意外发现的，所以就买了下来。

接着，我又在另外一个卖 T 恤衫、瓷器和旅游纪念品的地摊搁架上发现了另一张内容相似的明信片。上面画的是一个塞尔维亚士兵正在往美国国旗上撒尿，画上也有一行字：“一个字，爽！”

于是，我又买了下来。另外的 10 张明信片也大抵如此，都是作践美国和北约的。

千年危机前的那个月里，我发现美国内部早已杀机重重。现在我又发现，即使你身在国外也一样危机四伏。但是，当时我觉得他们和那些生存主义者都是一类货色，只不过是说说而已，我们没有必要跟他们较真儿。而我只是想给自己越来越多的反美宣传收藏品里增添几样东西罢了，实在别无他意。

千禧年年初，我曾经到伊朗旅游。这个嗜好就是从那时发展起来的，迄今已经有9个月了。和我一道的还有弟弟和老爸。老爸当时正在研究“丝绸之路”，也就是古代连接亚洲、欧洲和北非的那条商旅要道。

从机场开往德黑兰的途中，我们经过一幢大楼，楼的整个侧面画着一面美国国旗，不过在这幅画里，星星被改成了骷髅，条纹变成了炸弹坠落时的浓烟，中间写着四个大字异常醒目：“打倒美国。”这是我生平第一次看见有人对我的祖国怀着这样刻骨的仇恨。按理说，我应该惊恐万分或者勃然大怒才对，但是我没有，我只是有一种说不出的感觉。这幅画应该是多年以前画的，现在已经斑驳陆离，就像是陈旧的历史书中一页已经泛黄的纸，所以这也就难怪。

“打倒美国”

到了德黑兰市区以后，我们又路过一堵砖墙，上头还建有黑色的栅栏。墙上的反美标语一直绵延不断，不过想必经过风吹雨淋，现在已经都黯然失色了。其中有一幅自由女神模样的涂鸦之作，但是在这个人的笔下，女神柔美的绿眼睛不见了，取而代之的是一个面目狰狞的邪恶骷髅头，画面阴森可怕。这就是我从车窗里拍到的照片。

让我没有想到的是，栅栏的后面竟然是美国大使馆。随着我们渐行渐远，墙上的那幅画也变得越来越模糊不清。放眼望去，栅栏里面已经一派绿意盎然。我想，1979 年的危机已经成为过去。世易时移，我们迎来的是和平、繁荣与民主的新千年。如今，伊朗在改革派总统、前文化部部长穆罕默德·卡塔米的领导下，早已不再是美国的仇敌，而是一个要开放、要现代化的新兴国家。

在格列斯坦的购物中心，我看见很多身穿黑袍的妇女正在挑选名牌珠宝首饰。尽管她们只能露出黑色头巾前面的一小片脸，但是就是在这一小片脸上，20 个人当中至少有一个鼻子上都打着绷带，大概是刚刚做完隆鼻手术吧。这时我又听到出租车司机对我说，伊朗的隆鼻手术在世界上可以说是首屈一指。看来即使是在这样的文化中，女人的虚荣心也难以泯灭呀。

我仿佛看到，伊朗正在不动声色地追随西方的步伐。德黑兰虽然没有肯德基，但是却有一家叫卡布基的，显然大有偷梁换柱之嫌；虽然没有麦当劳，但是叫卖“大汉堡”的快餐店却随处可见。

每当我们到达一处旅游景点、市场或者清真寺参观时，总是有人站起来欢迎我们。一开始，他们会先说：“很高兴再有美国游客到访。”然后会问，“难道美国人就不再恨伊朗了吗？”我们回答说不会，接着他们会满怀希望地再次发问，“其他美国人也是这样想的吗？”

就像家庭内部的龃龉会很快化解一样，20 年前的那场风波带来的仇怨也早已烟消云散。这进一步证明，那些整天东躲西藏、深居简出的生存主义者实在是大错特错了。现在，我们已经迈进互相宽容与理解的新时代，所以没有什么好怕的。

从德黑兰、色拉子、伊斯法罕到古城波塞波利斯一路行来，只有一次我们听到有人说美国人不好。当时我们对一位画家竖起大拇指，后来才知道这个手势在伊朗的意思是“滚蛋”。

无论你走到哪里，也许人与人之间本来都是一样的，不一样的只是那些符号吧。问题是，人人都觉得自己的符号名正言顺，而别人的符号都匪夷所思。

在塞尔维亚能够看到如此众多画有反美图案的明信片，或许这就是其中症结所在。虽然克林顿政府下令轰炸非平民区协助塞尔维亚人民推翻了斯洛博丹·米洛舍维奇的政权，并让美国在道义上占了上风，问题是这样做了就要有人在道义上处于下风。然而不论是谁都不甘承受别人的压制，因为这是有悖人类天性的。解决这个问题唯一的办法就是在别的角度再占领一个道德制高点。于是，仇恨就这样产生了：双方互不相让，并且都坚定不移地维护自己的道德高地。

一天，在前往德黑兰伊玛目清真寺的路上，我们看见街上一辆接一辆的坦克隆隆驶过，后面还跟着威武雄壮的导弹发射架、高射炮和士兵方队。那情形和我儿时印象中的伊朗一模一样。

“出了什么事吗？”我找了一个会讲英语的士兵问。

“这是神圣国防周啊。”他说。

“是哪里要开仗吗？”

听到这儿，他向我解释说，今天是长达8年的两伊战争的周年纪念日，军事演习的目的是为了向人们和阿亚图拉表明，伊朗仍然有能力保卫自己的国家。“如果你的头号敌人就住在你的旁边，”他接着说，“有时候你必须得做点什么，老百姓才会觉得没有危险。”

我可真是个井底之蛙。对娱乐世界我可能无所不知，但是对这个现实世界我却一无所知。我竟然不知道伊朗的头号敌人不是美国，而是伊拉克。

霎时间，我觉得自己有幸能够生活在我们的这个时代。作为一个美国人，你可以毫无顾忌地周游列国，而绝对不用担心会遇上敌人。即使是在禁区古巴，所谓的禁运也早已形同虚设，仿佛只是业已死去的冷战

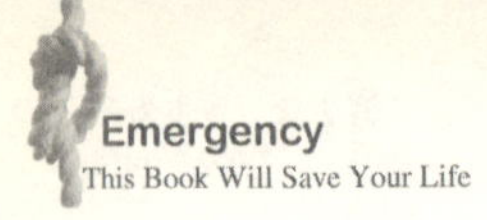

的一处遗迹。

弗朗西斯·福山曾经预言，世界的不断进步，使得宗教与民族战争几乎变为不可能。因此，这类冲突往往局限在那些较为原始的社会中，而让他们跟上潮流，只不过是个时间问题。同样，诺曼·安吉尔在《大幻觉》一书中也写道，当今世界文化多姿多彩，宗教多种多样，各国经济上相互依赖，战争正日渐被人们遗弃。

当然，安吉尔这本关于现代战争终结的著作写于 1911 年。3 年后，第一次世界大战在欧洲爆发。因此，无论是安吉尔，还是福山，甚至还有我自己，我们所感受到的也许只是暴风雨来临前的一时平静，过度乐观与妄自尊大让我们一度以为历史已经终结，后来的事实证明的确如此。所以，第一次世界大战并不是什么战争的终结，实际上，它正是下一次战事的滥觞。

带着拍到的那些涂鸦之作和下面这些政府官方的邮票从伊朗回国以后，我才真正开始收集形形色色的反美宣传品。

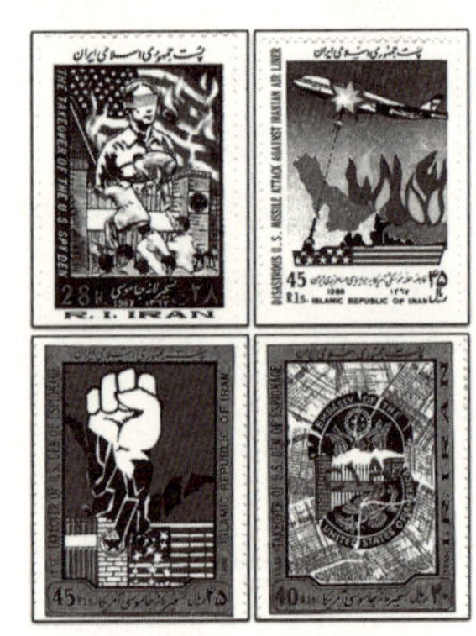

这些宣传品大都来自冷战时期的俄国、20 世纪六七十年代的中国以及今天的韩国。

我收集这些东西，就像之前我准备与那些从《圣经》上引经据典的末日论者共度千禧之夜一样。因为在我心中，根本就没把他们当回事儿。

美国毕竟是美国。我们吸取往昔的教训，用以铸就今朝的完美。我们有世界上最精彩的电影、最悦耳的音乐、最高效的政府、最珍贵的机会和最完美的生活。我们用不着侵略别国，相反，我们在他们集市上开设麦当劳，在他们的影院里上演《虎胆威龙》，给他们的体育馆送去后街男孩。所以，他们越是爱吃我们的快餐食品，越是爱看我们的动作明星，越是爱唱我们的流行歌曲，我们就会变得越发强大。

当然，这也会让我们树敌众多，就像我们在宣传画中看到的那样。一个歌手要是胸有成竹，就会对那些庸俗写手的大肆攻击毫不见怪，相反还会骄傲地把他们的胡编乱造挂在自己的墙上，我的收藏亦然。但当时我还没意识到，引发这些怨恨的，其实不是我们的汉堡，而是我们的政策。正是这些政策给我们留下了不堪设想的后患。

当我带着玫瑰色的太阳镜游历伊朗时，在美国有一本书悄然问世。不过这次写的不是历史的终点，而是帝国的末日。作者是一名前中情局顾问，查尔摩斯·约翰逊，他的新书名为《反戈一击》。这是特工们的行话，意思是指那些秘密的外国组织对本国政策出人意料的反应。

“越来越多的证据表明，在冷战后的十年中，”约翰逊写道，“美国在很大程度上已经抛弃了以外交手段、经济援助、国际法与多边体制为主的对外政策，而更多地诉诸威言恫吓、军事力量与金融操控。”

接着，约翰逊又告诫我们说：“这一做法的副作用就是，它引发了世界各国对美国人——游客、学生、商人以及军队官兵——的集体憎恨，其后果将是毁灭性的。”

如果当时我就懂得这个道理，那么事情会很明显——我的收藏并非意味着美国胸怀宽广，相反显示了美国的懵懂无知与妄自尊大，而这也许正是让别人怨恨我们的最主要原因吧。

现在，当我再次看到这些邮票、T 恤衫和海报时，我却怎么也笑不出来了。

“老百姓是羊，
有钱人是猪，
当官的是狼。”

▶ 步步为营之第三步：**** 年 * 月 ** 日

第 7 节 世界上最早的求生手册

我打电话给住在纽约的朋友们，想看看他们是否仍都健在，可是不管哪一个都是占线，让我陡然升起一种不祥的预感。我旋即奔出屋外，把车开到最近的加油站加满了油。迄今为止，国内已有 3 个州发生飞机坠毁事件。是否还会有下一轮恐怖袭击，现在仍然不得而知。

我满以为大街上会是一片慌乱，人们在油泵前排着长队，纷纷准备往郊外出逃，可是我家附近的阿科加油站却出奇的安静。加完油后，我又开到一家杂货店买了很多水。原想着这里必定拥挤不堪，家家户户都在抢着往车里塞食品，可是店里却空无一人。

大概这会儿很多人都还待在家里，寸步不离地守着电视，等着下一步的消息和声明吧。但是，根据我从千禧危机的那次事件中得出的经验，大难临头时只有两种可能：要么迅速行动，要么坐以待毙。

在千禧前夜，人们还会觉得自己的前途尚且吉凶未卜，但是“9·11”事件后，我们都知道已经凶多吉少：只要你是美国人，就会有人要把你置于死地。这时，我突然发现，自己的宣传品收藏不再是时尚与自嘲的象征，而是一种不祥的征兆。

就像人类第一次踏上月球，第一次在 4 分钟内跑完一英里那样，突然之间，一切皆有可能。这次他们能够劫持飞机炸毁世贸中心，那么下次他们就会向我们的水源中投放生物毒剂，就会在人群密集的机场、地铁、学校和剧院里释放神经毒气。现在，人人都知道我们必须要防患于未然了。

没错，几年前我还懵然无知。那时如果真的有什么事情发生，我只会像其他人一样惊慌失措、束手无策。但是今天，作为一个生存主义者，我知道一定要有备才能无患。

买完水和罐装食品以后，我到一台自动取款机前取了200美元，以备应急之用。要是到时候全国告急、电力失控，我就可以用这些钱来购买天然气和其他补给。

到了家，我翻开那本在搜寻世界末日信徒时买的《圣经》，把钱夹了进去，那一页刚好是第27句箴言："智者当能预知祸端而独善其身；庸人则即视若无睹而必遭天谴。"

但是，我并不认为这是一种危险的暗示，因为在《圣经》里到处都不乏这样的名言警句。相反，我倒觉得这像是一本古老的生存指南，讲述那些正义的人们如何逃离洪水、灾难、瘟疫、种族屠杀以及暴虐的君主。

尽管联邦政府在17个月后才明确地发布了第一个通告，指示大家要对下一次恐怖袭击早作防范（此通告一出，举国上下那些潜在的生存主义者倾巢而出，抢购布基胶带和塑料薄膜），但是第二次袭击在第七天后就已不期而至。

9月18日，一些政府官员和新闻记者的办公室，陆续都收到了装有炭疽热病菌的匿名信，最终造成22人感染，5人死亡。我忽然觉得，作为全国最大报纸之一《纽约时报》的记者，也许恐怖袭击就近在咫尺。所以，每当我在洛杉矶的办公室里收到有手写地址、形迹可疑的信件时，我都一律搁置不理。

也就是从那一刻起，我意识到我不再是一个只会叙说和嘲笑自己同胞疯狂举动的局外人，我已经正式地加入到他们的队伍当中来。看吧，在我的桌子上那些尚未拆封的可疑信件，已经从一封变成一摞，而后堆积如山。

也许我们所嘲笑的，正是我们所害怕成为的那些人。

当我还在伊朗境内旅行时，以防患上呼吸道感染，医生事先给我开了一种名为西露的药。这种药刚好也可以用于治疗炭疽热感染。不会是在暗中保护我吧？一边胡思乱想着，一边听到新闻上又警告说，下一次恐怖分子可能会发动化学袭击。对那我可束手无策。

于是，我决定要去买一个防毒面具。

和其他人一样，这次恐怖袭击过后，我们好像都被魔鬼缠身，这个魔鬼我们虽然素未谋面，但对它知之甚深。它会让妈妈们心神不宁，总是过分呵护自己的宝贝；它会让健康的人疑心重重，往往还没有头疼就先服用阿司匹林。

这个魔鬼名叫“以防万一”，是个姓万名一的多头怪。你越是害怕它，它的脑袋就越多。

第 8 节
关于防毒面具的困惑

我还是晚了一步。军用剩余物资店里的东西已经被抢购一空。在我赶到这里几分钟前，刚刚有一对夫妻把最后 6 个防毒面具悉数买走，以备全家应急之用。

幸运的是，作为一名记者，我所学会的第一课就是凡事要顺藤摸瓜。因此，我决定联系一下供应这些军用剩余物资的批发商。

但是这次我又迟来一步。“这 3 天里我们一共卖出了 2 万多件防毒面具，”CORP 批发部的负责人帕米拉·潘布洛克说，“就是我们的海外供应商的货物也已经全部脱销，现在根本就进不来货。”她停了一下，又补上一句“不过，要是真的走到那一步，我可不会在这儿干等着。”

我仍不死心，在网上辛苦奋战几个小时后，终于搜索到了一家叫耐特洛·派克的急救用品公司。这次我索性直接打电话找他们经理，哈里·韦恩特。公司的网站上他的姓名和照片都一目了然。从这张只有大拇指甲盖那么大的照片上可以看出，他比我想象的要正常得多。他脸上堆满了自豪，就像儿子刚刚当上高中橄榄球队四分卫的家长一样。

韦恩特和善地告诉我，从新闻上播报了有关下一轮恐怖袭击的消息开始到现在这 30 分钟里，打给他们公司的电话接连不断。周二、周三的销售额各翻了一番，周四飙升到了平时的三倍。“到了周五，这个数字已变为 700%，”他接着说，“而过去的几天里，销售额猛增 3000%。”

“看来这一行你是干对了。”我总得先和他套套近乎，然后才好开口要防毒面具啊。

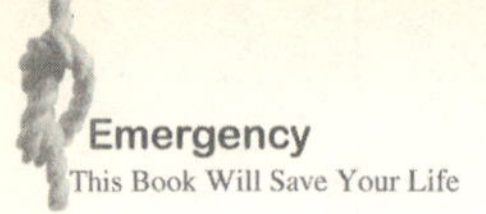

“其实，这件事也给大家都提了个醒儿，”韦恩特说，“千年危机过后，人们骂声一片，因为到最后什么事也没发生。那会儿谁提前做了准备，谁就被当成傻瓜；可是现在，谁下手得早谁就是先知先觉。”

我想他说得不错。要是按照这个说法，从上次我买来牛肉干和《圣经》的那时起，就算得上先知先觉了吧。我简直就是圣人瘦子吉姆。

“那么，”我终于开了口，“你们的防毒面具还有存货吗？”

“刚才我还打过电话。我们一共有 8 个供货商，可现在不管是哪一家都断货了。”

“我猜也是这样，我就是随便问问。”

“不过，”他又说，“后来我费了不少劲又弄到了一些以色列的民用防毒面具，今天已经发货了。别看东西不多，只怕现在除了我们，别的公司都不会再有了。”

“你说的这种面具好使吗，还是只是收藏品什么的？”事情竟然这么顺利，我简直都不敢相信自己的耳朵。

“这些面具本来是以色列政府准备发放给平民用的。很多人都知道这个牌子，使用起来也非常方便。在遭受核攻击或者生化袭击的情况下，它可以在 6 到 10 小时内对周围的空气进行过滤，保证你能够安全顺畅地呼吸。”

于是，圣人瘦子吉姆毫不犹豫地买了下来。

“还有一款伊维克 -U8 系列的防烟逃生面罩，现在也很流行。”他滔滔不绝。

“大小就跟一个易拉罐差不多，要是电视上说的那些是真的——老天爷保佑，这种面罩能够防护一氧化碳，隔绝热浪和浓烟。而且，要是你真的使用过本产品后，我们公司会免费再给你换一个新的。现在这一款只卖 69 美元，真的是又经济、又实惠。”他真是个明眼人儿。

我也许已经疯了，但我还没傻。看起来跟他套近乎完全是个错误，这不是活脱脱一个汽车推销员嘛。唯一不同的地方就是，卖汽车的是从市场的繁荣与财富中发财，而卖求生用品的则是从人心的恐惧与灾难中牟利。你买到的不是速度，而是你的身家性命。

在他自卖自夸的时候，我在网上搜到了一幅防烟逃生面罩的图片，是不是看起来很滑稽？

能活着多好啊，所以就是我过虑了也不算错。韦恩特想借机揩油就

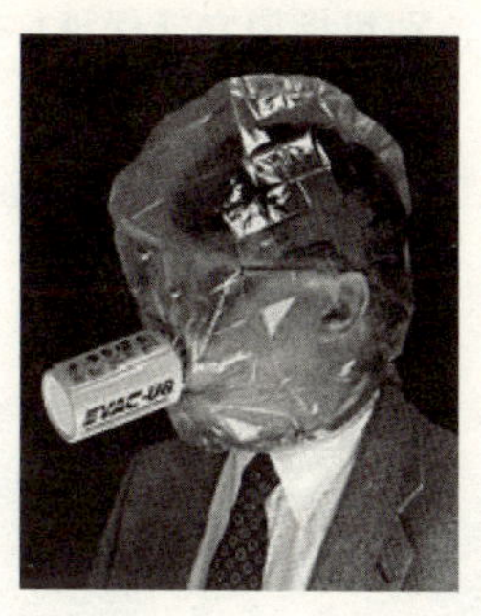

让他揩吧。于是我一口气买下了 7 样东西，一个个都不比伊维克 -U8 好看到哪里去。

一星期后，东西寄了过来：两条太空毛毯，一顶耐磨便携帐篷，两件防水雨披，一只可燃 36 小时的备用蜡烛，一盒防水火柴，24 个净化饮水袋，一个急救包，一个调幅 / 调频收音机，一只求生口哨，一双羽毛手套，一条软尼龙绳，当然还有一个每人都少不了的纸制迷你可折叠便壶。这些物品都被置于一个 72 小时急救箱里，然后又塞进一个黑色的便携行李袋中，方便我在紧要关头能够迅速出逃。

除了这个急救箱外，我还订购了一盒可供 24 小时之用的即食食品(军用术语叫 MRE)，有蘑菇牛肉、炖小鸡、奶酪意饺、开胃小吃，等等。这些食物都已经被脱水后压缩在小袋中，据说常温下可以保鲜长达 7 年之久。巧合的是，现在我怎么也不会想到，这些东西刚好是在第七年头上派上用场的。

我把这些补给都搬进了车库，暗自希望最好永远都不用再拿出来。尤其是那个宝贝防毒面具，样子也实在太恐怖了。它的包装盒上印着红色的希伯来文字，另外还有一行手写的编号。盒子里面共有 5 样东西：一个橡胶防毒面具，一个标有希伯来文的用银色可撕拉搭襻固定的过滤器，一个看起来就像微缩马桶座圈的白色塑料片，一个金属螺帽和一个纸板环。

我可不知道该怎么用它，而且里面的希伯来语说明书好像也于事无补。于是，我打电话给大卫 · 奥斯，想让他给我指点一下迷津。他是消防局的副局长，我以前曾经采访过他。

可是，他的一番话却让我觉得，我花钱买来的其实并不是切实的人身安全，只不过是一种安全的感觉罢了。

“防毒面具并不可靠，别想指望它能保证你的安全。”我刚想要问，奥斯就先开了口。

“你的意思是？”听到这话，我的心猛地一沉，“知不知道我费了多少周折才搞到这个的？”

“这种过滤器只适用于普通的刺激性气体，对于神经性毒剂不起任何作用，”他只管继续说道，“而且，对于生物毒剂也是一样。总之，这些都不只是呼吸系统方面的问题。”

“那还有哪些方面的问题呢？”我感觉自己的生存几率正在直线下降。

“比起肺部吸入，皮肤接触其实更容易引起炭疽热病毒的感染。同样，对于沙林毒气来说，皮肤接触也存在着极大的感染风险。我们的消防员通常都会佩戴一种正压型的自给呼吸设备以确保人身安全，过滤面罩根本就是无稽之谈。”

“这么说，我是被人忽悠了？”

“说什么安全感，全都是有人故弄玄虚。”

有一会儿我倒是真的希望自己买下了那款伊维克 -U8 系列的防烟逃生面罩，但也只是一会儿而已。后来听说耐特洛 · 帕克公司召回了这款面罩，因为有人发现它滤除一氧化碳的效果并不尽如人意。

1999 年，我第一次搬到洛杉矶时，我的老板，《纽约时报》总编强 · 帕尔利斯曾经极力反对，对我说那个地方不是地震就是骚乱。可是现在，“9·11”事件发生之后，洛杉矶反倒显得比纽约安全许多，不仅是因为它地形分散，不易作为理想的攻击对象，而且它也没有什么足以象征美国的标志性建筑物，不像曼哈顿。

可是就算这样，当我和帕尔利斯在电话里说到纽约会不会再次发生恐怖袭击时，他却是一副若无其事的样子。

“难道住在那里您就不怕吗？”我问他，“我的意思是，纽约可是恐怖分子的首选目标呀，而且还是座孤岛，只有几座桥梁和隧道可供逃生。恐怖分子想要围闭或者拿下这座城市还不是易如反掌？”

答案明摆着，可是他却回答：“要是世界上没有纽约，我活着还有什么意思？”

听到这话，我豁然开朗，大难当头的时候世界上只有两种人：一种是船长，船在人在，船沉人亡；另一种是我们，选择和自己心爱的人一起从危船上跳下。

“9·11”事件余波未了，我就决定要与美国风雨同舟。从此以后，我不仅不再收藏那些越积越多的反美宣传品，而且第一次感觉到一种爱国主义的情怀在我心中汹涌澎湃。

有一次，我听到几个外国朋友指名道姓，说我们美国人又肥又蠢、缺乏教养。于是，我义正词严，同他们据理力争。我忽然觉得，那些对于美国人刻板的偏见不仅毫无道理，而且用心险恶。

在被报社派往纳什维尔工作的 6 个月中，我发现了一件怪事，那里的人都以“南方人”自居。但是，我们这些在北部土生土长的人却从没想过要自称“北方人”，而只会说自己是美国人。

“9·11”事件让我恍然大悟为什么南方人如此孤傲。对我们这些生活在北方的人们来说，自己永远都是社会的主流，所以根本用不着团结起来一致对外。但是现在，当美国作为一个整体遭受到来自外界的共同排斥时，我们必须齐心协力向世界证明他们错了。

不幸的是，事情并没有按照我的预期发展。

第 9 节 小学教师对性心理发育的影响

11 岁的时候我才知道“大屠杀”这个词是什么意思。之前虽然也听到别人说起过，但是直到考芙曼太太给我们讲解了事情的来龙去脉，我才算真正弄清楚它的含义。

当时，考芙曼太太已经两鬓斑白，满脸皱纹。她的年纪差不多都可以当我们的奶奶了，但是有一对硕大无比的乳房，不管多厚的羊毛衫也遮不住。这在小学教师里只怕是独一无二的吧，常常让我们这些 6 年级学生看得目瞪口呆。

现在我已经记不得小学历史课本的名字了，只知道书皮是红色的，正当中画有一个又粗又黑的“卐”，可怕极了。而书的背面则布满了大大小小、形状各异关于乳房的杰作，一共有 25 幅之多。

那是考芙曼太太来到我们班的第二周。有一天，她在黑板上画了一条时间线。这条线的起点是 1933 年，也就是希特勒就任德国总理，禁止犹太人做工的那一年；接下来是 1935 年，她在旁边写上“纽伦堡宪法”，这一年里所有的犹太人都被剥夺了公民权；然后是 1938 年，“犹太人的护照上都要加盖标有 J 的公章”。她又写道。最后，在线段的终点，她用力写下四个大字“水晶之夜”。

“谁能说说‘水晶之夜’是什么意思呢？”

我一向都是班上的捣蛋鬼。只要老师一提问，我马上就会接嘴并制造点笑料出来。可是这次我却听得入了神，想象着正有人不停地对我施以种种侮辱。不知道为什么，在学校里上文学和历史课时，我从来都不会把自己当成压迫者，相反，我只会把自己扮成受害者。也许这是我在 6 年级里的社会地位决定的，因为那个时候我只是一个在体育场上笨手笨脚，看见女孩儿呆头呆脑，拿着书时一推就倒的滑稽小丑。

这时，那个冰雪聪明、十全十美的金发转学生潘妮举起了手来。"'水晶之夜'就是指纳粹分子大肆攻击犹太人的那个夜晚。"她乖巧地答道。

"完全正确，"考芙曼太太十分赞赏地点点头，"成百上千的犹太教堂被付之一炬，成千上万犹太人的住所和店铺被洗劫一空。所有的犹太人都在光天化日之下被人殴打或者遭人暗杀。"

这个故事的结果早在一周以前我们就已经知道了：贫民窟、集中营、煤气浴，还有一个丑恶无比的新名词——种族清洗。

"他们为什么不跑？"我几乎是不假思索地问道。

"说清楚一点。"考芙曼太太说。她讲话的时候，我的目光几乎没办法从她的胸部移开。

"那时在很多人看来，情况不会再进一步恶化下去，"她回答说，"这样一来，很多犹太人就更不愿意背井离乡了。"

在接下来讲述欧洲史的每一节课上，有关大屠杀的内容都会被反复提起并且详加叙说。可是，我却越来越觉得诧异，竟然有人心甘情愿地被国家褫夺了权利、拆散了妻儿也不愿意逃走。

于是，每次我都在心里不断地告诫自己：要是这种情况出现在美国，我无论如何也不能坐以待毙，等着局势进一步恶化。我一定要趁着为时尚早就远走高飞。

步步为营之第四步：2004 年 11 月 3 日

第 10 节 安全系数公式：X= 恐怖分子，Y= 距离，Z = 你有多招人嫌

“我们这里非常安全，从来都没有收到过恐怖威胁或者发生劫机事件。大概是因为澳大利亚与其他国家相距遥远，所以这儿就像是一个被世人遗忘的角落。我们用不着像美国人那样整天担惊受怕，而且我们也从不制造借口侵略其他国家，更没有人会对我们恨之入骨。”

简曾经和我约会过几次，现在住在悉尼。她想要劝我移民到澳洲，因为那里有迷人的海岸线和很低的犯罪率，而且人人都热情好客。

我绞尽脑汁想从她的话里找出漏洞。“但是，你们的国家离印度尼西亚也不算远呀。几年前刚刚有个恐怖组织炸翻了巴厘岛的夜总会。难道你就不害怕？”

“巴厘岛的爆炸案发生以后，很多澳大利亚人都不再去印度尼西亚旅游了，”她似乎毫无怯色，“何况我们两国之间又无怨无仇。倒是有些新闻媒体，还有你们的那位总统先生动不动就爱吓唬人，总想让老百姓服服帖帖。那样他们就不再找碴儿，而且还要对当局保护工作千恩万谢呢。所以，比起美国来，我们这里就像是天堂。”

“不过，美国大选马上就要开始了，”我突然发现她满腔热情的时候还真可爱，但是现在我可没有这个兴趣，一点儿也没有，“不如我们等等看，也许事情还有一线转机。”

“要是澳大利亚你还嫌不够安全，”我都要挂了，她还一个劲儿唠叨，“那你就去新西兰好了。”

第 11 节
民意测验：没有投票的请举手

2004 年 11 月 3 日，新西兰移民署的网站一共收获了 10 300 次来自美国的点击——超过日常数据的 4 倍。另外，打电话或者发电子邮件咨询移民问题的美国人也从每天 7 人次飙升至每天 300 人次。

其中有一封邮件是我发的。

2000 年之初布什政府粉墨登场。但是最起码前 4 年不是我们的错。毕竟，技术上严格来说，并不是我们真正选出了这个总统。而且，谁曾想正是在他的“英明”领导下，美国才卷入到一场徒劳无益的战争中来，美国的财政预算从 2 360 亿美元的盈余变为史无前例的赤字，美国才会打着维护国家安全的旗号肆意剥夺公民的自由权利，公然置国际条约、联合国与联大宪章于不顾。

然而，2004 年的总统大选过后，局面起了翻天覆地的变化。因为这一次，布什真的是被“选”进白宫的。这一事实无异于向全世界公开表明，对他们的总统美国人民已经不计前嫌。因此，在各国看来，愚不可及的不再只是布什本人，而且是全体美国人。

英国的《每日镜报》在头版一针见血地指出：“难道美国 59 054 087 公民都变成傻子了吗？”（这位作者大概忘了，在美国还有另外 7 900 万国人，完全有资格投票但却一样装聋作哑。）

尽管这不仅仅是乔治 ·W. 布什一个人的问题，但古往今来，美国人民还从未像今天这样迷惘。尽管“9·11”事件还远非传统意义上的战争，但它却让我们知道，即使在美国战争也一样可能发生。尽管布什政府以国家安全挂帅还远非真正意义上的极权，但是这却让我们明白，即使是在美国法西斯主义仍有可能卷土重来。要是能打个极端一点的比喻，就连墨索里尼和希特勒也是在民主的政体下披着合法的外衣开始独裁的。

那天下午，我躺在床上，一边直盯盯地望着雪白的石灰天花板，一边左思右想下一步该作何打算。2000 年总统大选时我完全有机会可以建言：从投票结束到布什最终宣布胜出，其间的 35 天，可以说是美国历史上最具有划时代意义的重要时刻之一，一票之差就有可能逆转时局。作为《纽约时报》的记者，比起许多普通人来，我能做的事情其实很多——我只要飞往佛罗里达州，发掘事实真相，并在有人宣布结果前将其大白于天下。然而，像大多数的其他同胞一样，当时我只是干坐在电视机前，一心盼望会有别人站出来仗义执言。

虽然我的幻想最终还是破灭了，但是我还不至于相信布什、切尼和拉姆斯菲尔德三者就是妄图建立军事管制或者警察政权的邪恶化身。不过，他们所狂热攫取的那种狭隘的特权体制，不仅不会造福于民，反而只会遗患无穷。

美国长期以来殚精竭虑在文化、政治上赢得他国的诸多善意，已经在伊拉克战争中被挥霍殆尽。2000 年的时候，在世界上最大的穆斯林国家印度尼西亚，有 75% 的人认为我们是友邦。但是，在美国入侵伊拉克以后，这一数字一度猛跌到 15%，而且还有 81% 的印尼人担心他们会遭到美国的袭击。就连从前把朝鲜当成头号威胁的韩国，现在也认为美国的情况更加值得忧虑。无论欧洲还是南美洲，纵观全球，凡是那些曾经公开与我国政府并肩携手的领导人，无不灰头土脸、纷纷落马。

2004 年大选结果正式公布的那一天，我第一次开始认真考虑要离开我的祖国，因为从那一刻起，我忽然觉得自己已经与大多数同胞之间产生了隔阂。不知道让这一届政府再干上 4 年会闯出什么祸事来，到那时世界各国又会怎样纷纷指责美国。

最近，我刚刚辞去了《纽约时报》的工作，想要从事一些规模更大、更有意义的工作，但是最终事与愿违，所以此时此刻我比以往都更加怀疑自己。在报社工作的时候，大家都说我年轻能干，手指轻轻一碰就能摸到流行文化的脉搏。但是，这次大选的结果却让我明白，我的手指摸到的并不是什么时代的脉搏，只不过是时代的皮毛罢了。我所感知到的心脏节拍其实根本就不存在，只不过是一种幻想罢了。

1990 年，在因特网、电子邮件、手机和笔记本电脑尚未普及以前，法国的总统顾问雅克·阿塔里就曾经在自己的著作《新千年》一书中预言，人类将逐渐进化为科技游民。在当今世界，高科技已经使得人们可以在任何地点工作或者联络他人，因此，在他看来，人们没有必要永远待在一个地方。

也许正是理想的破灭才促使我拿起笔记本电脑和手机，远离这个疯狂的世界，成为一个真正的科技游民。简劝我迁往澳洲的那番话仍然在我耳畔回响，于是当天晚上，我上网认真查看了澳大利亚和新西兰有关移民的政策。

上面要求外国人只有在当地定居 2 ~ 3 年后方能给予公民资格。这个条件似乎还可以勉强接受。另外，对于那些从事“稀缺职业”并能够使移民国获得“某种优势或者益处”的专门人才，也可以考虑授权公民资格。不幸的是，我的证明材料上写着——作家，曾与吸毒成瘾的摇滚歌手和色情明星合著作品——不仅于事无补，反而让事情变得更加棘手。

就在这时，我忽然想到了前健美运动员、现任我们州州长的那个家伙。他曾经坦承自己服用过合成类固醇，时常酗酒狂欢，而且还吸食大麻（用他的话说“那不是毒品，那只不过是一片叶子”）。这样看来，也许我们还有机会。

但是，当你放眼望去，一幢幢高楼大厦巍然屹立；当你打开电视，一幕幕真人秀旋即上演；当夜幕降临，你依旧可以开怀痛饮、歌舞升平、打情骂俏，直到太阳升起来再头上一个汉堡大快朵颐。你身边的一切都是那样真真切切，怎么可能会有变化呢，永远都不会。

这样稍一迟疑让我损失惨重。就在我准备着手移民时，新西兰已经将其给予公民资格要求居住的年限从 3 年增加到了 5 年，而澳大利亚则将这一下限从 2 年增加到了 4 年。谁让我没有吸取从考芙曼太太的历史课上学来的教训呢：“人们越是想要离开，往往也就越难离开。”

现在我终于明白，为什么在纳粹横行的时代犹太人也不愿意离开德国。因为他们一念尚存。这种信念既可以让人们在最艰难的日子里能够忍辱偷生，也可以让人们在动荡的时期里甘愿备受煎熬。于是，我拼命抓住了这样一丝信念：我们是美国的公民，不论有什么事情发生，政府都不会置我们于不顾的。

HOW TO BE PRACTICALLY INVISIBLE 怎样才能真正隐形

无论是迷彩服还是面部油彩都存在一个问题，因为再上乘的质量也难以遮盖人类的体征，所以很容易被人察觉。而渔网装却能够极为有效地掩饰人体的轮廓，因此几乎可以让你完全隐形。

5. 取8码粗麻布（或者6米黄麻布），颜色要与你准备隐藏的环境相协调，并截成4段。放下其中一段，把另外3段染成与周围环境相近的保护色（比如草绿色、浅褐色或者浅绿色）。
6. 把麻布剪成条状，每条宽约1英寸、长2英尺。
7. 将剪好的布条分别系在每张网的两侧，系好后布条要相互交叠。记住要首先选用那些颜色与周围环境相近的布条，然后再把其余的布条也扎上去。
8. 扎好后要让颜色自然交错，并在眼部留出缝隙以便观测。然后把多余的布条扎成围巾的形状用来遮掩颈部。这一步完成后，你的外形应当类似一个拖把头或者伊特表兄的造型。
9. 另外，还可以用喷漆对渔网服进行喷洒，再用一把金属齿的梳子将布条刮毛，然后用周围的草叶装饰一下，最后在土地上打个滚儿就行了。

步步为营之第五步：2005 年 8 月 29 日

第 12 节 航空精神卫生指南

我是个逃兵。

从二楼候机大厅的阳台上拉起了一条长长的警戒线，逶迤穿过楼下的各个入口检查处，然后又向外延伸到 100 英尺开外。显然，不论是谁想要挪到登机口，不排上一个半小时的队是不可能的。

当时，我正准备前往纽约宣传我的新书《把妹达人》（*The Game*）。我曾经偶然结识了一帮自称“把妹达人”的家伙，于是我把我们之间发生的稀奇古怪的故事写了下来。本以为没有谁会对这类题材感兴趣，但幸运的是竟然有好多家媒体为我安排了节目：“早安，美国”、“观察”、“CNN 焦点访谈之安德森·库珀 360 度观点”，还有国内几十家广播电台。不过最后这些节目不是被拿掉了就是被延期了，因为一场国难正在悄悄地向我们进发。

> 当迈克尔·扎克扬言放学以后要狠狠地揍我一顿时，我跑到奶奶家躲了起来。当我的女朋友因为逮到我和前女朋友聊天而怒火中烧时，我跑到宾馆里躲了起来。当我正为音乐会做报道时，看见一群警察在民主党大会的外面闹事，我冲出了不断倒下的人群，躲开了雨点一样的橡皮子弹飞奔而去。

当我在长长的警戒线内缓缓前行时，我忽然觉得现在的美国已经完全不像儿时生我养我的那个美国了。现在许多游客都有过或者听说过这样恐怖的经历：毫无理由地被海关羁押、虐待、侮辱甚至拒签。还有更倒霉的，就算你的证件样样俱全，也照样被关进拘留所里最后一命呜呼。

那个对我们有求必应、呵护备至的美国已经一去不复返了。

危急关头你要么迎难而上，要么知难而退，这是人的本能。而我块头不大、拳头太小、声音太弱，所以要想活命，只能是三十六计走为上策。

当我已经离边检不远时，无意中听到一个略显迟钝的年轻保安说要设立一条快速通道。

“不好意思打扰一下，听说有个快速通道？”我的声音里满是期盼。

“正准备开呢。”他说。

“那敢情好啊。”

“你要想过去的话得先注册一下。”

“怎么样注册呢？”

“你得先去那个办公室查查履历，然后做一下指纹取样和虹膜扫描。”

当逃兵可不是什么光荣的事。因为按照那些动作片剧情和大多数女人的想法看来，一个真正的男人应当勇往直前，只有胆小的懦夫才会望风而逃。

我的心猛地一缩。“虹膜扫描”让我想起了电影《千钧一发》中的那些镜头，还有奥威尔笔下的兽园。于是，移民到外国去的念头又一次开始在我的脑海中不停地轰鸣。

与其死而为鬼雄，不如生而为懦夫。

还要多久我才能不再踌躇不前，才能下定决心爬出这黑暗深渊？

我好像看见有许许多多个考芙曼太太在黑板上画出一条时间线。这条线显示美国正在一步一步背弃自己曾经许下的忠贞誓言：“为了一切人的自由与公正。”

2001 **年**：“9·11”恐怖袭击；1 200 人未经指控就被逮捕和无限期拘押；布什签署《美国爱国者法案》，允许政府部门未经授权秘密监听和搜索公民的个人档案；阿富汗战争开始；建立禁飞名单，被禁人员最后已逾百万。

小的时候，我喜欢收集战争题材的卡片。因为我看到电视上经常播放这类广告，所以就央求爸爸妈妈下了订单。从此以后，每个月都会有一套卡片的目录寄到我家，上面大都是第二次世界大战的各种场景。

2002 **年**：美国政府要求来自 25 个国家的男性移民与游客进行注册；其中，13 000 多人有可能被驱逐出境；司法部允许 FBI 在不具备正当理由的条件下对所有宗教和政治组织进行监视；布什主义出台，宣布进行先发制人的战争；通过《本土安全法案》；司法部授权海外审讯可以折磨犯人，直至造成“严重的身体伤害”。

当时，我的父母大概认为这些战争题材的卡片可以陶冶我的情操。他们不知道其实这些卡片只是在我的脑海深处狠狠地划了一刀。

2003 **年**：伊拉克战争开始；国土安全局成立；“自由之盾”行动羁押了来自 34 个国家寻求避难的游客；布什滥用行政特权集中和扩大总统职权，并签署一系列文件。这些文件可以让他对国会已通过的法案置之不理或重新解释，这可真是前无古人的创举。

在那些战争卡片上，我看到盟军的狂轰滥炸把德累斯顿市中心夷为平地；我看到冲绳之战让该岛约三分之一的平民人口丧生；我看到列宁格勒大围困中有 150 万人死于纳粹之手；我祈祷这把历史的重锤不要把我也砸个粉身碎骨。

2004 **年**：国土安全局让数以千计的非法移民佩戴具有电子监控功能的脚环；政府部门为绕开法律对其监视本国公民的限制转而将搜集国内

情报的任务外包给私营公司；我国建立起一套“来访者出入境身份识别技术”的系统，要求所有入境的外国游客都必须接受数码拍摄、指纹提取和电脑数据库的检查；阿布格莱布虐囚照片曝光；红十字会在随后的调查中发现，有证据显示在关塔那摩湾的囚犯曾遭到性虐待、火烧以及被强迫吞食棒球。

就像战斗中的友军炮火一样，美国政府的反恐战争已经累及自身。最终打赢这场战争的不是他们，而是一个个恐怖分子。就连理查德·雷德的拙劣一掷也波及到数百万美国人的日常生活。他扔过鞋式炸弹以后，至今我们通过机场安检时都要脱掉自己的鞋子。

我在18岁的时候收到了一张白色的明信片。与其他战争题材的卡片不同的是，那上面画有一个生日蛋糕，反面写着：请到当地邮局申报并进行注册，以便及时接收征兵命令。此后的7年的无数个夜晚里我都辗转难眠，默默祈祷我的祖国千万不要卷入到又一场大战中去。我可不想将来有一天变成战争卡片上的阵亡统计数字。

在经过纽约的机场安全传送带时，我照例开始穿穿脱脱——先脱了鞋子，解开皮带，去掉手表，脱下背心，放下电脑，然后再把这些零碎统统放进托盘。这时我注意到旁边的一则告示，上面写着：**请注意，当您与安检人员讲话时，任何不当的玩笑都有可能让您被捕。**

这好像有悖美国《宪法第一修正案》的宗旨吧，而且对我的幽默感简直就是一种打击。警告人们要严肃地对待一个玩笑，实际上就等于在暗示这些开玩笑的人是名副其实的罪犯。

我还记得在上次坐飞机时，看见有一个中年西班牙人戴着手铐被3名警官推推搡搡地带走了。当时我问身边的空姐出了什么事，她说：“他对运输安全管理局的工作人员说了一句不该说的话。对这种事，他们早就已经忍无可忍了。”看来，我心中的那个美国，那个不曾对个人严加管制的美国，已经渐行渐远。

因为那些卡片和征兵命令，政府在我的心中已经变成了约翰·韦恩·凯西。不管我是好人还是坏人，这个小丑随时可以不容争辩、无声无息地将我的生命夺去。

这次5个小时的空中之旅让我失魂落魄，唯一令人感到慰藉的是，这已经不是历史上美国人第一次在创痛中失去自由，尽管其后果有待商榷。

1798年美西战争之前，约翰·亚当姆斯通过了《客籍法和惩治叛乱法》，规定对政府进行批评是非法行为，而且还规定当局可以任意地驱逐外国居民。内战期间，亚伯拉罕·林肯中止了《人身保护令》中的权利，同时有13 000人因被怀疑犯有叛国罪，未经判决就被收监。一战间及之后，为了对制造一系列爆炸案的那些无政府主义者示以惩戒，伍德罗·威尔逊下令逮捕了10 000名据称是激进分子的嫌疑犯，并驱逐了所有不具备公民身份的外国人。第二次世界大战中，在富兰克林·D.罗斯福的任内，有120 000名日裔美国人被送进俘虏营。在艾森豪威尔执政期间，有超过10 000名因被认为是共党分子而被列入黑名单，遭到监禁或者解雇。

于是，我告诉自己，要是我被政府征召或者通缉的话，我会毫不犹豫地溜之大吉。我十分同情那些逃往加拿大躲避兵役的人，常常会想他们是不是幸福，想不想家人。我甚至还同情电影里那些拼了命逃往墨西哥边境的坏蛋，总是希望他们能顺利到达目的地并重获自由。还有那个因为与未成年人发生性关系而遭到当局公开迫害的罗曼·波兰斯基，他的法兰西逃亡之旅也让人目眩神迷。

所以，既想要自由又想要安全，虽说是人之常情，但是对政府来说，我们好像在得寸进尺。想想吧，拉斯穆森的民调报告显示，上述几位先生（威尔逊除外）仍然在美国历史上最受欢迎的十位总统中名列前茅。

现在，外国这个字眼对于我来说就意味着安全。假如美国局势真的恶化，最起码我知道还有这样一个地方。在这个地方我可以重新开始，结识新的朋友。战争是为那些争权夺利的人存在的，而和平是为我们这些热爱生命的人存在的。

但问题是，如果你的政府既不能给你自由，又不能保证你的安全呢？

像其他美国人一样，我对这个问题百思不得其解，直到我下了飞机以后才明白。

第 13 节
寻找最后一根救命稻草

在驱车前往酒店的路上，我还在犹豫是否需要再搞一个第二国籍以防万一。但当时听到的一则新闻让我的疑虑荡然无存：卡特里娜飓风刚刚把新奥尔良市夷为平地。我的新书巡回宣传也泡汤了，所以接下来的 7 天里，我基本上都窝在房间里关注相关的新闻报道：洪水里漂过一具具尸体，老年人淹死在家里，平民在大街上被射杀，警察将店铺洗劫一空，人道主义庇护所变成了人道主义劫难地。

整个飓风事件，据统计共造成 1 836 人丧生，刮走了人们心中对祖国的最后一丝幻想。

这次与“9·11”事件不同，因为有关部门早就预测到大规模自然灾害的发生。但这个世界上最伟大的国家又一次在自己的人民需要的时候无所作为。5 天之后，联邦政府才作出正式妥当的回应。他们还称，联邦应急中心的“后勤保障能力十分有限，不足以对墨西哥湾沿岸地区数目庞大的难民给予全面救助”。

可是，新奥尔良仅仅是一个只有 50 万人口的小城市。要是这灾难不是发生在那里，而是发生在有 380 万人口的洛杉矶，或者发生在有 820 万人口的纽约，可想而知后果又该如何呢？

卡特里娜飓风过后，我开始意识到他不再能保护我了，从今往后我必须自己保护自己。

无政府主义者，实质上就是指在政府无所作为时，相信人民会为维护社会秩序而负起责任的那些人。正是在那个星期，我发现自己其实是个截然不同的人，一个性恶论者，因为我的内心深处，已经开始逐渐认同威廉·戈尔丁的小说《蝇王》中有关人性的描述。当报纸上连篇累牍地报道发生在新奥尔良的骚乱、暴力事件和种种苦难时，你会蓦地发现社会体系一旦被毁灭，有些人就要开始自相残杀。

其实，大部分生存主义者同时也是性恶论者。这就是他们要私藏枪支的原因。他们手中的枪口瞄准的不是敌军的将士，而是企图盗窃他们财物的邻人。

除了卡特里娜飓风以外，美国大兵在阿布格莱布的虐囚照片又添新作；美元继续直线走低；奥萨玛·本·拉登仍然逍遥法外；义愤填膺的巴勒斯坦人纵火焚烧约旦河西岸城市塔伊比赫；在苏丹西部地区每天都有平民在种族屠杀中丧生或者被强奸，而世界各国坐视不理；布什总统在恫吓过伊拉克之后又以同样的手法吓唬伊朗。

就像有人点燃了火药桶一样。

这个火药桶说不定哪一天就会爆炸，也许是明天，也许是一年之后，也许是十年之后。谁也不知道究竟是什么时候。但是有一点很清楚，它非爆炸不可。

我要离开的前一天晚上，为了庆祝我新书的发行，我的一位朋友在离我住处不远的一家叫做“道”的酒吧里，为我开了一个小小的派对。

最后大驾光临的只有5位，刚好可以围坐在一张小桌旁。其中有两个是我最要好的朋友：一个叫冉，他酒量惊人，很有女人缘儿，这次专程从温哥华飞来；另一个叫克雷格，他身材魁梧，是个互联网工程师。他要是看起科学杂志起来，那劲头就像别的男人在看《花花公子》一样。

“你有没有看那个关于安然公司破产的纪录片？”克雷格一边问我，一边解开他那件松松垮垮的白色套装夹克衫的扣子。

“上面好像说那次加利福尼亚的能源危机是人为的，目的是为了刺激安然公司的股指上扬。他们还播放了一段真实的录音。我听见里面有一个交易人员说加利福亚电厂必须停产。对这些炒家们来说，只要他们能够赚钱，哪怕只是那么一丁点儿，他们才不会关心别人的死活呢。现在，美国的情况也是这样。人民，已经变得无足轻重了。”

克雷格像我一样，也是一个胆小鬼。但是我们想逃避的东西完全不同。我最担心的事情是死于一场飞来的横祸，而他最担心的事情是自然的生老病死。

最近几个月，他经常到一家名为阿科生命延长基金会的人体冷冻技术实验室去，并且打算在将来的哪一天报名把自己冷冻一下再保存起来，也许再过几百、几千年后有人能够把他解冻。我曾经答应过要舍命陪君子的——因为我们不仅现在是朋友，而且将来还可能成为冷冻室里的“室友”呢。

“要是美国真的再来一次更为致命的恐怖袭击，死的人甚至比上次更多，你们会吃惊吗？”我问克雷格和其他几位朋友。

每个人的回答都一样：“不会。”

“那么如果真的有恐怖袭击，你们认为政府部门在疏散人员时仍然能够维持我们的社会秩序吗？”

“肯定办不到。”克雷格说。

“让我问你们一个问题，”几分钟后他突然打断我们，“也许你们每个人都同意这种观点，那就是凡是恐怖分子都恨美国、恨美国人，所以才会千方百计地想要破坏我们，甚至毁掉我们，对不对？”

“这个绝对是他们的重要目标之一。”我表示赞同。

“很多人会想，他们想通过吓唬我们进而毁灭我们，比如搞个大爆炸把我们都吓跑，对不对？”

“所以他们才不枉叫恐怖分子呀。”

“但是你们有没有稍微动动脑子，也许这并不是他们的计划？奥萨玛·本·拉登绝对不像许多美国人想的那样愚昧无知。也许他的计划是摧毁我们的经济。因为大家都知道，只有这样才能让美国玩儿完。”他放下手中的啤酒杯，仿佛他的话也掷地有声。现在他刚刚进入最佳状态，“但是我们的政府部门呢，却正中恐怖分子下怀，不仅大举进攻，而且还动用了几十亿、几百亿的美元，就这恐怕还不到头呢。”

“你来加拿大好了，”冉插了一句，“你可以和我住在一起，我的家就是你的家。”

克雷格却没有理会，一边接着说道：“这就是为什么他要选在西班牙炸掉火车。他不就是想吓退我们的盟国，等着他们从伊拉克撤军，好让我们独自承担打仗的开支嘛。”

“来加拿大吧，”冉又说，“没有人恨我们。没有人说我们笨（也许除美国人外）。除此之外，加拿大还有公费医疗和好喝的啤酒。要是你想买可待因泰诺，这里连处方都不用呢。”

“其实拉登已经赢了。”克雷格一边说一边使劲儿瞪了冉一眼，那意思像是说看你还敢不敢再多嘴。

“我们的经济正在濒临崩溃。你们看，我们的贸易赤字是7 000亿美元。”只见他伸出一只又胖又软的手来，在另一只手的食指上敲了一下。接着，他又敲了一下中指，“我们的外债是70 000亿美元。”然后轮到无名指，“经济衰退。”最后是小拇指，“通货膨胀。油价前几天还又涨了四毛一。人们心里能没有气吗？”

“反正我是要离开这里，这里我真是受够了。”我连想都没想就这样说了出来。我已经忍无可忍了。我曾经在考芙曼太太的历史课上下过决心，在看那些战争题材的卡片时下过决心，在收到政府部门的征兵令时下过决心，在布什的连任成功时下过决心，现在行动的时刻到了，我要逃往国外，寻找安全的港湾。

“搬到我这儿来吧。”冉又说了一次。

这是我参加过的最令人沮丧的新书发布庆祝会。

在美国，有88%的人口甚至连本国的护照也没有。假如有一天美国真的有大难临头，他们只能坐以待毙。但是，当其他国家纷纷对美国的难民关上大门时，我可以不用惊慌失措，也不用困在难民营里无奈地等待历史重演。如果我有了双重国籍，我就可以随时迁往他地。

而且，即使有恐怖分子要劫持甚至处决美国人质，我也可以亮出我的第二份护照，告诉他我不是美国公民，然后逃之夭夭。就算天下太平，什么事儿也没有，我还可以不理会美国的禁令，比如到古巴去游览一番。

于是，一到宾馆的房间里，我就打开笔记本电脑，搜索那些精通移民法、外交护照以及第二国籍方面内容的律师和公司。随后的几个小时里，我一共发出15封电子邮件，打了10个国际电话。此后发生的一系列事件也许会改变我的一生。

第3章

死里逃生

ESCAPE

前路漫漫……
我将面对未知之敌。
我将踏上未知之旅。

——吉尔伽美什，《第三块泥板》，公元前 2100 年
Gilgamesh，*Tablet III*，2100 B.C.

第 14 节 长生不老的妙方

1967 年 1 月 12 日的一个下午，詹姆士·贝德福德停止了呼吸。但是关于他是否已经死去这个问题，人们一直看法不一。因为 39 年之后，我正在注视着这个存放在一个金属罐里的人。这个人曾经希望有一天自己能够从这个箱子里起死回生。

在那些追求不死之术的人们当中，贝德福德几乎就像个英雄，因为他是第一个冷冻人。贝德福德是一个精神病学家兼作家。他采用了在当时尚处于实验阶段的人体冷藏术将自己保存起来。在将来的某一天，希望等到有人能够发明出一种治愈他肾脏癌症的新药，他就会被解冻从而获得新生，并成为世界上年龄最大的人。不过眼下，他还得在亚利桑那州斯科茨戴尔阿科生命延长基金会的液态氮里老老实实地泡着。

我是在克雷格的游说下来这里参加聚会的。他想让我陪他一起在这儿的金属罐里泡冷水，还说不想等到复活的时候只有孤孤单单的一个人。我本不愿意来的，但是没料想在这样的地方竟然有人懂得逃生之术，而且还真的让我给碰上了。这个人看起来貌不惊人，身穿一件 T 恤衫，上面印着世贸中心着火的图案。

一个身材苗条的二十几岁女人带着克雷格和我前往手术室参观。她染着红色的长发，鼠般的门牙又尖又长，一边走一边不住地用手抹着工作服上一片黄黄的黏液污渍。

“要是客人自愿选择神经中止术，”她向我们解释说，“我们会在这里切除头部。”

“你还是别弄什么双重国籍了，干脆和我一块冻起来算了。”克雷格又劝我。这时，那个女人又把我们带到了一个冷冻箱前，箱里放着一个压力泵。阿科基金会的工作人员就是用这个泵把人的血液抽出，然后再换成一种可以保存人体器官的溶液。

“等到什么时候人类消除了死亡的问题，淘汰了民族和宗教的概念，我们再起死回生。”

显然，克雷格不属于尔虞我诈的那种现实的类型，因为他总是相信世界会越变越好。但是对蝇王之国的子民来说，江山易改，秉性难易，不同的只是人们的姓名与面容而已。

“这里有很多未知的因素，”我对他说，“假如阿科公司破产，银行把冷冻人都拍卖了怎么办？”这时候，那位长着老鼠牙的女士又开始向我们解说人体璃化的过程——也就是说在这个过程当中，人体的重要器官并不会被冷冻成冰块，因为形成的结晶会对细胞造成损伤，而是转化为一种类似玻璃的物质。“要是在冷冻的过程中你一直做噩梦怎么办？或者，要是你躺在那些箱子里其实一直醒着，那岂不是更糟？”

克雷格总是振振有词，可是不管我再怎么想要长生不老，我也不愿把自己弄得半死不活的。如果有一天恐怖分子真的来袭，只怕阿科生命延长基金会要被当做西方人的劣迹之一而先遭毒手吧。

参观过实验室以后，有人带着克雷格和我来到外面停车场的空地上。在这里，阿科公司的工作人员早已为我们这些潜在客户准备好了便餐。讨厌的城里人、上了年纪的嬉皮士和一群疯疯癫癫的科学家们都坐在折叠小桌旁吃着奶酪汉堡。他们当中有许多人都戴着银色的手环，上面有一行小字：“立即注射一支肝素，并做心肺复苏，同时用冰块将体温降至华氏50度，不得解剖或作防腐处理。”

看来他们还真得学学语言艺术，以便将来更好地同未来人打交道。

停车场的中心有一张桌子，桌子旁边坐着的那个男人正在侃侃而谈。他有一捋及胸的长髯，而且被梳得纹丝不乱。他的语速飞快，好像如果他能用说一句话的时间说出两句来，寿命也可以因此加倍一样。

这个人的名字叫奥布利·德·格雷，他仿佛是这群人中的领袖。别的科学家们忙于研制治疗炭疽热与梅毒的新药，而他致力于攻克人类老化的良方，因为这一“顽症”每天会让10万人丧生。就在上个月，他刚刚接到了一笔来自贝宝交易创始人彼得·希尔的捐款，价值300多万美金。

“我的研究目的就是需要消除人类的年龄与死亡风险之间的关联。”他正对着一男一女发表自己的观点。这两人看起来好像都会用得上他的研究成果。那个女的留着一头褐色的长发，其中有几绺已经变白。她身上穿了一件宽松的T恤衫，上面印着“欢迎吸食大麻”的字样。那个男的一头棕灰色的头发已经稀稀落落，不过那胡子倒是可以与彼得·格雷媲美。他穿着一件衬衫，上面印有世贸中心着火的图案，图案下面还有四个字：局内人。

“在我们的有生之年，”德·格雷继续说道，“我敢肯定，人类的寿命可以再延长30年。”

当然，前提条件是你不能死得太惨。要是你因为火灾、飞机失事或者爆炸而丧生，哪怕再高明的生命延长技巧或者人体冷冻技术也回天乏术吧。

“你们跟这群人在一起简直就是浪费时间。”那个穿着双子塔图案衬衫的家伙朝着克雷格和我说。他一边讲话，一边用手机械地挠着他那张又尖又长、坑坑洼洼的脸，那动作就像是狗在抓自己身上的跳蚤。“他们只知道关心自己死后如何，而不知道关心自己这辈子该怎样。”

这时我才注意到他的手上没有戴手环，他的妻子也没有戴。她正在解开自己面前的三只袋子：第一只袋子里装的是小胡萝卜；第二只袋子里装的是一块深褐色的东西，看起来好像难以下咽；第三只袋子里装的是一个长条，貌似黄油替代品什么的。在她的膝盖上还放着一个帆布包，里面露出来一只怯生生的小狗。

“实际上，还有更重要的事情值得我们关注，”他一边说着一边又开始抓耳挠腮，“我身上穿的这件衬衫就是想告诉大家，‘9·11’事件完全是人为操纵的破坏。”听到这里，他的妻子赞许地点点头，然后从其中的一只袋子里掏出一根小胡萝卜，又从另外一只袋子里掏出一些凝固黄油模样的东西在上面抹了起来。德·格雷趁机脱身离去，转眼桌子旁边只剩下我们俩和那对夫妻。“我说的可是千真万确的。你们不知道吧，新闻上说2号楼只用了8秒5就塌了下来，这是不可能的。”

我看见那个女的仍在专心致志地往胡萝卜上抹东西。“本来布什的弟弟和表弟承包了世贸中心……世贸中心7号楼根本就不是飞机撞倒的……而是4个小时以后自己塌掉的。”克雷格趁着买人体冷冻保险溜之大吉（他只要付钱来保留和贮存身体，至于人身保险嘛，与阿科公司签个约就行了）。现在就只剩下我一个忠实听众了。“奥萨玛·本·拉登其实是中情局的手下。”

虽然我也有过精神失常的时候，但是对于他这一大套复杂得离奇、又毫无真凭实据的阴谋理论，我不敢苟同。要知道在蝇王的国度里，大部分人是难以保守秘密的，尤其是当泄密能给他们带来面子或者帮他们诋毁竞争对手的时候。

林登·约翰逊总统的举动更让我对这一点坚信不移，他曾经把自己在白宫里打过的几百个电话都录了音。有一次，我看了一部名为《战争迷雾》的纪录片，里面讲的是从越南撤军的事情。我发现每一次需要做决定时，对他来说最重要的依据就是这个决定是否对自己的面子有利，所以从那时开始我就对所谓的阴谋论不以为然了。

这个长着胡子的男人不停地卖弄着自己的内部消息。我只好耐心地等着，一旦他稍事喘息我就打算抽身离开。可是他说话根本不喘气儿。只要有人愿意听，或者不愿意听也没关系，他都照样喋喋不休。当他又准备说什么个人所得税有违法律的时候，我看到他的妻子抓起了一个黄瓜条，并开始往上抹黄油替代品。她的饮食习惯倒是比他的说话声音有趣多了。这时，我忽然听到了两个字——“海外”。

我的耳膜嗡嗡作响。我的心跳开始加速，血液已经冲到头顶。好了，我盯上他了。“美国的整个社会结构都是建立在一种互惠的体系之上的，”他说，“要是这个体系被迫中止，或者轰然倒塌，将会给社会造成巨大的混乱。因为对于普通美国民众来说，他们根本不具备自救的能力。所以现在我们就得赶紧把所有的财产转移到海外去。”

这会儿我感觉自己就像一个拿着金属探测器的人，突然听到了一声“哔哔”。我怎么也没有想到，这个阴谋论的疯子居然可能会有我长期遍寻不得的东西。

在此之前，无论我怎样想方设法要离开这个国家，到最后都是死路一条。卡特里娜飓风过后，在我先后联系过的25个移民律师和事务所中，15个既没有回话也没有回信，另外两个倒是说可以帮我咨询，但是要等到几个月以后。一个叫义雄下田的日本律师告诉我，只有在日本居住5年后并自愿放弃美国国籍，才能获得当地的公民资格。还有一个叫卡米

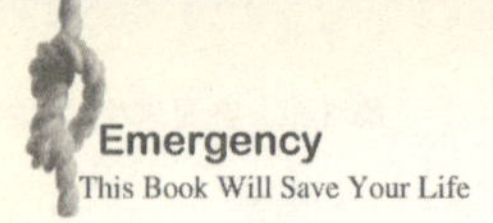

拉·朱的巴西律师也告诉我说，她们国家的要求是定居4年，能讲流利的葡萄牙语并且放弃美国公民资格。

看来，不光是时间太长的问题，还有美国公民身份的问题。就算美国千错万错，可她还是我深爱的祖国。我的朋友在这儿，我的家人也在这儿。这里有曼哈顿，有好莱坞，有芝加哥，有奥斯丁，有新奥尔良，有犹他州国家公园，有考艾岛，有孟菲斯干抹烤排骨，有密西西比三角洲餐馆，有沿太平洋公路，有卡尔斯巴德岩洞，有克林特·伊斯特伍德，还有亚利桑那州泰坦导弹博物馆，在那里有一个已经停用的地下掩体，你可以真的伸手去转动那把控制核按钮的钥匙。

一位在罗马的律师告诉我说意大利不需要我放弃美国国籍，但是我必须在当地住够10年才能得到护照。另外，朗格律师联合事务所也通知我说，哥斯达黎加——世界上少数几个没有军队的国家之一——也要求移民定居7年。

我最中意的回复来自希尔斯律师联合事务所的丹·希尔斯。"您需要缴纳3 000美元的订金并签署订金协议书，"他在寄给我的一封电子邮件中写道，"您可以不用我来帮助，但是假如您真的需要我的帮助，请先将订金与支票一并寄来。"

最后，还剩下3家，这是我仅有的一线希望了。可是，这三家的建议如出一辙，都让我到圭亚那试试。其中，据P&L集团公司称，已经有数以万计的美国公民在那里生活了。

于是，我稍稍做了一下调查。圭亚那：位于南美洲大西洋沿岸，半民主制共和国，前大英帝国殖民地，通用英语，曾经发生过琼斯镇惨案。听起来不赖。

问题是圭亚那的护照是世界上信用度最低的旅游证件之一，因为市面上有太多假证和篡改过的证件在流通。因此，我等于兜了一个圈子又回到了起点。

不过慢着。

"你知不知道，"我问那个身穿世贸中心图案衬衫的男人，声音止不住有点颤抖，"比方说我，怎么样才能尽快拿到另一个国家的公民资格呢？"

当这话突然从我的嘴里冒出来的时候，我想象着从一辆黑色的汽车里跳下来一群国土安全局的黑衣特工，他们一下就把我从椅子上拽了起来，然后以煽动叛乱的罪名将我抓捕归案。我仔细地审视着他的表情，心中暗自希望他最好不要问得太多了。

“你可以去‘主权协会’问问。”他似乎若有所思地回答。

“主权协会？是做什么的？”

“他们教授学员怎样才能不受制于政府部门。”

我不喜欢他的说话方式，也不喜欢他长的那个样子，更不喜欢他身上发出的味道。但是，对于他提供给我的线索，我将永远铭记于心。

这个身穿着不合时宜的衬衫、一肚皮阴谋理论的家伙真让人讨厌——不过，我恐怕跟他也差不离儿。我不喜欢他的原因，说不定正是因为在他的身上，我看到了自己令自己都厌恶的那一面。或许那一面就是我这种疯子般预谋离开的想法。

也许我们所嘲笑的，正是我们害怕成为的那种人。

第 15 节
与陌生人共乘的理由

有些人很相信意志的力量。他们会说一旦你下定决心非要做成什么事不可，就真的能够如愿以偿。但是，这也常常被人拿来当做游手好闲的托辞。因为你想，只要躺在床上做梦就行了，比起出去工作岂不是轻松得多。

但是，就我个人来说，我相信一分汗水一分收获和机遇的力量。如果你坚持不懈，联络各种各样的人，寻找各种各样的线索，最终你一定会找到要找的那个人。

就是这样，我鬼使神差的在阿科公司邂逅了那个阴谋理论家。也就是这样，我后来又找到我这趟邪门儿旅程的第一个真正盟友：斯宾塞·布斯。

他开了一辆黑色的奔驰来肯尼迪国际机场接我。真是车如其人，处处彰显着品位，却又毫不张扬。像白化病人一样，他的脸上毫无血色，却长了一张鲜红的大嘴。耳朵仿佛是从头颅里猛地钻出来似的。鼻子也又大又肥，倒是适合更大的一张脸。总之，斯宾塞怎么看也不像一个身价上亿的超级富豪。他的样子倒是像白化版的“土豆头先生”（Mr. Potato Head，美国热销的玩具角色）。只有当他说话的时候，你看见他神采飞扬、两目生光，你才会恍然大悟，原来他是个大富大贵之人呢。

与陌生人共乘总会让人觉得前路漫漫，尤其是纽约这样的交通状况，更会感到时光难挨。一路上，我就这样被带入斯宾塞·布斯的世界。对我来说，他的那个世界不仅闻所未闻，而且也难以想象。在这个姓“亿”

的世界里，就像他说的，到处都是姓“亿”的家伙。“亿”，我猜大概是指十亿美元吧，所以那些姓“亿”的家伙至少也得值这个数才行。其中多半是商业大亨。

前不久斯宾塞卖掉了自己的一家高科技公司，现在刚刚跻身到姓“亿”的行列。因为生意一时卡了壳，他闲得无聊，于是便信手翻阅了几本我写的书。看完之后，他觉得我应当自己来打理自己的业务，因此就打电话约我过来，到他在汉普顿租的宅子里谈谈。

我一口答应下来，不是因为我真的想自立门户，而是因为我还从没有到汉普顿来过，我也没有那样子的朋友。

斯宾塞伸手按下了车载CD的播放键，是莱昂纳德·科恩，我最喜欢的作曲家之一。他平静低沉的声音水晶般清澈地从音响里缓缓流泻出来，似乎是在暗示着什么：“我看到了未来，我的兄弟，那是一场谋杀案。”

“要想开创自己的事业，”斯宾塞的声音隔着音乐传了过来，开始给我上这个周末的第一课，“就不能墨守成规，而是要彻底破除现有的框框，用一种你更加了解的模式取而代之。”

“嗯，既然你是生意人，我想问几个问题。”不知道为什么——也许是音乐引起了共鸣，也许是我对付出和机遇的诚心渴求见效了吧——自从听了克雷格上次在我的新书发行派对上说了那一番话以后，我就产生了一种异样的感觉。我想这种感觉或许斯宾塞能够理解。“在你看来，恐怖分子到底想把美国怎么样？会不会，他们想毁掉的不只是这个国家，而是整个社会体制？”

“我赞成。”斯宾塞把车调头开进日出大道，还是堵车，我们只好静静地坐在那儿等。这时，他的眼神扫了过来，好像想要检查一下我脸上的表情，看看他能不能信得过，然后又转过脸去看路。“所以，”他的语速很慢，一边点头然后果断地说，“我雇了一个律师，让他帮我再拿一本护照。“

听他说到“护照”两个字，我心里立马乐开了花，脸上不由浮现多彩的表情。这时，我真是又兴奋又紧张，更多的还是一种如释重负的感觉。车里的气氛一下子就变了。看来这趟公差已经成了逃亡者大联盟。

我忽然觉得，要想把我们要做的事情都说清，只有周末的两天时间真是太短了。

有一种理论叫“模因论”，讲的是思想观念在不同文化之间的传播机制近似于流行病在人群中的扩散方式。也多亏了“9·11”事件和“卡特里娜”飓风造成的巨大灾难，逃亡的“模因”才从我这类准极端分子的脑袋里传播到了那些主流社会先行者的心中。如今，美国人正在大规模地出境，就像他们的祖先那样，希望能找到一块更安全、更繁荣、更自由的新大陆。所以，我开始担心，总有一天政府会紧缩对移民政策的管理，只不过是时间迟早的问题。

“有什么结果吗？”我问斯宾塞，“眼下，我所能知道的就只有一个‘主权协会’。”

从阿科公司回来以后，我立即去网上找了一下那个叫“主权协会”的机构。实际上，有一次在搜索资料的时候我偶然看到了这个网站，但当时我以为那只不过是个骗子公司，卖卖海外地产、国际货币、假证件和高价咨询什么的。

这一次我倒是仔细地看了一下上面的内容，发现下个月这个协会要在墨西哥召开第一届“海外优势研讨会”。于是我就登记报名了，暗自希望在这个协会里能够让我遇到一些与我所见略同的生存高手。没准儿他们当中有人在探寻新大陆的道路上，比我更先知先觉呢。

“没听说过，”他回答，“我雇的那个律师叫荷兰德·怀特。等你回洛杉矶以后，可以给他打个电话。你只要告诉他你认识我，他就会关照你的。”

现在，我已经有了“主权协会”和斯宾塞，用不着再为了在黑暗中寻找一个紧急出口而磕磕绊绊了。转眼间，我有了选择的可能。

斯宾塞租的房子外面有砾石铺成的专用车道。他先把车在这儿停了下来，然后招呼我一起进来。听他说住在这里的人还有传媒帝国巨子、某知名抵押贷款公司的副总、大型对冲基金经理以及来自纽约最富有家庭的投机资本家。要是按照这个说法，这套房子的确算不上阔绰。就是一幢白色的两层木制小楼，一共五间陈设简单的卧室。房子外面还有一条小道穿过深谷后一直通到海边。

“那么，你究竟想办哪个国家的护照呢？”在斯宾塞把我带到我的房间时我问他。我实在有太多太多的问题要问，而他是第一个能对这些问题给出答案的人。

“我在考虑欧盟。”

“不过假如真有战事的话，我想欧洲也不见得就能高枕无忧吧。”我才不会考虑欧洲，因为不管是什么事，只要跟美国沾边儿，欧洲就一定会被卷进来。

“这个其实无关紧要。欧盟一共有25个国家。而且它们遍布世界各地。所以，如果你能拿到一个欧盟的护照，到时候哪个地方安全，你就可以到哪个地方去。”原来在他的土豆脑袋里装着这么渊博的学识，怪不得人家这么富，而我这么穷呢。

“是啊。不过怎么样才能拿到欧盟的护照啊？”

他没有马上回答我的问题，而是把我领到了阳台上。这里有一个人正在打手机，只见他个头不高，长着一张圆圆的、孩子气的脸。

“尼尔,这是亚当。”斯宾塞说。亚当就是刚才他说的那个投机资本家。

“他这个星期刚刚拿到奥地利的护照。”

看来我绝对是来对地方了。

第 16 节 亿万富翁的节育措施

亚当好像正准备跟谁约会呢。斯宾塞看他电话老也打不完，就转过脸来对我说："周末你要是需要异性服务的话，我可以给你叫几个人来。"说着，他意味深长地冲我一笑，好像是要试探我一下。"我认识两个很正点的俄罗斯姑娘，她们伺候得很用心的。"

"这有些不太好吧。"我回答说。我看见在旁边的客厅里有一个西班牙女佣正在清扫地板，她的胸部几乎可以和考芙曼太太一较高下。她的下巴收得紧紧的，目光中充满了怨恨，一副愤愤不平的样子，既像是在抱怨自己的工作丢人现眼，又像是在抱怨自己的薪水少得可怜。

"她们可不是妓女。她们只是想要找个有钱的如意郎君。这差不多就是她们生活的全部目的了。要是我告诉他们你很富有，并且让你使用我这张黑色的信用卡，不管你想要哪一个，她们都会答应的。"

"但是，如果她们真的想要结婚的话，又怎么可能一见面就跟我上床呢？"

"因为跟她们在一起，你保准会非常过瘾。她们知道自己的身份，你只要看好避孕套就行了，否则为了怀上孩子，她们会故意在那上面戳个洞。"

"真是天下之大，无奇不有。"怪不得我老觉得斯宾塞哪里有一点不对劲呢。

亚当还在那里打着他的电话。我听见他一个劲儿地抱怨自己的老爸老妈。都三十好几的人了，还管自己的父母叫"妈咪"和"爹地"，让我有一种很奇怪的感觉。在斯宾塞身旁的桌子上放着一本书，我看见是保罗·肯尼迪写的《大国的兴衰》，于是默默在心中记了下来。

“还远远不止这些呢，”斯宾塞继续说道，“当我卖掉了公司以后，就马上把自己的号码也换了。否则这些女孩们会根据报纸上的金融交易按图索骥，然后就站在你家门口，等着能够遇上一个有钱的主儿。”

“她们有成功的吗？”

“反正我们这里的人是不会娶那种女人的。他们挑女人就像选股票，一定要在基因上占优势才行。也就是说对方必须漂亮、聪明，出身名门，而且还不能有任何家族遗传病史。”

“这么看来，对他们来说，对待婚姻就跟对待买卖差不多？”

“没错，正是因为这个，所以他们个个都很成功。”

就像普利策奖得主、精神病学家欧内斯特·贝克在自己的《拒斥死亡》一书中写的那样，正是因为我们惧怕死亡，我们的生命才有了意义。为了赋予生命意义、求得永生，人人都有一个自己的“不死工程”——有的人寄情工作，有的人生孩子，有的人想成名，有的人买一块好墓地。或者，就像克雷格那样，寄希望于将来。

亚当终于挂上了电话，不过接着立即又拨给了爸妈。我们只好接着等，于是斯宾塞提议不如为我选择第二国籍的事情制订一个计划。他喜欢凡事都要有计划，我觉得不错。因为我总是事事都缺乏计划，就连出门带齐钥匙和钱包对我而言都是一件难事。

这时，那个女佣已经到了我们面前。不知道是不是故意地，她把吸尘器的声音开得很大。斯宾塞拿出一沓纸，在咖啡桌旁坐了下来，然后从 1 到 5 写了 5 个数字。我们分门别类地列了一张清单，有的是必需的条件，也有的是个人的偏好，最后决定移民国的标准应当如下：

1. 该国的护照要有一定的信用度，拥有广阔和完善的免签证旅游待遇网络。

2. 该国必须政治稳定，地区和平，犯罪率低。

3. 该国不得对美国居民大幅提高其纳税义务。

4. 该国不得要求定居两年以上方能给予公民资格。

5. 该地如若气候温暖，临近海滩尤佳。

我承认，最后一条与政治无关，纯属个人喜好。

亚当也很快加入进来。他让我联想起《笨伯联盟》中的伊格内修斯·J.雷利，那个莫名自我感觉过于良好、体重严重超标的乖儿子，亚当比他只不过瘦了一点儿、穿戴得齐整了一点儿而已。

他坐下来以后，先朝着女佣不满地扫了一眼。她看见了就当没看见，继续保持臭脸，打扫那块地。我觉得她好像是那种你看着她的时候毕恭毕敬，但是只要你一转身就会向你的咖啡里下毒的那种女人。

“尼尔想问问你是怎样拿到奥地利护照的。”斯宾塞提醒他。

“我的护照？”他问，“谁都可以办啊。”

说着，他自得地笑了，笑容在他的脸上扩散开来，就好像他是那个操场上唯一一个有巧克力棒的男孩一样。

“只要你在那里的投资超过一百万美元就行。”

“在奥地利吗？”

“欧盟的成员国里，只有奥地利会因为你的经济投资给予你公民身份。所以我在那里开设了风险投资业务，而且还雇佣了一帮奥地利人。不过，要想批下来也很不容易，后来我找了他们的政府高层才弄到手。”

我既没有那么多钱可以投资，也没有那么多关系可以利用。看来，欧盟国家只对姓亿的人们敞开大门。“你拿到这个用了多长时间呢？”

“从布什连任的那一天起，我就开始着手准备了。”

我突然觉得自己好像也没有那么傻。如果连国内最精明、最富有的人们都这样做了，那就说明我还没有疯，我只是走到了时代的前头，我是圣人瘦子吉姆、护照先知。

“还有一帮姓亿的家伙现在也在这么做，”斯宾塞对我说，“你知不知道沃尔顿家族？就是他们家开的沃尔玛。他们刚刚在阿肯色的老家建造了一处地下储仓，甚至还买有一个直升机场，一旦有什么事跑起来更快些。”

真有意思，原来亿万富翁们和邪教领袖们也没有什么两样。

“实际上这很正常。如果美国真的出了什么事，想要出去估计很难，”斯宾塞又放慢了语速，似乎这些话本来不愿意说的，现在要向我吐露实情了，“所以，这几个月我们还要参加飞行训练课。”

斯宾塞只有在琢磨透了每一个微乎其微的细节问题以后，才会开始开展一项事务。他会先谋划一张蓝图，至少要计划到10年以后，包括所有开销，包括任何可能遇到的问题——包括死亡，都要有接续的应急措施。因此，他的逃亡计划也别无二致。

“我不会拿家人的生命去冒任何风险，”他接着说道，“我刚刚给他们买了枪，到时候万一走不了，我们可以用枪开路去机场。”

这话可是从一位体面的商人嘴里说出来的。但是，在我看过了新奥尔良发生的那些尔虞我诈、暗偷明抢以后，斯宾塞的预防措施就是再走极端，现在看起来也好像合情合理。当然，除了枪以外。我不能想象自己会杀人。不幸的是，现在美国的情况每况愈下，像我这样高尚得愚昧的想法只会被人抛在路边不屑一顾。

我们谁也没有邀请那两个急着要嫁入豪门的俄罗斯姑娘过来陪伴。整个晚上，我和斯宾塞、亚当，还有他们的几个室友，都在一边喝着酒，一边讨论着他的逃亡计划。

“我正在执行一个 10 年计划，这个计划可以保证不出任何意外，”斯宾塞说，他显得神采奕奕，好像他比每个人都快了一步，“这实际上是要你在更多的地方广开财路、安家置业，也就是说即使你逃到国外去，你的日常生活也不会发生变化。”

“你知道你的计划有什么问题吗？”那个看起来苍白黏糊的抵押贷款公司副总裁霍华德质问道。他很喜欢骑山地自行车，但是因为体型魁伟，这项运动似乎不太适合他。“你根本就不知道究竟会发生什么事，又怎么可能做到有备无患呢？如果没有灾难发生，那么你就是在浪费时间，就像那些在 60 年代建防空洞的疯子一样。如果灾难真的来临，比如说有人丢下一颗核弹，很可能就会丢到纽约来，你再怎么准备还不是一眨眼就消失了。所以，我看倒不如放松心情享受生活，不要整天担心这也做得不对，那也做得不好。”

“我的计划具有经济意义，”斯宾塞冷冷地答道，“难道你没有为火灾、盗窃和疾病保险？”

“当然有啊。”霍华德说。

“也就是说，你已经同意将自己的一部分收入用于灾害防备，即使它们发生的可能性很小，”斯宾塞小心翼翼地呷了一小口酒接着说，“这就是它的全部意义所在：这是一种保险措施。但是，当你认为某件事情永远不会发生的时候，它总是会发生。”

第 17 节 关于布兰妮·斯皮尔斯的孕期冲浪问题

第二天一早，当斯宾塞和我坐在院子里的时候，一个面色阴郁的高个儿自顾自地走了进来，然后直奔厨房。他谁也不答理，也没有人答理他。他抄起锅碗瓢盆开始忙活，动作又快又狠。这时，那个女佣一边拖着慢吞吞的步子，极不情愿地踱了过来，一边顺手收起肮脏的桌布。

“我们也得给你量身打造一个 10 年计划，”斯宾塞开始给我上如何自立门户的第二课，“我自己开公司以前，就是先坐下来，把事情一一计划好的。虽然这个计划当时执行了 10 年之久，但是完全没有发生在我意料之外的事情。所以，这会儿我们最好先给你列个单子，看看你将来都可能做哪些事。”

我简单地陈述了几个我准备要写的书名和概况。前些天，我突然接到了布兰妮·斯皮尔斯的电话。我原来因为一篇报道去采访过她，后来我们互换了电话号码。差不多一年以后，她打电话给我，邀请我到她在马里布的家里做客。

我到了以后才发现，她的家和我最喜欢的冲浪胜地只隔着一条公路。“你看我现在这个样子能不能和你一起去冲浪呀？”她问我，这个问题听起来倒也单纯得可爱。那时候，她已经怀上第二个孩子至少 5 个月了。

我们一起在沙发上坐了下来。她向我解释说，之所以打电话叫我过来，是因为从我采访过她以后，她对我做了一些研究，还翻阅了我写的几本书。现在，她想要我也为她写一本自传。

“我希望书写得像这个样子。”她一边说，一边把手里的那本书递给我，是歌蒂·霍恩的《出淤泥而不染》。她的另一只手里拿着一张皱巴巴的白纸，上面写着自己的生平备忘录笔记，有对贾斯汀·汀布莱克的不忠，对父母管教的憎恨，还有撩人心神的出格表演。

“那么你打算写这本书吗？”听我讲完故事以后，斯宾塞问道。

“她要是一直像那样只讲真话的话，我想书写出来肯定会不错，”我说，“但是后来事情发生了奇怪的转折。她的公司经理、经纪人还有律师都为了这件事跟她闹得不可开交。有人想要她写这本书，有人不想要。她曾经打过电话给我，可是最后他们收走了她的手机，现在根本就联系不上她。”

斯宾塞想了好一阵子没有说话。“好吧，”他终于开口，“那么现在，我们有了一个布兰妮的问题，一个护照的问题，还有一个10年计划的问题。为什么我们就不能把这3个问题放在一起讨论呢？”我爱死了他那聪明的土豆脑袋，我的生活中可是需要更多这样的高人来为我指点迷津呀。

“我还不确定是不是要把事情放在一起讨论。给布兰妮写书很可能不是什么好主意，她的那些人才不会泄露一星半点的真相呢。”

这时，我注意到那个厨子正在压低了声音，操着法国人的腔调和女仆说话。这是我第一次看到他们俩面带笑容。可是，他们很快就发现我在偷看，于是立即分开了，继续埋着头各人干各人的活。我感到宅子里阴云密布，一场阶级战争正在酝酿之中。

“你知道怎么办最好吗？”斯宾塞接着说道，“你可以先在第三世界某个国家找一个关键的逍遥地儿，然后再拿出一小笔钱来在上面建一个大院。”听到他说“大院”，我的脑海里立即出现了耶和华之家的画面。我居然真的开始做这样的打算了，真不可思议。“接下来，你可以开一家出版社。要是有人像布兰妮那样想要跟你合作，你就把她和她的随行人员全部请来。记住，一定要照顾好他们这些人。你工作的时候让他们尽情玩乐。到时候你不仅能成为炙手可热的作家，而且还可以帮其他名人出书。你的这些投资一定会物超所值的。”

“但是，我可不像你那么富有。”

当那个厨子面无表情地挥刀切菜时，我忽然觉得，穷人想要造富人的反其实根本不需要什么理由。当有人觉得自己受到了不公正待遇时，就等于有了怨恨的对象，这种压抑的感觉就像被手摁住的喷泉。不管你是摁得更大力还是把手松开，结果都是一样：它们一定会冲着你来。

“你根本就不需要钱，”斯宾塞说，“聪明人都不用掏自己的腰包。你可以让出版商赞助，然后就算他与你合资兴业。他们还会把其他的作家和更多的客户吸引过来。”

忽然觉得，我一门子心思想要离开美国，原来总觉得自己就像是落荒而逃，现在看来，这不仅不是落荒而逃，反而更像是在开天辟地。

那天晚上我们一起吃饭的时候，我听到那群姓亿的人们传言，他们有一个朋友刚刚做成了一笔大买卖，这次交易几乎要让纽约股票交易所停盘。饭后，斯宾塞和我坐在客厅里一起看电视，听到新闻上说朝鲜因为进行核试验而受到美国的制裁，但是朝鲜对这一制裁表示不满，并扬言要对美国进行“无情”的打击报复。

听到这儿，斯宾塞和我谁也没有说话。其实我们用不着再说什么，因为我们同时想到了一件事。

第 18 节 起死回生的政府文件

回到洛杉矶以后，我把在斯宾塞家里看到的那本书，保罗·肯尼迪写的《大国的兴衰》买了回来。让人惊异的是，这本书从一开始就似乎若有所指。

《大国的兴衰》写于 1987 年，书中作者详尽地记载了过去 500 年中世界上每一个超级大国的历史与经济情况。在列举了一系列难以胜数的历史事实后，作者得出了这样一个结论：在世界近代史中，每一个超级大国的衰落绝不仅仅是因为其军事战线拉得过长，更是由于在世界范围内的不断扩张过程中，其国内经济力量日益空虚。换句话说，当他们心有余而力不足时，灭亡就成了不可避免的结果。

接着，肯尼迪进一步指出："任何一个大国的相对衰落往往是其不断扩大'安全'开支的必然后果，而那些本来应当用于'投资'的人力物力会被挪作他用，长此以往，使得自己将自己陷入两难的境地。"

虽然在绝大部分章节里，肯尼迪并没有直接点美国的名，但是书中字字句句却都与今日的美国惊人地相似。比如，关于 16 世纪西班牙帝国的没落，他写道："西班牙就像一头落入洞中的困兽，尽管它的块头远比那些意欲向它发动攻击的任何一只狗都要大得多，但是，要同时应付诸多虎视眈眈的对手，它显然力不从心。西班牙帝国正是在这样一个过程中日渐衰落的。"

200 年后，英国的遭遇也如出一辙。"和其他曾经一度独领风骚的文明一样，英国以为自己的地位不仅理所当然，而且注定要地久天长、永世不变。但是，也正如其他的文明那样，大英帝国在一瞬间土崩瓦解。”

在经济利刃的反作用下，一个接一个的大国纷纷轰然倒塌。我的脑海里不断回放着黑格尔的一段话：“我们从历史与经验中得来的唯一教训莫过于——无论是普通民众，还是行政当局，都不曾从过去中吸取过任何教训。”

当我合上这本书时，我已经明白，不管美国会不会再次遭受毁灭性的恐怖袭击，其末日已经指日可待。唯一不能确定的就是：美国究竟会像西班牙与英国那样，历经盛世之后变成世界舞台上的小人物而一蹶不振，还是会像古罗马、奥匈帝国或者苏联那样，有一天彻底退出历史的舞台？最终，又将由哪一个大国来取而代之，是中国、欧盟或是印度？

管它是谁呢，反正我是得马上在海外给自己找一条备用出路——就像人们大把大把地为自己的养老金存钱那样。也许我真该听斯宾塞的建议，想个其他的什么办法来保全自己的身家性命了。苏联解体后，核武器与生化武器的制造技术都在待价而沽，这时候要是再有一个超级大国倒地不起，形势只怕更加不容乐观。

于是，从汉普顿回家以后，我立即打电话给斯宾塞向我推荐的那个律师郝兰德·怀特。

“斯宾塞·布斯和亚当·米高梅让我打电话过来，他们都是您的客户。”说这话的时候，我的声音略显紧张，没办法，每次我都是这样。所以，下面我只好提高了嗓门，“我想要一个双重国籍，不知道您有没有什么办法。”

“这不在我的业务范围之内。”他马上切断了我的话头。

“哦，”我还以为他只不过是在保护客户隐私，“这个周末我们一起在汉普顿来着，是他们向我介绍的您。”

“您弄错了，我从不受理此类业务。”他的回答和刚才没有什么两样。也许是因为我听起来不像个姓“亿”的人吧。

“但是——”

“还有什么事情可以为您效劳吗？”

我恨死律师了。

“没有，打扰您了。”挂了电话，我不由得心灰意冷。

眼下，我的当务之急是要找到一个既熟悉各国利弊，又深谙各护照优劣，并且有不同的合法捷径让我马上拿到双重国籍的人。只要达成，做任何事情我都在所不惜。如果真的需要，就是让我结婚我也义无反顾。

问题是没有哪个律师愿意帮我这个忙。

在动身去“主权协会”大会之前，我还是查了一下斯宾塞说过的另一个法子：“死者身份证”。他原来倒是想要这么弄的，不过后来因为觉得这种办法实在太不靠谱只好作罢。

想要拿到一个“死者身份证”并不困难，首先我要飞到国外的某个墓地，然后找一个3～10岁间夭折的男孩的墓碑，记下他的名字与出生日期，再设法用这个名字开设一个信箱。

接着，通过谱系网站查到死者父母的基本情况，同时向当地政府申领一份出生证明。拿到了出生证明以后，我就等于是可以有了该国的社会安全号码与社会安全卡。利用上述文件——或者为了保险起见，再用死者的姓名伪造一份生活账单和一张学生证——我就可以拿到一本驾驶执照。

最后，有了上面这些文件以后（有些国家还需要当地人做担保），我就可以拿到梦寐以求的新护照了。

不过，这个办法有点悬，尤其是很多城市开始把出生与死亡证明存储在同一个数据库里，因此，如果被查出我的护照上是一个死人的名字，只怕事情反而会变得更加棘手。

看来，单凭遵纪守法是不行的。于是，我决定前往墨西哥参加“主权协会”的会议，但愿那里有我想要的答案。

如何甩掉跟踪车辆

HOW TO EVADE PURSUIT VEHICLES

1. 改装车辆。

提前准备一套防爆轮胎，即使被扎仍然能够高速运转，这是必不可少的装备。如果条件允许，可以改装高效的减震系统与操作装置、防弹玻璃、不锈钢刹车管、高功率散热器和双重保险杠。

要是你想更像那么回事，还可以加装汽车内部凯夫拉尔纤维隔热层、油箱防弹网、备用电池、车身电击系统以及发动机外置钢板（要带排气孔）。但是有一点要记住，这些装置会增加汽车的重量，从而影响操作的效率。

2. 事前制止追逐。

当追踪车辆无人看守时，迅速破坏敌方车辆。可以用刀扎破轮胎一侧，或者砸破挡风玻璃。

3. 扰乱敌方视线。

使用便携聚光灯或者500流明以上的手电筒照射追踪车辆司机的眼睛。如果车上已经装有聚光灯或者闪光灯则更为理想。

4. 扎破敌方轮胎。

事先买一些铁蒺藜三角钉，或者用锤子把五六枚钉子钉入高尔夫球，当你洒在后方的路面上时，钉尖会朝上。如果能把它们藏在塑料泡沫中更好。

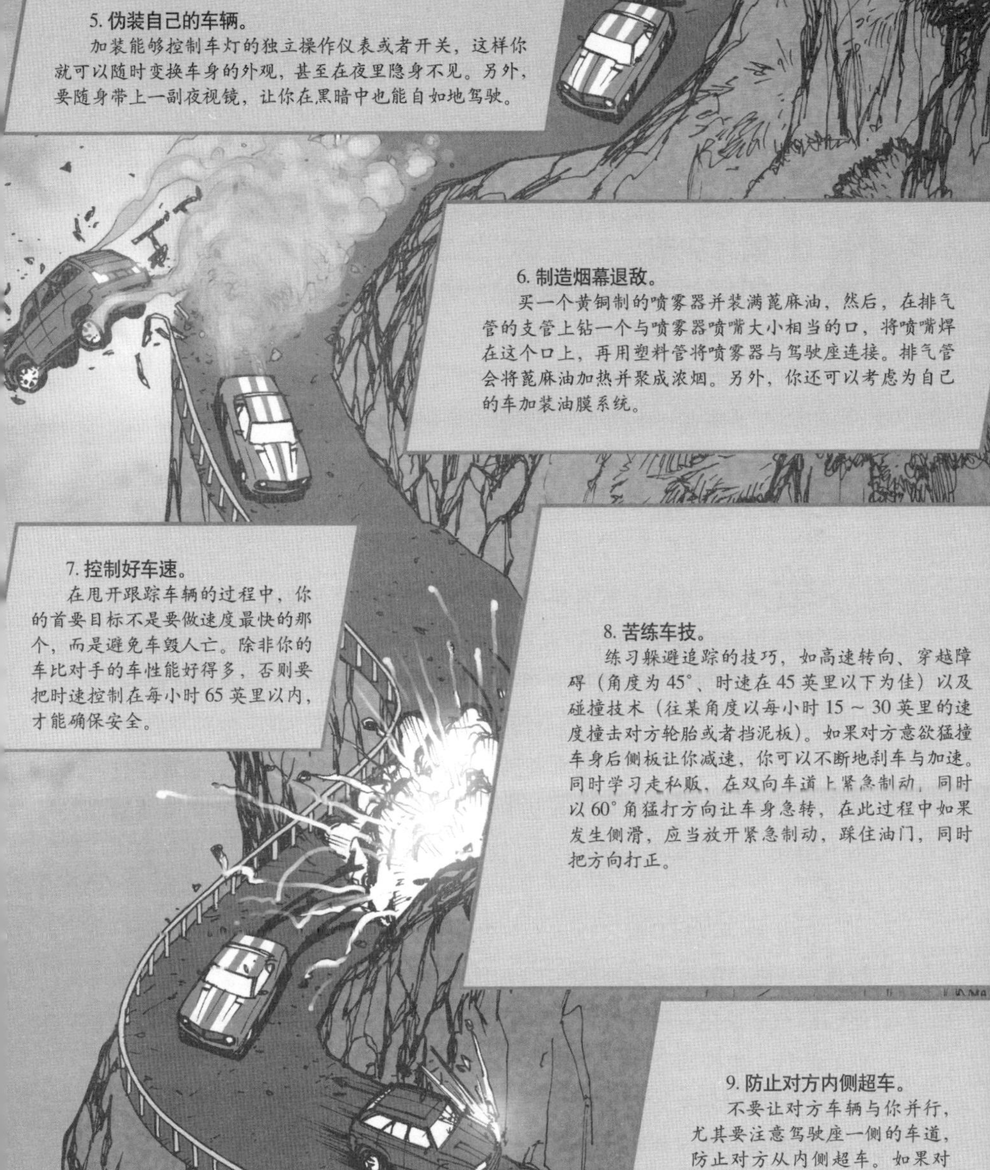

10. 寻找掩体。

如果必须弃车逃跑，那就要停在一处人烟密集并且有遮蔽物的地方，比如商场等。然后迅速扎进人堆里，让敌人难以发现。如果条件允许，还可以随身携带一个装有剃须刀、替换衣物以及其他易容用品的袋子。如果一时找不到这样的场所，那么就要先找到像一片密林那样有掩盖的稠密区域再停下来，这样敌人就只能徒步追踪了。

TO BE CONTINUED...
未完待续……

第 19 节
如何远离通货膨胀、网络黑客与席琳·迪翁

给你一个忠告：不要到一群疯子中间去搜集信息。

我当记者已经 15 年了。从前，我意外地发现，不论是在骚乱现场、政变前方还是在肯尼·基的音乐会上，只要我一出马，都能满载而归。可是今天，这个什么“主权协会海外优势研讨会”却让我不敢轻举妄动。

在墨西哥巴亚尔塔港喜来登酒店会议室外宽敞的大厅里，挤满了许多中年男女。他们的衣着算不上华贵，可也不怎么寒酸；他们的外表算不上出众，可也不怎么碍眼；他们看起来并不十分阔绰，可也不至囊中羞涩。

但是有一点都一样：这些人个个看起来都不显山、不露水。不像我，就连一次随机的机场安检都躲不过。与喜来登酒店的其他宾客不同的是，他们都独来独往，没有哪个带着配偶、子女或者是亲属。他们的使命让他们此行，也许甚至此生，不得不孤身一人。

不过话说回来，我也没有向自己的家人或者朋友说起过这件事。他们只知道我去墨西哥冲浪了，喝酒猎艳是少不了的，总之肯定比现在好玩得多。

我朝大厅的四周望去，这里有穿着花衬衫、大腹便便的男人，身着职业装、满头油光的女人，还有头戴巴拿马草帽、一脸络腮胡子的男人。我忍不住想问，他们已经逃离美国了吗？是什么时候、怎么办到的，又去了哪里，为什么要去那里呢？但几句寒暄过后，他们便都不再开口。

我只好捡了个后排的座位坐了下来，希望能从与会者的发言中找到一些蛛丝马迹。一个西装革履、短发及耳的男人正在台上夸夸其谈。他叫里奇・柴肯，是国际资产战略公司的经理。

他说，当一个国家的贸易逆差超过国内生产总值的 5% 时，该国的货币一般会贬值 20% 到 40%。

他还说，美国的贸易逆差已经达到国内生产总值的 5.7%，因此美元的大幅贬值将势在必行。

他又说，为了躲避战乱，有些人不得不交易钻石和黄金，好逃往境外。

他还说，为了自保，美国人应当进行投资，购买外币、宝石与贵金属，尤其是黄金。

最后，他说，自己的公司恰好经营这方面的业务项目。

当天的演说中，没有人讲到双重国籍与逃离美国的话题。“主权协会”的人们关注的事情当然要比这深远得多。丹麦日德兰银行的托马斯・费舍尔敦促与会人员将自己的财产转移到境外，这样就不会有被政府没收或者被官司判罚的后患。装甲技术公司的马克・西顿告诉我们，只有购买他们公司的防泄密软件，才能有效防止黑客盗取个人信息。查兹基联合律师事务所则鼓励来宾在境外开设信托业务和有限责任公司，以保障自己的财产安全。

我翻了翻第二天的会议议程，发现大都是关于如何应对高额税率、法律讼案、财产充公、政府规章及通货膨胀方面的话题。

原来这里的人们关心的问题和我的担心是两码事。“主权协会”的会员不信任的只是美国的政府。尽管过去几年来发生的事情让我不得不赞同他们的看法，但是我更担心的是其他国家对美国的疑虑，以及会对美国进行的先发制人的还击报复策略。一句话，他们惦记的是自己的钱袋，而我惦记的是自己的脑袋。

今天很快就这么过去了，到现在我还没有交上一个朋友，甚至没有和哪个人说话超过 3 分钟。他们当中的有些人似乎彼此过从甚密，但是当我想要加入其中时，他们却都对我置之不理。从这一点来看，我一定是这里形迹最为可疑的家伙了。

尽管“偏执”这个词听起来不太顺耳，但实际上它是我们的一种生存本能。假如你怀疑邮差偷了你的支票，或者某个护士在你的食物里下了毒，也许那只是捕风捉影，但是这想法的确是根源于人类自保性命的本性。当家中有了陌生的来客，也许他并无恶意，但是小猫却会立即竖

起耳朵或者钻到床底下，这种与人类如出一辙的反应，则是来自动物数千年在危机四伏的荒野中求生的经验。

因此，不论今天是好是坏，还是明天究竟会发生什么，谁都不得而知，所以就永远意味着是一种威胁。也就是说，最后能够判断你究竟是偏执还是先知的唯一标准，就是看明天会发生什么事情。如果你错了，那么你就是偏执；如果你对了，那么你就是先知。圣人瘦子吉姆，境外存款与疯猫的守护神啊。

虽然这里的人多少都有点可笑，但是第二天我还是在大会问讯台拿到了一张丹麦日德兰银行的传单。我想，要是我打算在国外开始新的生活，那么至少得在那儿先存点钱，免得将来会遇到恶性通货膨胀、银行倒闭或者败诉之类的问题。我这样做，只是为防万一。

著书立说这个行当不仅让我惹来不少官司，而且也有悖于逃生技巧的最基本原则——低调保密。因此，认识你的人越少，你的安全系数就越高。当我还在为《纽约时报》工作的时候，有很多律师，包括席琳·迪翁和迈克尔·杰克逊的律师，都曾经对我危言恫吓。

我的朋友克雷格，最近刚刚收到了人体冷冻组织的银色手环。但是，由于被旧合作伙伴控告，诉讼费用已经让他的银行存款荡然无存，除此之外还欠下了15万美元的债务。目前为止这个案子仍未正式诉诸法庭。还有我的朋友互联网经销商福兰克，由于在自己的网站上使用了不恰当的免责声明，最后被联邦商业委员会控告，说他进行非法传销，并且在没有任何刑事控罪的情况下没收了他的所有财产。

幸好我还算不上有钱，这就是一文不名的好处——我什么也没有，因此他们什么也夺不走。

这回，我觉得那些演讲者确实是讲对了。

我们所嘲笑的，正是我们害怕成为的那些人。

不过，既然我是来这搜集信息的，我还是用USB记忆棒拷贝了一下装甲技术公司的有关资料。反正我现在的一举一动在美国政府部门和国税局看来都形迹可疑，所以我也得想个办法保护我的电脑以遮人耳目。

当我正准备走开的时候，我看见一个矮个儿女人正慌里慌张地向问讯台走过来。名牌上显示她叫爱莉卡·诺兰，“主权协会”的主席。也许我可以和她谈谈。

“我想打听一件事，”我说，“我想拿到一个双重国籍，希望您这里有可行的办法。”

她踌躇了一下，好像在权衡各种方案的利弊，然后关切地问：“你考虑过要去哪些地方没有？”

“我也说不准，只要是能保证安全，而且护照的信誉度较高，能到处免签证旅行就可以了。”

“哦，对各种的移民法我不太在行，”听她这么一说，我想这次大概又找错人了，“但是，明天有两个人要发言，也许你可以听听。一个叫温代尔·劳伦斯，来自圣基茨，他曾经是该地区的大使。另一个叫拉美西斯·欧文斯，他会讲一下巴拿马的经济投资项目。”

“太好了。不过我还是想找一个精通各国规定、了解其中利弊的专家或者律师。”

她点了点头，像是明白了我的意思。然后掀起桌布，从下面的架子上的一叠书里拿起了一本蓝色封面的大册子。从我看见这本书的第一眼起，我就知道它是非我莫属：

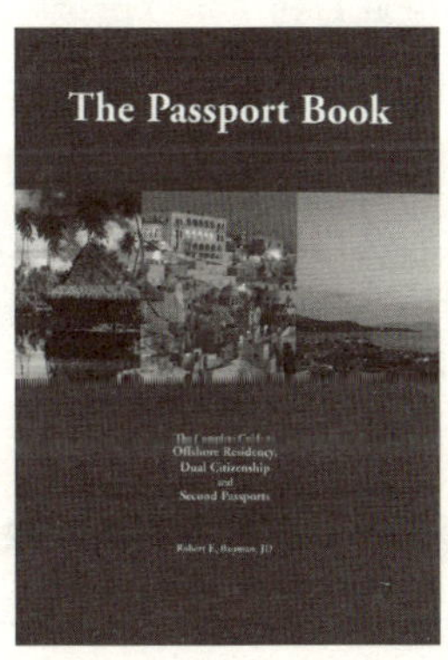

护照指南

这就是我的指路明灯。

第20节 五步免税法则

那天晚上，我一边孤零零地在一家酒店餐厅庭院里吃晚饭，一边翻着那本《护照指南》。

旅行时，人们需要持有某种文件或者证明，这已经有数百年的历史了。最初，这些文件是由某些权威人士（国王、教士、法老、地主）授权的信件。持有这些信件可以让过境者不受任何人的阻拦。因此，有人说旅行证件是为了自由，但也有人认为，从历史上看，旅行文件就是为了对人们进行控制。通过有选择地审批签证，政府部门可以有效地对出入境游客进行管理。在美国，除了几次临时性的战时政策外，我们实际上是从1918年，也就是第一次世界大战即将结束时，开始要求过境人口持有护照的。

“这不是《护照指南》吗？”好像是有人在跟我讲话。

我抬起头来，眼前站着一个穿着绿色短袖衬衫和宽腿牛仔裤的瘦子。

“小心，这本书上说的可不一定就准，”他警告我说，“而且，信息过时得也很快。”

于是，我想都没想就问：“你拿到双重国籍了吗？”这是我想问会上每一个人的问题。

“我出生在英国，但是10岁那年搬到了新西兰，所以我早就有了双重国籍了。不过，”说到这儿，他的唇边露出自豪的微笑，“我从来不觉得自己是任何一个国家的公民。”

我明白他的意思，因为在之前的调查中，我凑巧看到过相关资料。

这可是我生平第一次遇见一个“世界公民”。

“这么说，你是个‘世界公民’喽？”

“从 2000 年开始就是啦。”说这话的时候，他朝我神秘地一笑。他竟然向我吐露这么多事儿，真让人难以置信。

半个世纪以前，一个叫哈里·舒尔茨的报纸出版商在二战服役期满后回到美国，失望地发现这里已经成了一个罪案肆虐、赋税沉重、讼案满天飞的国家。于是，他卖掉了自己的 13 家报纸，决定从此不再甘当美国的国民，而要成为一名“世界公民”。他为此取了一个名字“PT”。这两个字母本来不代表任何含义，但是后来人们常常把它解释为“长期旅客”或者“永久游客”。

“世界公民”们会说，在一家商场里，我们可以到不同的店里购买任何自己想要的东西。那么同样，在这个世界上，我们也可以到不同的国家去寻找最适合自己的生活方式、政府机关、职业、人群、税率及文化。

难道仅仅因为我们生在美国我们就只能待在美国吗？世界如此之大，可供选择的国家又如此之多。就像每个孩子最终都会长大成人离开父母那样，就像我们的祖父祖母离开故土寻找新大陆那样，就像每个神话中的英雄踏上冒险之旅那样，我们不能再以世界上最好的国家自居，而应该到外面去闯一闯，去发现最适合自己的土地。

那几个月里，我四处请教精通护照办理的高手，却遍寻不得。最后，我给八十多岁的舒尔茨发了一封电子邮件。在给我的回信中，他说，他非常乐意为我排忧解难，但由于近来视力渐弱，看不清邮件内容，所以让我用大号字体打印出来，然后再发传真给他。几个月后，我收到了他长达数页的回信。不过这封信好像不是写给我的，因为里面既没有提到“世界公民”，也没有提到双重国籍，讲的是有关黄金、期货与房产市场的话题。

虽然信中没有我要的答案，但是却给了我莫大的鼓舞。“政府不会救你，”在邮件末尾，他满怀激情地写道，“政府也不是你的政府。你只有自己救自己。自力更生，你就是自己的主人！”

不知道等我到了耄耋之年还有没有这样的激情。人活着不只是因为心脏在跳动，脑电波在传送，还因为有种只可意会不可言传的精神力量让我们的血肉之躯和一言一行变得如此生机勃勃。这种精神力量来源于我们的某种不懈追求——对爱情、对功名、对愉悦、对认同、对默契、对幸福、对学识、对上帝，或是对自由。而它的动力就是信念。如果没有明天会更好的信念，这种精神力量将不复存在。因此，我最害怕的事情除了早死，就是有一天我会丧失这样的激情，不管是因为老之将至的缓缓幻灭，还是因为突如其来一场横祸的打击。

这位我在酒店里偶遇的“世界公民”自称格雷格。他邀请我来到他的餐桌旁。显然他是个充满激情的人。如果能用 10 分制打分的话，他可以得 8 分。“我卖掉了所有家当，付清了税款，然后通知新西兰政府我要离境。”说这话的时候，他的双颊因为激昂的情绪而变得绯红。

但是，我却大惑不解，新西兰可是目前最安全的英语国家啊。“你为什么离开呢？”

“因为我觉得自己处境艰难。我已经一无所有，没有钱，没有房子，所以我和孩子只好搬到一个朋友家去住。当时我正准备去教日间电脑程序设计课程以维持生计，但是却发现新西兰的制度在和我作对。”

“怎么个作对法呢？”

“和美国一样，新西兰实行的是累进纳税制度。你赚得越多，你的税率就会越高。我觉得这和我的梦想格格不入，政府部门会为你的成功而分外眼红。我可不能再待在那儿等着政府来压榨我的血汗，所以我按照‘世界公民’的章程和做法，合理合法地离开了那里。”

格雷格说，刚开始他只是读到一些自由意志论者的只言片语。接着，他先是读了安·兰德关于资本主义与个人主义的经典著作《阿特拉斯耸耸肩》，因此找到了前自由党总统候选人哈里·布朗的杰作《我如何在不自由的世界中找到了自由》来读。接着他又接触到一本天体物理学家安德鲁·丁·格拉波斯写的《星路历程》，讲的是如何建立一个致力于维护个人自由的社会。然后，由此他还发现了一本化名为 W.G. 希尔的著作。

“只有自由主义者才能当‘世界公民’吗？”我问。对于自由主义者来说，最好的政府是管理最少的政府，可我却一直觉得，最好的政府是管理最好的政府。

“没有必要。”说着，他打开笔记本电脑，给我看希尔的那本《世界公民》的扫描文件。在该书的序言里，希尔说他曾经是个百万富翁，但是他的刻意炫耀却招来了许多人的觊觎，包括他的前妻、税务监察官、律师以及他的公司雇员。所有人都希望分上一笔 。最后，他以欺诈罪被收监，财产也被充公。当他开始收拾残局的时候，无意中发现了哈里·舒尔茨的那本小册子。

读完之后，希尔异常兴奋。用他自己的话来说，就是从此将要过一种“没有压力的、健康向上的、欣欣向荣的生活。没有政府的干预，没有核战的威胁，没有食品与饮水污染，没有诉讼的烦恼，没有国内冲突的纷乱，没有赋税的压榨，也没有迫害与骚扰的担忧”。

想要打破国籍的限制，按照舒尔茨的说法，需要分三步走。这三步分别是：获得一个双重国籍，为自己的资产在国外找一个安全区，以及有一个合法的税务避风港。后来，希尔给这三步又加上了第四步与第五步，即找到一个适合开展业务的国家以及一些适合休闲娱乐的国家。

“好像有点复杂。”我对格雷格说。我的脑袋里可没有这么多条条框框，可见我天生就不是做生意的材料。我的金钱观十分原始而淳朴——努力工作，好好赚钱，然后拼命存钱。

“作为一名‘世界公民’，关键是，”格雷格不厌其烦地向我解释，“你要准备好随时与自己的祖国决裂——但是，这时大多数人往往都会感情用事——如果那里不是避税港，那么你在那儿逗留的时间一定不要超过180天，这样你就可以合法地规避个人所得税了。我刚才说的五步法则就是一种切实可行的办法。”

虽然照章纳税我纳不起——税率太高了，高得让人心痛，过多的税款是为了保护订约人的利益而花的，而不是改善国内基础设施——对这一点我还是充分理解的。不像《非暴力合作主义》中的梭罗，我可不愿意为了抵制纳税而甘心锒铛入狱。如果我们不花钱让政府部门来保护我们，那么肯定会有其他组织来收这个保护费的。所以，为什么就不能把这笔钱交给政府，至少它从某种程度上来说是可以指靠的，不像其他组织，比如说，黑手党？

“原来逃税要费这么大的劲儿，”我对他说，“难道这股劲头就不能用在工作赚钱上，以抵消纳税的钱吗？”

“我就知道你会这么说，”但愿我没有因此而得罪这里唯一一个对我表示友好的人吧，“对我来说，不愿意受现行制度约束的最大益处不是为了金钱，而是为了独立与自由，为了远离官僚政治。离开新西兰以后，我所做的第一件事就是飞往澳大利亚。当我在那里独自漫步时，感觉到一种无比的自由。”说着，他的脸颊又泛起了红晕。显然，我的问题没有让他生气。“我真是高兴极了，那感觉就像是刚从幽闭恐惧症中解脱了一样。”

我理解这种心情。

当我接着问他我该怎么办时，格雷格说：“你可以联系一下摩纳哥一个绰号叫‘老爷子’的人，他可是最早最正宗的‘世界公民’，也许他能够帮上你的忙。”

准备回房间之前，我又问他，为什么来参加这个会议的人都不太愿意讲话。“在这个圈子里混，你就得小心从事，”他的话让我茅塞顿开，“有很多人来这里是为了逃避法律的，还有一些人纯粹是为了招摇撞骗，引那些想要护照或者隐姓埋名的人上钩。即使是那些最老实巴交的人，从本质上讲也是利己的和不可靠的。所以，这里的人们都不愿意抛头露面。不信你可以试试，看还有没有人愿意同你讲话。”

“那你为什么愿意跟我说这些话呢？”

“因为我已经发现了第六步法则。”

“是什么？”

“免于恐惧之自由。”

第 21 节
与巴西女人闪婚的妙处

我一回到宾馆的房间里，就马上又翻开了那本《护照指南》，一目十行地浏览着各国移民的相关政策，希望能尽快找到一个答案。

按照该书作者的说法，好几个国家的移民政策都有空子可钻，关键是看你怎么操作。比方说，与巴西女人生子，有一位爱尔兰籍的父（母）或（外）祖父（母），有一位二战期间沦为难民的德国籍父（母）或者（外）祖父（母），要不就得有一个希腊国籍的爸爸。

可是时运不济，我既没有国籍是爱尔兰或者希腊的亲戚，也没有当过难民的德国家属，而且最近也没有哪个巴西女人怀上我的孩子。

看来最简单的办法还是去以色列。该国规定，只要在当地居住满 90 天，即可成为以色列公民，前提是你必须信奉犹太教或者愿意皈依犹太教。但是，一旦中东地区爆发战事，以色列就成了最不安全的地方，而且更糟糕的是，那里还有义务兵役制。到时候，不论你是男是女都得参军。

于是，我合上了这本《护照指南》，转而去网上搜索有关 W.G. 希尔的信息，并订购了他的 3 本电子书。

然而，他的文章同样也让人大失所望。“人活在世上，躲不过的事情只有两桩——死亡与纳税。”这不就是在说美国人吗。看来我要想像格雷格那样，成为一个“世界公民”似乎不大可能。

1994 年，《福布斯》杂志上发表了一篇题为“新一代难民”的文章，披露了一些亿万富翁，比如说肯尼斯 · 达尔特（此人的父亲发明了塑料泡沫咖啡杯）与约翰 · 多伦斯三世（此人的父亲发明了浓缩汤）移居国外以避税的事实。此后，国会便颁布了一条法令，规定在大部分情况下，凡是放弃美国国籍的人，无论将来是否再次入境，均需继续向美国政府缴纳10年的税款。

美国人想要成为其他国家的公民还有另外一个空子可钻，就是先前往某国做领事，然后就可以以外交豁免权为由免于交税。但是现在政府也让这一特权不复存在了。书中，希尔还给出了一些变通的方案，但前提却是不能再返回美国，或者只能用化名回国。要是让我付出这么大的代价，还真有点让人痛心疾首。

实际上，我越是想离开美国，越是反而无意中感觉美国原来还是很可爱的。不仅是因为我不打算放弃我现在的国籍，而且还没有哪个国家像美国那样让我想住上一辈子。

当清晨的阳光从窗外照进房间里来时，我满怀失望沉沉地睡着了，满脑子充斥着各种悬而未决的思绪。我觉得，现在的我仿佛住在一间没有门的房间里，尽管这里十分舒适惬意，但是一旦有火灾发生，我就只能被活活烧死。所以，我要尽快找到一个紧急出口。

时近第二天正午我才来到会议厅。讲台上，发言人正在谆谆告诫与会者，凡是单笔超过10 000美金的银行交易，其详细信息都会被发给美国财政部。这是为了追踪潜在金融犯罪而采取的措施。听到这里，我不由得想，这里的听众里究竟有多少人有这样的身家，能下这么大的工夫去保护个人财产与隐私。在我看来，他们在恐惧心理方面倒是很富有，至于实质的金钱，估计是少之又少的。

在后排座位上，我看见了一个衣着考究的巴拿马秃子，原来他就是拉姆西斯·欧文斯先生。于是，我满怀希望地走了过去，向他请教如何才能成为巴拿马的公民。他告诉我，一般情况下，要5年才能拿到一本护照，不过，如果你在巴拿马商业投资超过10万美元，就可以立即获得投资签证与永久居住权。

向他表示感谢之后，我转身离开。看来此路不通。但是这一趟要是仍然两手空空地打道回府，我就只有“死者身份证”一条路可走了。

这时我看见在大厅另一头的折叠椅上坐着一个身形巨大的男人，他就是温代尔·劳伦斯。他的外形酷似弗雷斯特·惠特克（Forest Whitaker，美国演员），只是稍微胖一点、更友善一点而已。他穿了一件带衣领扣的灰色衬衫，衬衫下摆束在一条提至及腰的米色西裤里。

“我想知道怎样才能成为圣基茨的公民。”我毕恭毕敬地开始搭讪。

“啊，”他猛地一击掌，“你一定会喜欢圣基茨的。在这个美丽的小岛上，有热情好客的百姓，还有地道的加勒比文化。你可以去参加我们今年的嘉年华呀！”

他就像一张绘声绘色的活人宣传单，而且真实可信，让我听得怦然心动。他挪了挪椅子面对着我，继续说道：“如果你想成为圣基茨的公民，有两条路。最快的只要3个月。”

这样的好事真让人始料未及。不过，这里面肯定有什么猫腻。

“你应该知道（鬼才知道呢），岛上的蔗糖业已经陷入了崩塌的危机。今年，最后一家甘蔗种植园也破产了。”

“如果你能给这些工厂投资，并雇用失业的工人，你马上就能拿到签证。最低投资额原来是10万美金，现在已经涨到了20万美金。”

“那么，这笔投资什么时候才能回收呢？”

听到这里，温代尔大笑了好一阵：“哦，你弄错了，这笔投资是收不回来的。”

“那就是说，这不是投资而是捐款喽。”

“还有一个办法，”他又说，“你也可以投资房地产，但是必须是政府部门核准过的地产，而且金额要超过35万美金。”

“我可以住吗？不要的时候可以卖掉吗？”

“当然可以啦。不过为了保留住公民资格，房产5年之内是不允许买卖的。”

这个主意听起来还不错，因为不管我到哪里去，肯定都要有个住处，而且我还可以用贷款买房。要是能回到从前该多好，那时候的抵押放贷公司对任何人都开放，只收利息，而且还用不着首付。

“那申请这种护照要多长时间呢？”

“比项目投资要慢一些，大概6个月吧。”

我高兴得真想对着空中挥上一拳。但为了顾及礼仪同时谨慎行事，最后我还是努力按捺住自己激动的心情，免得上当受骗。我得再和温代尔多谈一会儿，看看他的话是不是靠谱。

他自豪地对我说，岛上的识字率很高，儿童、老人以及慢性病患者还可以得到免费医疗。在公立学校里，课本与午餐都是免费的，电子图书馆向全体岛民开放。另外，圣基茨是一个金融避风港，因此居民不用缴纳任何个人所得税。我的新朋友格雷格如果能够听到这话，一定会很高兴的。

温代尔这个人怎么说呢，要么是个热爱祖国、菩萨心肠、乐于诚心助人的好人，要么就是这次研讨会上骗术最高明的老千了。

晚上，我打电话给斯宾塞，兴高采烈地向他讲起圣基茨的房地产投资项目。

“听起来好像还不错，”他说。他的话音里似乎也有些喜悦，但是却不像我这般兴奋，毕竟他也还没有拿到双重国籍啊，“要是我们都能到那儿去该多好啊，回头让我的律师查一下。”

“你的律师是个混球。”

“哪个律师不是混球？”

这次研讨会上，格雷格的一番高论让我觉得不虚此行，要是美国真的出了什么情况，我不仅可以全身而退，而且还可以带上自己的存款。于是我问斯宾塞，他打算把自己的钱怎么办。

“前一阵子，我曾经飞到瑞士参观了不少银行，”他说，“我向他们问起二战时的情况。当时那些逃离纳粹德国的犹太人在他们的银行里存了不少金子，我想知道他们有没有物归原主。事实上，很多银行都没有把金子归还给这些难民或者他们的亲属。”斯宾塞滴水不漏的细致想法让“主权协会”那帮人看起来简直就是小儿科。“于是，我又了解了一下其他银行的情况，也做了深入调查。有一家私人银行还不错，不过他们只办理亿万富翁的业务。像你这样的，我推荐去瑞士友邦私人银行咨询一下。”

接着，我又问他怎样才能保护我的个人财产，他向我推荐塔拉索夫联合律师事务所。他的大部分朋友都在这里办理这个业务。我觉得斯宾塞的话比研讨会上的那些发言可靠多了，因为那些人关注的只是开拓市场，而不是我的个人权利。

带着一种全新的使命感，我回到了家中。这些事情恐怕要让我忙活上好一阵子呢。我先是订了一张 12 月份去圣基茨参加嘉年华的机票，之后又通知瑞士友邦私人银行为我开通一个私人账户，接着发电子邮件给“老爷子”请教关于“世界公民”的事情，最后又安排了一次与塔拉索夫联合律师事务所的会面以便藏匿个人资产。

这是个很好的开端。

第 22 节
《飘》对资产保护的启示

如果想要把自己毕生积蓄的所有养老金提前取出来转移到瑞士某一家银行，你会怎么开始？

当我准备往境外藏匿个人资产的时候，忽然想起那天在“主权协会”的研讨会上有人说过，凡是单笔超过 10 000 美元的银行取款和交易记录都会被转往美国有关部门。看来，要想静悄悄地把钱从美国的银行取出来再转往斯宾塞推荐的瑞士银行，无异于掩耳盗铃。即便我能一小笔一小笔地转过去，转账金额及交易详细信息仍然有据可查。

所以，就像任何足智多谋的美国人都会做的那样：我买了一本教人洗钱的书。

不过，这种秘密财产转移恐怕还算不上犯罪吧，毕竟我的个人收入都已经向国税局作了申报，其他规定的信息也已上报。更何况我的本意不是向政府部门、海关或者债主隐瞒个人收入情况，而是为了预防银行倒闭、通货膨胀、政府没收或者诉讼费用给我带来财产损失。所以，我一定不能留下任何蛛丝马迹。

通过海外途径保护财产可不是现代人才有的想法。在小说《飘》里，瑞德·巴特勒就把自己的收入存到了外国的银行里。这不仅让他躲过了经济封锁、通货膨胀与金融系统崩溃，而且内战过后，他还给斯嘉丽·奥哈拉购置了一所宅院。同时，他的其他南方同伴都因此变得一贫如洗。

为了寻找非虚构小说类更为实际的例子，我买了一本 1996 年杰弗里·罗宾逊的《洗衣工》。我经常会想，那些靠每天 3 美元赚钱、空空如也的录像带出租小店何以维持生计，还有那些俄罗斯混混为什么在人烟稀少的巷陌卖冷冻酸奶，这明显亏本的生意。根据罗宾逊的说法，犯罪分子就是这样不为人知地把钱注入到看似普普通通的行为当中来，从而让账款变成合法的收入。

“如果这家店铺里存有 15 000 盘录像带，那么是不会有人察觉它的收银机里每天多了 500 美元的，”他写道，“如果还是这个人，同时开了 20 家这样的连锁店，那么，即使有人要进行核查，他也可以申报说自己年赢利为 396 万美元，这样一般也不会有人怀疑。”

我想要的问题答案在这本书的另外一个地方。要想合理合法又不为人知地转移财产，最好的办法就是买一些不会贬值的东西。比方说，为方便人们转移钱财，黑市上一般都会进行珠宝、手表、工艺品与其他收藏品的交易。人们可以等到达到目的国以后再将这些物品转手，从而最大限度地减少自己的损失。至少要比按银行汇率去兑换外币划算得多。

因此，一旦瑞士友邦私人银行给我回电话（不像斯宾塞的那个律师，假如他们愿意与我合作的话），我就决意去买些珍贵钱币玩玩了。

不过，既然这样做并不算犯法，为什么我老感觉哪里不对劲呢？

那边厢还在等着瑞士银行的回话，我便开车前往伯班克去找斯宾塞给我推荐的，塔拉索夫联合律师事务所的律师。接待员把我带到了一间贴着银黑相间壁纸的房间里。亚历克斯·塔拉索夫就坐在一张巨大的红木桌前，桌上放着一沓黄色拍纸簿。他用这些来帮我规划，那么我的下半辈子生活和理财都有了着落啦。

“你来这儿就算是找对地方了。”塔拉索夫说。25 年前，他很可能是一个兄弟会的小屁孩，说不定还参加过大学足球比赛。但是经过 25 年如一日地坐在办公桌前对着这沓纸冥思苦想，无论是他的面容还是体型都已显疲态。“我可以把你的财产转到其他人名下，这样就是有律师想做资产调查也无计可施。”

“那就是说，就算他们起诉我并打赢了官司，还是一个子儿也拿不到吗？”

“不是说他们完全查不出来你的财产，而是要想办法增加他们查办追击的难度。关键是我们把你的资产隐匿得越深，他们查起来要花的精力也就越多。如果他们要花掉的财力大于你的资产净值，那你就可以高枕无忧了。”

斯宾塞说得好，这不就是为了保险嘛。我花这个钱就当为今后可能打官司买点实践经验吧。

“你都有哪些财产？”

于是，我向他一五一十地和盘托出。“我有所房子，不过贷款还没还完；我有一些股票和债券，那是我小的时候我爷爷给我的。我还有一个活期账户和储蓄账户。另外就是我的著作版权。”我停了一下，好像应当还有点什么吧，“我想就是这些了吧。不过，我还有一辆二手的道奇拓荒者，不知道算不算。另外还有一辆 1972 年产的雪佛兰，但是坏了。”

说句老实话，我的钱并不多。但是，从我上大学时第一次站在油腻腻的烤架前做煎蛋与奶酪三明治时，我就开始为自己储蓄了。从那以后，我攒的钱就足够让我在困难时期或者周游世界时花上 1 ～ 2 年。我可不想为了接受救济而失去这种自由。除了贷款买这栋房子以外，我谁的债都不欠。

“我们会这样做。”塔拉索夫一边说着，一边在他的纸簿上画了这样一张草图给我：

那个像一根棍子一样的小人儿是我，但是这些小方块儿都是什么意思我却不得而知。

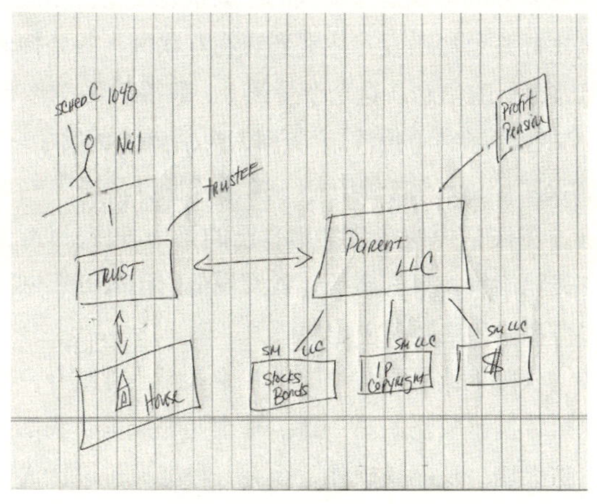

“看这些方块儿，”塔拉索夫开始解说，像是在给我这个菜鸟上一堂如何保护个人财产的启蒙课，“每一个方块儿都代表着一个 LLC（也就是有限责任公司），我们会把你的所有资产都做成 LLC，然后把这些

LLC 挂在一个控股公司的名下，再让这个控股公司归属于托拉斯所有。这样，从技术上讲，即使你并不是这个托拉斯的所有者，你也可以完全放心。”

他的最后一句话我最爱听，不过之前的那些话我却一个字也没听明白。

“也就是说，我们把事情弄得越复杂越好？”我问。

“没错。我们甚至还可以把你的房产也做成一个独立的 LLC，这样就算是有人犯错误了，也不会危及你别的财产。”

我一边听塔拉索夫口若悬河地解释，一边在想，我这究竟是在保护自己不上当受骗呢，还是在自欺欺人呢？但是，只要斯宾塞说的就一定没有错。他是那么的精明富有，又这样热衷此道，怎么可能会往火坑里跳呢？这样一想，我立即告诉塔拉索夫，除了我口袋里的铜板以外，把我的一切都赶快做成 LLC。

“当这些事项安排就绪以后，我们可以谈谈把它们向海外公司转移的问题。”临走之前，塔拉索夫交代我说。

这倒是个好主意，不过我担心真的等一切安排就绪以后，只怕我已经一文不名了。

管他呢，反正这个穷光蛋我是当定了。

下一件我要办的事就是保护我的个人信息安全。不过我着手得已经太晚了，除非有关当局还没有注意到我在互联网上四处搜索有关双重国籍与瑞士私人银行的信息。这个节骨眼上，我很需要“老爷子”的帮助。

我从“主权协会”的研讨会上回来之后就给他发了一封电子邮件，他当时就给我回了信。“老爷子”不愧为“世界公民”的典范，真的很有经济头脑。在回信中他向我推销自己的系列著作，《再会了，老兄》，优惠价 750 美元出售。事有凑巧，我发现他的出版商在网上推出了一套比原著便宜得多的节略版，于是便买了下来。

从题为“保障网络通信安全”的一章入手，并结合一些互联网上的资料，我开始了信息安全的第一课。整个儿一天里，我都在下载与安装加密程序、防火墙、反间谍软件，还有一种据说可以让人无法追踪或者查获我所浏览信息的软件。我恨不得能同时使用两台电脑：一台只用来上网，另一台专门用来处理个人数据，不与网络发生任何联系。

虽然“老爷子”关于计算机安全的建议让我获益匪浅，但是与他的长期电邮联系还是撩起了我别的偏执毛病。“你可以检举某人（也就是那些像你一样的人），给那些小小的助理地方检察官或者联邦律师们留一点面子，”他告诫我说，“记住，给自己安排退路不是说让你现在就撤走，而是要静观其变，一旦有什么风吹草动就立马挪屁股走人。”

他的话让我想起一年前来，那时的我感觉到自己的性命完全攥在恐怖分子、美国政府与经济大势的手中。自那以后，虽然国内局势每况愈下，但是我却变得更加坚强、更加稳固，可选择的余地也多了，能采取的路子也宽了。现在万事俱备，我只剩下去圣基茨见温代尔一件事了。我马上就可以，用“老爷子”的话说，一有什么风吹草动就挪屁股走人。

自由，仿佛已经触手可及了。

但是，每次我和斯宾塞通话的时候，他都会提醒我说，我们离安全这两个字还远着呢。

第 23 节 世上最幸福的地方

我的办公室是个单人间。

在办公室里，我聘用了一个叫托马斯的实习生，帮我处理《把妹达人》出版后纷至沓来的电子邮件与各种应酬。只有这样我才可以安心著书。

可是，当我什么正经事儿也不干，整天像一头饿狼一样贪婪地对一个双重国籍垂涎时，托马斯只是在边上静静地看着。直到有一天，我们一起在厨房吃午饭时，他才告诉我说自己娶了个妻子。

“妻子，怎么会呢？”

托马斯是同性恋者。他还在克雷格分类广告网的公告栏里贴有一则标题为“长毛肌肉型男提供按摩服务”的广告，广告的旁边附有这样一张图片：

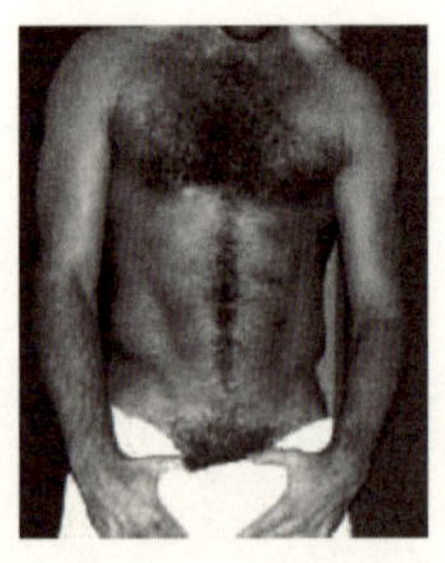

他的服务费是每小时 100 美元。从他开的敞篷宝马来看，最近一定是生意兴隆，可比我这个开拓荒者的老板阔绰多了。

“只有结了婚，我才能拿到绿卡，”他说，“她平时疯疯癫癫的，但在进行移民调查的时候，表现还挺好。”

“这么说，我是想尽了办法要从美国出去，而你却千方百计地要进来？”

“没错。”说着，他露出尖尖的牙齿自鸣得意地笑了。大概是因为我一直没有发现他的秘密而乐呵吧。

尽管托马斯出生于捷克共和国，但是他已经到彻头彻尾的美国化了，所以我从没发现他还不是美国公民。我原以为他每周来我这工作几小时，只不过是为了让自己有个合法的工作。

他告诉我说，其实早在 5 年前，他就开始操办这件事了。见过移民律师之后，他决定采取一种最快、最简单的方法来取得美国国籍——结婚。于是，他花了 35 000 美元让一个女性朋友同他结婚。他们甚至还一块儿租了房子，一块儿在银行开了联合户头，看起来还真的像那么回事儿。

难以置信的是，我们竟然一直没有谈过这个话题。“从 11 岁的时候起，我的梦想就是做一个美国人，”他晃了晃蛋白奶昔的渣子，然后一举倒掉，“我从来不认为自己是捷克人，我就是想从东欧那种意识形态中逃脱出来。”

听了他的这一番话，我简直无地自容。世界上还有几百万人仍然生活在极端贫困的条件下。为了能够得到一个来美国生活的机会，他们当中很多人会甘愿作出任何牺牲。我还记得我小时候住的一栋楼里的管理员成为美国公民的那一天，他告诉我，为了从罗马尼亚逃出来，他曾经先后 5 次横渡多瑙河。有一次被抓之后，狱卒不仅毒打他，而且还往他身上撒尿，为的就是想让他死了这份心。可是，等他加入美国国籍之后，立即就把原来的名字里维·内改成了他所能想到的最普通的美国名字：李·格兰特——分别取自南北战争中联邦和邦联军队两位将领的姓氏。没过多久，他就开始娶妻生子、安家置业，与妻身着情侣慢跑服，伴着“爱之船”(1977 年的一部热门美国电影。在此指由该电影带出来的传统游船式出游风格——译者注）一同出海，好让自己看起来像一个地地道道的美国人。

“我爱美国！”在妻子抛弃他之前，心情好的时候他总是这么对我说。

可问题是，美利坚究竟是什么？

从地图上看，其面积是美洲的1/4。美国的全名为，美利坚合众国。说实话，这根本就不像一个国名，不如法国或者巴西，一听就知道是个国家。而美利坚合众国更像是称呼一把大伞或者是一锅大杂烩。各个不同的州国因为共同的契约而走到了一起，就像用绳绑在一起的一扎小嫩枝一样，各自独立，又互相联结。

就连美国国旗上也画着50颗星星和13行条纹，这哪里像是一个国家的象征啊。不像我们北边的邻居加拿大，人家的国旗就单单一片枫叶；也不像墨西哥，上面只画了一只鹰在吃蛇。这13行条纹代表了最初的13个殖民地，而那50颗星星则象征美国后来发展成的50个州。如果说有什么寓意的话，我想一定与积累有关。实际上，还没有哪个国家的国旗上有那么多星星，所以美国一定是世界上最善于积累的国家。

这么看来，过去一年中我的所作所为并没有违反美国精神，相反，我是在自己力所能及的范围内大力弘扬了美国精神。因为我从未打算放弃我的美国国籍，我只不过是想要多积累几本护照，多加几个国籍，多开几个银行账户，多准备几条逃生之路，多拥有几个避难所。其实，我只是想在自己的旗帜上多添几颗星星而已。

几个星期后，在准备去圣基茨之前，我陪托马斯一道去洛杉矶的会议中心参加他的入籍典礼。此次和他一起成为美国公民的共有四千多人，另外还有四千多人等着随后进行的下一次典礼。这些“准美国人”大都来自墨西哥、圣萨尔瓦多、菲律宾和黑袍王国伊朗。

台上，一位身着黑色长袍和卡夫坦上衣的亚洲入籍法官坐在桌子的正中，周围是身着制服的移民局官员与警官。在他们的身后，一面巨大的美国国旗迎风飘扬。这时，主持人要求全体起立。只见一队数百人的士兵雄赳赳，气昂昂地走进了前排。他们大都是在墨西哥出生的美国居民，因为为国家服役有功，今天也被授予美国公民的资格。

首先，法官讲述了一段故事，关于自己的父亲是如何历尽艰辛，从中国来到美国追求更美好的生活的。接着，深受感动的人们纷纷拿起了影印的誓言与歌词，宣誓对美国效忠并齐唱国歌。这是我有生以来见到过的最感人的一幕。

“我，在这里郑重宣誓……”法官开始说。

“我，在这里郑重宣誓……”四千多人齐声念到。这会儿离他们成为美国公民还有2分钟。

法官每念一句，就有四千多个声音跟着重复一句：“(我将) 完全放弃我对以前所属的外国亲王，君主，国家或主权之公民资格及忠诚。”说到这里，成百上千的人已经泣不成声。

“我将支持及护卫美利坚合众国的宪法和法律，对抗国内和国外一切敌人。”这句话说完以后，许多人如释重负、转悲为喜。

“我将真诚地效忠美国。”大厅里回荡着激昂的声音。好像能不能当上美国公民，这句话就可以一锤定音一样。

“当法律要求时，我愿为保卫美国拿起武器；当法律要求时，我会为美国做非战争性之军事服务。”有些人声音开始颤抖，好像这时一步走错，他们便会前功尽弃似的。

“当法律要求时，我会在政府官员指挥下为国家做重要工作。我在此自愿宣誓：绝无任何心智阻碍，借口或保留。请上帝帮我。”

“现在我宣布你们将成为美国公民，”法官庄严宣布，“祝福……”

他的话还没有说完，大厅里便响起了雷鸣般的欢呼声，似乎整个洛杉矶的市中心都能听得见。随后，这些新晋的美国公民举目四望，礼堂里到处都是陌生的兄弟姐妹。每个人都百感交集，我也不自觉地热泪盈眶。托马斯旁边一个裹着长袍戴着面纱的伊朗女人对我们说，为了成为一名美国公民，她已经奋斗了14年。

四千多个人里就有四千多个故事，有期盼、有焦虑、有雄心壮志、有无言悲剧，这一幕幕就这样在我的眼前画上了句号。我忽然觉得，只要有人认为美国十恶不赦，同样地就会有人说它英勇高尚。如果今天在场的某个人想要毁掉这个国家，那么他就会发现，他将要毁掉的不是某个总统，某个将军或者某个商人，而是成千上万兄弟姐妹的、美国同胞们的美好梦想。

托马斯含泪填好了一张护照申请表，上交了绿卡，然后拿到了他梦寐以求的美国国籍证明。那天深夜，我前往一家叫苏尔的餐厅参加了托马斯与朋友们的庆祝晚宴。很快，我们的话题就从夜店八卦转到了政治上来。

托马斯的室友，一个律师，开始说起那些据说“激怒他”的新法案。比如《特别军事法庭法案》，这一法案允许政府可以不经任何判决就宣布任何美国公民为敌方战斗员并将其监禁；还有《约翰·华纳国防授权法案》，授权总统未经地方政府许可就可以在美国的任何一个城市宣布

紧急状态并进驻军队。

“等着吧，下面该戒备森严啦。”律师的年轻男友费莱迪叹了一口气说。

“最近我读到一篇文章，上面说2004年的时候，俄亥俄州的投票机器有人做了手脚。”有个建筑师说。

“就这我们还跑到别的国家对人家的选举指手画脚呢，”弗莱迪插嘴说，“我们连自己的自由选举权利都保障不了。”

忽然，大家像是记起了什么，都不约而同地住了口，望着托马斯。这是他成为美国公民的第一天，我们却把这个好日子给毁了。

最后，我抓住大家一言不发的机会开了口。托马斯告诉我这件事以后，我就一直想问他这个问题。“现在的情况是，美国无论是经济还是政治都每况愈下，既然你本来就有一张欧洲的护照，为什么非要再拿一个美国护照不可呢？”

对于这个问题，托马斯似乎在来美国之前就在心里有了答案。因此他不假思索地回答：“这不是自由不自由的问题。美国是西方世界最不自由的国家，比起欧洲来，这里的自由要少很多。”

真不知道下面他会怎么说。要不是为了自由，那他非要做一个美国人做什么？要不就是这里有他的什么朋友？

“我之所以想做美国的公民是为了机遇，”最后他说，“在捷克共和国的时候，我看不到自己的未来。但是在美国，任何事情都有可能发生。每个人都可以成为自己想成为的那种人。这种事情随处可见。对于住在美国的人来说，每个人都有许许多多的事业契机和人生道路的选择机遇。所以，不管政治风云如何变幻，这一点都不会改变。”

桌旁的每个人都又陷入了沉思。真理有时就是有这样的感染力。

几周后，我计划去往圣基茨并在途中短暂停留拜访爸妈。那一天当我正坐在机场等候开往圣基茨的班机时，突然想起了托马斯说的这番话。当我还是一个十几岁的年轻人时，老爸甚少给我人生忠告，其中一条是：“抱最好的希望，做最坏的打算。”由此看来，托马斯是抱最好的希望，而我是做最坏的打算。

第 24 节
如何在 60 秒内众叛亲离

在美国的历史长河中，有过那么短短的一瞬间，8 000 万国人曾经命悬一线。在飞往芝加哥探望父母的途中，我信手翻阅了叙述此事的罗伯特·F. 肯尼迪著作《惊爆十三天》。

书中描述了 1962 年古巴导弹危机事件期间约翰·F. 肯尼迪总统召开的一系列内阁会议。从美国政府得知苏联正在距美国海岸约九十英里的古巴建设核导弹基地，到苏联同意拆除这些装置，这惊心动魄的 13 天里，世界范围的核战争一触即发。据历史学家小亚瑟·施勒辛格回忆说，其实早在美国入侵古巴的时候——这是得到白宫里多少人赞成的——苏联就曾经考虑过对美国的一些城市投掷核弹。

“比如说，在一次参谋长联席会议上，有人主张我们应该使用核武器，前提是对手可能在袭击中对我们使用同样的手段，”肯尼迪写道，当时有人提出先发制人对苏联进行打击的方案，“我一边倾听一边思索，好几次都有人说，如果我们军事部署一招不慎，最后可能没有人能够活着看到事情的最终结果。”

看到这里，我不禁想问自己：在冷战时期，学校的集会上反复放映着如何应对核导弹的电影，还有人不停地告诫我们说导弹正对着我们的家门口。众议院非美活动调查委员会动不动就对无辜民众强加“共产党人”的罪名，将他们的生活毁于一旦，而大家只能眼睁睁地看着却无能为力。而越南战争时人人都有被勒令上前线当炮灰的危险。那么，如果是我生活在那个年代里，我会不会义无反顾地离开祖国呢？

我不敢肯定。于是我问我爸——那个和我有着最相似的基因序列的人："在冷战时期，难道你们就没有害怕过会发生什么事情毁了自己和家人的生活？"

"好像没有，"他回答，"我想，现在才是有史以来最可怕的时期呢。"

我的父亲曾历经二战和冷战，还在朝鲜服过役，当过陆军中尉，因此，他这么一说，我觉得自己的担心也不无道理。

"为什么说现在才是最可怕的时期呢？"我问。

"冷战期间，由于互毁机制建立了一种恐惧的平衡，实际上我们当时并不认为苏联真的会不惜对我们发动核战争，可是现在恐怖分子会怎么做我们难以想象。他们在地球上随时随地都可以大开杀戒。所以，不论你是待在国内还是国外，留守本地或者是出去旅游，都要提心吊胆，哪里还有什么安全可言。"

我是在飞往圣基茨的途中特意停在芝加哥与父母共进晚餐的，不仅是为了告诉他们我的逃亡计划，更想问问他们愿不愿意也加入到其中来。

"如果你们愿意，"我提议，"我会在申请双重国籍时增加亲属的名额。这样，如果美国出了什么事，你们最起码有个安全的去处。"

"我们用不着。"妈妈说。不论我对她说什么，我的想法也好，新的工作也好，交了女朋友也好，她总是向我泼冷水。

"难道让我替你们了解一下情况都不用了吗？"我一肚子沮丧。

"问你爸。"

"我看没必要，"爸爸说，"我们在这里过得很好。"

"是吗？可是你刚才不是说很害怕吗？"我想再给他们一次机会。很多人都犯过这样的错误，以为待在舒适熟悉的环境就可以高枕无忧了，不等到火烧眉毛他们是绝不会离开的。即便是那样，他们还是迟疑不决，总想着要多捞一件就是一件，好像少了任何一样东西他们就不能过了。

"交给我好了，到时候你们只要在文件上签个字就好了。"

"你就别烦我们了！"我妈说。好了，谈话到此结束。

"好吧，不过如果你们以后有什么麻烦，直接过来和我住就是了。"

我就纳闷了，为什么到头来这么多亲戚朋友中就只有我一个人在孤军奋战呢？

当我坐在父母的身边时，我忽然意识到，这很可能与我从小接受的教育有关。我的老爸老妈总是习惯于把事情往坏处想，就连我长大成人以后他们还常谆谆告诫我说，什么事情都可能会出岔子。

对于这一点他们对我言传身教。每当我们要外出度假时，他们都不许我和哥哥向任何人提起，以防有人乘虚而入。当前往机场的时候我们也要轮流外出：爸爸和我先上计程车，而妈妈和哥哥假装向我们道别，然后再悄悄地坐上另一辆计程车尾随。就算我们离开了之后，家里的电灯也会有控制器定时开关，好像里面有人一样。总之他们从小就教导我，陌生人就是坏人，而秘密就意味着安全。

“我想有一件东西你一定会感兴趣，”爸爸转移了话题，好让妈妈和我停战，“当时人人都惧怕俄国人。这本书就出版了，人心惶惶地。有人半开玩笑地给我买了这本书，里面讲的是防核防辐射的一些方法。”

“我还不至于，”我先说，然后又加了一句，“这本书你还留着吗？”

“我肯定给扔了。但是我记得那本书的名字好像叫《末日人生》什么的。”

吃完晚饭，我上网找到了这本书，正确的名字应该叫《末日余生》，作者是布鲁斯·克莱顿。该书出版时冷战接近尾声，但一经问世，立即不胫而走，被那些日益增多的生存主义者奉若至宝。“9·11”事件后，他又为该书写了续集，《劫后余生》。于是我也订购了一本。

我忍不住一直想，怪不得斯宾塞一直对枪支和飞机那么着迷呢，最近他又突发奇想，准备用潜艇逃生呢。

当天夜里，我问弟弟愿不愿意和我一起申请护照。一开始他婉言谢绝了我的好意，说他担心这样做会影响不好。当我告诉他没事时，他又说一下拿不出那么多钱来弄那个。于是，我一拍胸脯对他说我可以贷款，而且利息由我还。听到这里，他干脆直截了当地拒绝了我。

看来，我又成了孤家寡人。

有一种现象叫做社会认可。根据这一原则，大家都会做的事情——不管你是买哪个牌子的鞋子，还是看哪一部影片，或者对某个倒霉蛋起而攻之——肯定是对的。但是，这一次除了我之外，没有哪个人整天想着离开美国，所以，我一定是错的。

这个理论似乎很成问题。如果我等到下一次恐怖袭击，或者经济大萧条，或者政治动乱，或者是传染病爆发之后，人人都去这样做的时候再采取措施，只怕为时已晚。到那时再想逃离美国保住身家性命，恐怕就只能进行现金交易、出卖肉体、利用关系，总之无所不用其极了。

如何抵御严寒

先在防雪堤里挖一个足够自己直立坐下的隧道。如果附近有树枝或者树叶的话，找一些来铺在下面。然后再用背包或者积雪挡住入口处。另外，如果附近有枝叶低垂的大树的话，也可以在树根的旁边挖一个坑，然后用树叶铺好，并盖住上面的口。记住，寒风可以使人致命，但是雪墙却可以抵御风寒。

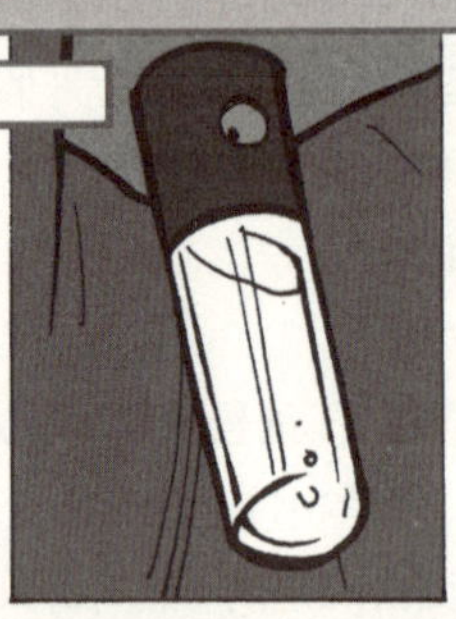

如何对付监视器和铁丝网

碰到监视器时有几种办法，或者用130流明以上的强光直接照射监视器的镜头，也可以更直接地照在镜头上方，或者用彩弹枪瞄准监视器镜头进行射击。如果有人用铁丝网设置了路障，你可以在钢丝网的顶端铺上一个打开的纸箱或者汽车内垫，然后再从上面翻过去。如果你打算切断铁丝网穿过去，那么最好在切口处拴上打结的绳子，这样在远处就不会有人察觉了。

如何对付暴徒

在你身后的房间或者小巷里放一枚手抛催泪弹，或者将之扔到对方的汽车里。这样催泪弹所产生的非致命烟雾气体就会让敌人束手无策。

如何用蓄电池生火

如果你用的是汽车上的蓄电池，首先要把跳线与端子连接，然后把两个鳄嘴夹在打火绒上面对接，这样火花就会把它引燃。如果你用的是九伏特的电池，就可以用钢丝绒直接摩擦端子，直到擦出火花为止。火绒可以使用浸泡过凡士林（或者润唇膏）的棉球，即可引发强烈的火花。

如何不用指南针就能辨别方向

先在一块平地上插一条长约3英尺的直立木棍，然后用一块石头给木棍的阴影末端做上记号。20分钟后，再用同样的方法把影子的末端做上记号。接着在这两个记号之间画一条线。利用这一条直线，你就可以大致辨别方向。第一个记号是指示西方的话，那条直线就可以显示西边到东边的走向。

如果你随身带有手表，也可以把手表水平置于手上，让时针对着太阳的方向，这时时针与12点的中点即指向南方（如果你是在南半球，就是指的北方）。

如何制作简单的弓箭

首先，截一段长约4英尺的聚氯乙烯管子（PVC PIPE），再往距左右两末端大约两英寸的地方分别切开两个口子，口深为管子直径的一半。然后，截一段比弓身短4英寸左右的绳子。在绳子的两端打结后，将其中一段套在弓身的切口处。接着弯曲弓身，将绳子的另一端套在弓身的另一个切口处。如果可能的话，可以再用绝缘胶带做一个把手。最后，再找一根笔直的木棍（或者木钉），削尖其中一段，在另一端切一个口子，这样，一个简单的弓就大功告成了。

未完待续……

第 25 节 愚人不聚财的证据

终于到了，我终于站在了巴斯特尔的大街上。嘉年华的残骸在阳光下散发出一种腐臭的味道，几个十几岁的小男孩正倚在他们的父辈也曾同样靠过的彩墙上。墙上的漆大都已经剥落了。

麦克斯韦尔·韦伯联合事务所位于市场大街的中央。现在，我的整个计划就只能指望他了，尽管在仅仅两小时前我才第一次听说这个名字。

麦克斯韦尔站在门口向我致意。除了他之外，办公室里空无一人。这个时候大家都在嘉年华上，他本来也应该去的，他反复地提醒我说。

我倒是很想信任他，因为除此之外别无他法。可是，我看见他的中指上戴着一枚闪闪发光的钻戒，上面印有他的名字缩写 MW。这枚钻戒让我明白，原来他也想要获得尊重，受人爱戴，想要追求地位和女人。在这样一个只有 15 000 人的穷乡僻壤，这样一枚钻戒就足以让他得到一切了。

而我要做的就是为他的下一枚钻石戒指贡献 2 500 美元。

在一张巨大的胡桃木桌子前，他一屁股坐了下去。桌子上摆满了厚厚的文件夹，我只记下了其中的几个名字——伯纳德·赫利克，托马斯·默吉克——这样我就可以暗中调查，看看跟他打交道的这些客户都是些什么角色。

他长着一张椭圆脸，下巴很长，身上的老式白衬衫已经汗渍斑斑。他坐在那里一言不发地上下打量着我。他当然知道我来这干什么，不过看来还是得我先开口。

“嗯，我们要怎么做呢？”我问。

我刚到圣基茨的时候，温代尔曾经指点我要怎么做。但是他所做的只是把我带到了这儿，带到了这间办公室里，交给了戴着昂贵钻戒的、素未谋面的陌生人。这让我怎么能够放心呢？不知道我此行究竟是能够救我和家人于水火之中、有先见之明的明智之举呢，还是最后让我一文不名的疯狂愚行呢？

“你得有一处地产，”麦克斯韦尔说，“你可以打电话给圣克里斯托弗俱乐部的维克多·道许，半月湾的荣恩·费舍尔，或者卡里普索湾的尼古拉斯·布里斯班。”

接着他翻开一本电话簿，告诉我那些人的电话号码。风扇在他头顶上呼呼地无力吹着，办公室里仍热浪滚滚。出于谨慎起见，我问他还有没有别的办法，他说没有。他说得对。

“你只要交2 500美元法律顾问费，我马上就可以把申请表给你。”

我不喜欢他的口气。我希望有人拉着我的手逐一向我解释，而不是像这样开门见山地一张嘴就要钱。至少我得知道自己究竟是在干什么，这应该不算过分吧。

但是，也许麦克斯韦尔并不想多说什么，抑或在他看来我无论如何也不像一个值得他去巴结的客户。他的墙上挂满了框好的大大小小的感谢信、合影、证书之类的东西，像在证明自己是多么的非同小可。可是我身上既没有人把铜臭的浓烈味道，也没有威武权势的慑人气质；既不能把他的丰绩文件夹装满，也不能为他壮观的伟业装饰墙添色。我身上尽是飞机座位的味道：经济舱，中座。

“像这种业务，你每年能够接几笔？”我问他，希望从他身上能找到一点值得信任的地方，哪怕只有一丁点儿也行啊。

“10笔。”他说。

“那么，政府每年会接到多少这样的申请呢？”

“100个左右，99%都能批下来。”

这么说麦克斯韦尔一个人就垄断了全国业务的1/10，这足够说明问题了。

于是，我开了一张2 500美元的支票给他。然后，他递过一捆文件来，一张是公民资格申请表，另一张是护照申请表。麦克斯韦尔告诉我说，

6个月之内，如果不出什么岔子，我就会成为加勒比共同体圣基茨与尼维斯联邦的一名公民。

这时，斯宾塞的话不停地在我的耳边热切涌动着。天啊，我这不是在为自己买保险嘛，预防美国，那个生我养我的家乡，那个亲戚朋友所在的故土，那个我深爱的祖国，会发生什么不测的情况。

这本不是我有生之年应该发生的事。

第 26 节
失踪的艺术

第二天一大早，我找来一辆计程车，开始出发去看房子。

司机的名字叫切非，是一个满脸堆笑的矮个土著。他的一张笑脸大概是专门为招揽顾客而量身订做的吧。

“这个区的大部分土地都归一个俄国土匪所有，他在欧洲的哪一个国家都拿不到护照。”我们在一座绿色的大山旁边逶迤穿行时，司机告诉我说。他每一次开口都要回过头来看着我，如果不是考虑到海边道路崎岖又坡陡弯急这样做会危险的话，倒是显得彬彬有礼。

“不过那座山头可不是他的，”他接着说，“那是一个沙特阿拉伯罪犯的，他从前妻那里把儿子偷了过来逃往美国，然后就买下这处地产，换了一张外交护照。现在他可以放心大胆地去美国看自己的儿子了。”

于是，一路上我一边回想着过去，展望着将来，一边听切非给我讲述这个岛上光怪陆离的人物。说不定哪一天这里就成了我的栖身之地呢。圣基茨岛是克里斯托弗·哥伦布在 1493 年发现的。该岛的附近还有一个叫尼维斯的小岛，二者联合起来于 400 年后独立，他成为美洲国土面积最小的国家，同时也是加勒比海地区最隐秘的理想避难所之一。

切非先在罗林斯植物园停了下来，并向我介绍园主凯文，一个个头不高、牙齿突出、獐头鼠目的威尔士人。接着，我们又前往卡里普索湾、半月湾一排看起来像是铁路集装箱一样的初建工程，还有其他六七个地方。每一处的主人都比上一处的更加稀奇古怪。他们经营着小小的生意，同时都带着自己投资地产开发小岛的梦想。这里就像是美国西部的荒原，

却有大海赋予一望无边的视野和前景。

最后，我们来到了圣克里斯托弗俱乐部。这是一幢3层楼的小白色建筑，坐落在大西洋与加勒比海之间的一块狭长的飞地（指在本国境内的隶属另一国的一块领土）上。

“你知道，这里只剩下25套房子，其中有16套都卖给了美国人。他们都是来这儿申请加入国籍的。”说话的人叫维克多·道许。他个头不高，带着查理·布朗（Charlie Brown，查尔斯·舒兹创作的卡通人物）式的笑容，非常健谈，一边带我参观这套新建的公寓一边向我介绍。后来我才知道，他也是这套公寓的业主之一。

“一直都是这样吗？”

“不是，也就是最近才开始的。”

“那么，以前买房子的人都是哪里的呢？”

“最早的时候，还得说是因为伊迪·阿明(Idi Amin，20世纪70年代的乌干达前军事独裁者)。”当时我并不明白他的意思，后来我才知道，所谓阿明，就是指那个把所有亚裔居民从乌干达驱逐出境的总统阿明。其原因据说是在梦中接受了神谕。“后来，俄国人多了起来，他们都有钱有势。不过，他们也不见得都是黑手党。我买的那套房子里，之前住的是一个克格勃(KGB，苏联国家安全委员会)的将军。”

“现在，这里成了美国人的天下，”他接着说，“他们当中，有一家是因为担心美国可能会与伊朗开仗才来的这里，还有一家是因为不想让孩子参军，另外还有一家在海外赚了大钱，因为不想带回美国交税，所以也搬到了这儿来。”

“真有意思。”看来我不是孤军奋战，我只是这次觉醒大潮中的成员之一，是美国大熔炉中漏掉的那一滴水。我们是为了躲避战乱、死亡与赋税而走到一起来的。如果这次我们的直觉对了，那我们将重获新生；反之，如果我们错了，那么我们也将在这个最迷人的海岛上了此余生。总之，这是一件有百利而无一弊的事情，至少现在看来是如此。

维克多来这儿的原因和我差不多。他出生在埃及，但是他解释说：“作为一个基督徒，早在70年代我就看到国内世风日下，所以就出了国。”他先是去了蒙特利尔，在简·方达的帮助下开始在加拿大开展有氧健身操的推广。我一边听着他自述生平，一边想起了自己在考芙曼太太的历史课上许下的那些无声誓言。也许逃跑并不意味着东躲西藏，而是意味着不断成长。

“圣基茨和尼维斯的护照还是很不错的，”他又说，“因为我们是英联邦的成员国之一，所以这里就像是通向英国的一个后门。听说要是你在外国遗失了护照，可以到英国大使馆求助，他们会给你换成英国护照的。”

看来我不仅马上就要成为一名圣基茨的公民，还有可能加入英联邦，说不定哪天我就能拿到垂涎已久的欧盟护照了呢。

我参观了其中的一套公寓，那是一个跃层式建筑，环境非常幽静，两面都可以看到海景。几百码开外就是大西洋的海滩，海风拂面。这里的气候温暖舒适，不冷也不热，温度好像是为人体专门设定的一样。和煦的海浪拍打着白色的沙滩，四下空无一人。这里的景象与我在城市里的生活简直是天差地别。

这时，我回想起了斯宾塞和我一起为选择新的国籍订下的五条原则：护照可信度高，政治秩序稳定，税率相对较低，申请流程不能超过两年，气候温暖舒适，最好还有海滩。

圣基茨与上述原则完全符合。

我穿过了这处房产，前行200码来到加勒比海岸，在沙滩上的露天酒吧点了一杯加糖的朗姆混合酒。后来我才知道，这个酒吧的一个老板，里根也住在圣克里斯托弗俱乐部。

他告诉我，圣基茨的首相在那个小区也买了一所现在闲置着的宅子。他还说，他们准备在俱乐部的隔壁盖一家丽兹·卡尔顿大酒店，到时候那个地段的房价都会跟着升值。

一种全新的生活展现在我的眼前，没有蝇营狗苟，也没有机关算尽，只有悠闲懒散的生活节奏，这不等于是延长了我的生命吗？就算我在这里遇到了什么麻烦，我只要捎上一瓶酒，敲开首相家的大门，和他聊聊就好了。对于我这样一个科技游民来说，难道还有哪里比这儿更像世外桃源吗？

第 27 节
战乱、种族灭绝及其他房地产骗局

圣诞节过后的第二天凌晨 5 点，我叫了一辆计程车前往圣基茨的首府，巴斯特尔。茹夫街头狂欢——这个岛国长达两周的嘉年华庆典的高潮——正进行得如火如荼。花车的两侧站满了乐手，铁皮鼓敲得震天动地，欣喜若狂的人们人头攒动，一边开怀畅饮，一边跟在花车后面手舞足蹈。这可不是在给外地游客作秀，而是这里历史悠久的一种古老仪式。不管有没有我在场，这里照样喜气洋洋。他们不是我的同胞，他们的身体里淌着不同的血液，我怎么能够发自肺腑地说这里就是我的故乡呢？

我不属于这里，凯文不属于这里，维克多不属于这里，里根不属于这里，那些俄国人和乌干达人，还有那些行踪怪异、指望来这里买所房子就能发横财的人们，都不属于这里。

不过，也许那些现在正在饮酒狂欢的人们曾经也不属于这里。先是卡里纳古部落大败伊格尼部落，把这座岛屿归为己有。后来，法国与西班牙一起赶走了卡里纳古人，然后又相互厮杀。接着，法国又与英国结盟，一起挥起屠刀，岛上的土著居民几乎无人生还。至今这个遗址尚存，人们把此地称为“血腥之地”。

也许，这座岛屿从来就不属于任何人。它只是静静地见证着人类的丑恶行径。岛上流淌着的那些鲜血——就像人们为了你争我夺而流下的鲜血那样——只能是白白地流干了。在岛上发生另一次战乱之前，这里的人们依旧用一叠叠被赋予价值的花花绿绿的小纸片交换另一叠代表土地的文书，以此消磨时日。然后再用这一纸文书来换取另一纸文书，以证明自己属于这里。在这一点上，只怕全世界的人都概莫能外。这张薄薄的纸片，已经不再是寻常意义上的纸了，像战争一样，它既可以让人一呼百诺，又可以让人做牛做马，恐怕是人类文明的登峰造极之作吧。

当天下午，我最后开了一个会议，和那个在人类社会争斗中对小纸片全心追寻的一分子——我的律师。

“我可以跟坏蛋做交易，但是不能跟混蛋做买卖，”我进来的时候麦克斯韦尔正在和什么人通电话，“有些人你非得给他点颜色瞧瞧才行。”

他挂了电话以后，我赶紧假惺惺地问他节日过得怎么样。可是，我犯了个错误。

“我都快要忙死了，就这个假期也不能像你们那样歇一会儿。”他说话的口气仿佛自己是世界上唯一一个需要工作的人。

“全都是因为这个，”他指着自己腰间的那部手机说，“这东西总是响个不停。”

我从随身带来的一个信封里取出他给我的那些表格。表格里，我已经填好了姓名，家庭住址以及父母的家庭住址。但是，另外的几个问题——关于我的职业、年收入以及申请入籍的原因——还都空着，因为我不清楚有关当局要了解这些干什么。如果是为了给岛上吸引外资，他们很可能会给我拒签，因为我只是个作家，而且我的收入比起那些申请该国国籍的富商巨贾与俄罗斯的土匪来说，简直不值一提。我得向麦克斯韦尔请教一下。

“你看，我是填撰稿人还是作家比较好？”

“都行。”

“我应该怎么样填写我的收入来源呢？”

“他们就是想要个保证，证明你有一定收入。”

“好的。最后还有一个问题，我就没事了。这里问‘申请入籍原因’，我该怎么填写呢？”

他痛苦地咕哝了一声，好像他是关塔那摩受虐的囚犯，费了很大力气才挤出一句：“备选国籍和将来养老疗养。”

我一边在表格上填写这些内容时，突然听见他对里面的女秘书大声吆喝，大概是打印单据时出了什么差错。只见她穿着一双鞋跟高得离奇的大红色鱼嘴鞋过来把单据拿走。不一会儿，我就看到了有生以来接到

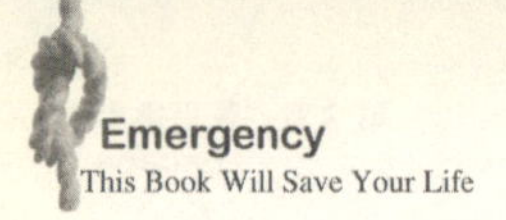

的最大一笔账单：

我的手边可没有这么多钱。

“你要把这些钱电汇入我的账户，”麦克斯韦尔通知我，“还有公寓的一切费用也要一同汇到。”

“我还以为只要预付 10% 的定金呢。”说这话的时候，我的脑门和后背上冷汗直流。

Maxwell Webb & Partners

Barristers-at-Law - Solicitors
Business and Property Law - Public Notary

CLIENT: NEIL STRAUSS

Date: 26th December

ITEM	DISBURSEMENTS		FEES		TOTAL	
Assurance Fund	$978	00			$978	00
Registration Fees	$2	68			$2	68
Legal Fees on Transfer			$13,725	00	$13,725	00
Fees for pre-approval	$2,500	00			$2,500	00
Citizenship Fees	$35,000	00			35,000	00
Passport Fees	$32	00			$32	00
Certificate of Registration Fee	$47	00			$47	00
Legal Fees on Citizenship			15,000	00	$15,000	00
TOTAL AMOUNT OF BILL					$67,284	68
AMOUNT CREDITED-RETAINER					$2,500	00
TOTAL NOW DUE					$64,784	68

费用单

“政府部门希望你把这些款项都汇入一个账户，这样他们才会知道你不会中途反悔。”

在此之前，我还从来都没有考虑过自己有没有条件负担得起双重国籍呢。要是我能把现在住的那所房子做二次抵押，也许能付清这个数。然后我可以在外出时出租岛上的公寓，用这笔租金来偿还每个月的分期付款。这样一来，我不仅可以名正言顺地成为圣基茨与尼维斯的国民，而且差不多还算是一个外国资本家和小地主呢。

只见他极不耐烦地翻了翻我的文件，然后递给我一张纸。希望这张纸说不定哪天就会成为我的护照吧。“在空格里写上你的名字，注意不要写到空格外面去。”他这样告诉我，然后又把原话重复了一遍。我觉得自己好像是个白痴。

“提交你申请的同时，”他接着说，“我还需要一份艾滋病病毒检测阴性证明、一份无犯罪记录证明、9张护照专用照片和一份出生证明复印件。”

我把与圣克里斯托弗俱乐部签的合约递过来，问他这样行不行。

“所有圣克里斯托弗俱乐部的文件都是我经手的。”他不悦地回答。那口气仿佛是在说，我是在太岁头上动土。

“这么说这份合约是你写的，对吗？”

他脸上的肌肉不满地抽搐了一下，这恐怕是我这辈子问过的最不识时务的问题了。

“只要你没有犯罪记录，艾滋病病毒检测为阴性，而且在美国没有不良纳税记录，就没有问题。”

很明显，他想让我离开。可是我却不识抬举，还打算同他套近乎，“希望你能注意休息啊。”

“外面还有顾客等着呢，”他回答，“现在我可以请你出去了吗？”

我心情沉重地走了出去。

在安德烈·塔科夫斯基的《潜行者》中有这样一幕场景，在作出关系命运的重大决定之前，有一个人对另一个人说：“我有一个原则——绝不去做那些无法逆转的事情。”

这就是每当我要作出什么重大决定时都会迟疑不决的原因吧。当我在巴斯特尔的大街小巷里对小贩们的漫天要价叹为观止时，我不断地告诫自己，强者之所以不同于弱者，就在于他们总是当机立断，不让自己的生活陷入困境，在于他们不会因为那些微乎其微的犯错的可能性，就战战兢兢，畏缩不前。

圣人吉姆啊，你一定是行为鲁莽者的守护神。

第 28 节 算算你现在锒铛入狱的可能性

当天晚上，我越想越害怕。短短的几天里，我就挥霍掉五十多万美元，这已经超过我的所有积蓄。

我做这些又为了什么？一张不再普通的纸片，一本小得不能再小的护照，这些对于整个宇宙来说也许毫无意义。说句老实话，世界不怎么可能会在我有生之年就完蛋。就算一旦真的发生了，圣基茨的岛民与美国人一样，还不都是死路一条。

即使发生一场规模稍小些的世界性灾难，对于这个加勒比海上的弹丸之地来说，情况恐怕只会更糟。饥荒、旱灾、飓风、停电、海啸，哪一样都会让我一命呜呼的。一旦出现这样的情况，在这个全美洲最小的地方，我将无处可藏、无处可逃。过去，我太专注于护照的事情了，我只是想躲开美国政治可能带来的沉重打击，但是我却忘了在千禧危机与“9·11”事件中得来的生存教训。

于是，蓦然间我觉得自己这么长时间的孤军奋战变成了一场无谓的闹剧。如果美国本土真的出了什么事情，难道仅凭一本圣基茨的护照我就可以在危急关头跳出火坑吗？要是这本护照被边检人员没收了怎么办？要是维克多、麦克斯韦尔与温代尔三个人只是合谋诈骗怎么办？这里谁又能保护得了我？

我不由得心烦意乱，真是一波未平一波又起。我开始担心是不是自己的嘴太快了。现在已经有那么多人知道了我的姓名与职业，要是他们用谷歌一查我写过的那些破玩意儿，谁还会再卖给我房子，谁还会再发给我护照？到时候万一有个什么事，我就只能在美国坐困愁城了。

整整一个晚上，我都思来想去，辗转反侧，一边为我可能会拿不到护照而忧心忡忡，一边又为我可能会拿到护照而愁肠百结。

经过几个小时断断续续的纠结环绕，近黎明时分我终于入睡了。随后，可怜的我被手机的吵闹惊醒。瑞士友邦银行终于回我电话了。

最近，美元不仅对欧元的汇率大跌，连对加勒比地区的货币也在持续贬值，因此，我仅有的一点存储也在不断缩水。我还从来没有想过，有一天东欧人会前来美国大扫便宜货。

“我想咨询一下怎样才能开一个私人银行账户。”我告诉电话里的女士。

“好的，”她说，完全不带一丝一毫的瑞士口音，“我需要先问你几个问题。”

“没问题。”

“请问您是美国公民吗？”

“对，我是。”

“几年前我们就停止受理美国公民的业务了。”

“但是我的朋友斯宾塞·布斯就是个美国人呀，他在你们那儿不是开有户头吗？”

“那应该是几年前的业务。但是，现在我们已经停止受理美国公民的业务。对不起，再见。”

我还没来得及开口，她已经挂断了电话。我觉得自己像是被人扫地出门，碰了一鼻子的灰。我简直不敢相信，银行不收我的钱，仅仅因为我是个美国人。

后来我发现，在我做的调查中有相当多的银行对办理美国公民的业务有特殊的政策。以至于，一些售卖旧旅行证件的网上公司因美国海关会强拆和充公货物包装而不再办理寄往美国的单子。美国政府似乎被全世界都给划清了干系。

搜索的同时，我还发现了它一些奇闻逸事：“记者无国界”组织的报告中说，美国的媒体自由度在世界上名列第 53，与博茨瓦纳和克罗地亚并列。另外，据世界卫生组织统计，美国医疗保健体系在全球排名第 54，但是每年大约 18 000 人因为得不到必要的医疗求助而死去；还有，司法部的资料显示，每 32 个美国人当中就有一个处于监禁、缓刑或者假释之中。

我就像动物园里的笼中之兽一样，我们没有真正的自由，有的只是对自己的幻想。假如我们不能走出兽笼，我们将永远也不知道什么才是真正的自由。

虽然瑞士友邦银行拒绝了我，但是他们让我知道，我的所作所为是对的。

动身回家之前，我与温代尔一起在一家名字叫做“渔夫码头”的餐厅共进晚餐，并对他的帮助表示感激。

饭后，他拍了拍我的肩膀笑着说：“下次我们再见面的时候，你就像我一样也是我们圣基茨与尼维斯的公民了。等你结了婚，你的妻子也将是这里的公民。等你再有了孩子，你的孩子也将是这里的公民。”

说完，他上了自己的那辆SUV，发动引擎，然后摇下车窗一边笑着又说了一句：“有一天等你回到美国以后，没有人能再认得出你。到时候你已经是个地地道道的圣基茨人啦。”

第二天一早，在圣基茨的机场候机时，我想这哪里像是回国，分明像是回到笼子里。“你们的国家要进去一趟可真难，”登机时空中小姐一边检查我的证件，一边抱怨说，“他们让我们可真为难。”

说着她抬起头来看了我一眼，好像那全是我的错一样，然后带着满腔悲愤又说了一遍：“他们让我们可真为难。”

不是只有她一个人才有这种想法。一个月前，“发现美国联合组织”进行了一项调查，结果发现在国际游客的眼里，美国是最不友好的国家。

“所以，”在温代尔的感染下，我满怀豪情地对她说，“我才要搬到这里来呀。”

第 29 节
美国政府不喜欢笑容的原因

我直接飞回了洛杉矶，一心想要尽快把申请入籍的证明材料搞到手。

为了拿到有关无犯罪记录的证明，我寄了一封信给 FBI，同时附上了自己的指纹取样与 18 美元鉴定费用。该部门宣称，调查结束后不会将我的指纹记录在案。希望这是真的。尽管目前我还没有任何犯罪计划。不过，也许哪天心血来潮的时候，我会带上自己的第二本护照逃亡国外，到时我可不想因为区区几道指纹就让我的计划泡汤。

也许我和“主权协会研讨会”上的那些疯子并没什么两样，只不过自己不屑于承认罢了。

接下来就是为新护照照相的事了，我来到韩国城里的一家小照相馆。

“别笑，”老板好心地为我指点迷津，“最近不知道怎么回事，政府部门对面带笑容的照片有点儿看法。”

于是，我一本正经地板着面孔。再加上身上的黑色衬衫，我看起来简直就像一个企图潜逃境外的不法之徒。

还有一个任务就是要做艾滋病病毒检验。我很奇怪，为什么圣基茨的政府部门就只担心艾滋病这一种疾病呢？虽然平时我的安全措施做得很到位，问题是对于人的身体来说，只要是未经检验的都存在隐患。更何况，每一种检验都有失败的可能。因此，一旦我被查出 HIV 为阳性，那么我的一切努力都将变得毫无意义。不管怎么说，健康问题总是要比国籍问题重要得多。

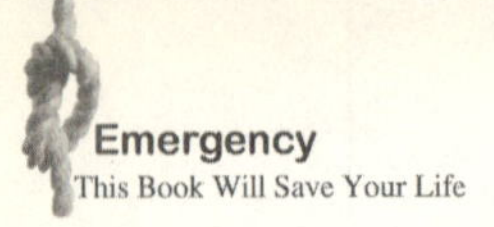

不过，幸运的是，我的白细胞指数和我的犯罪记录一样干干净净。

最后一件要做的事情也是最可怕的事情：付款。我打电话给曾经帮我买下洛杉矶住所的贷款经纪人。很快，她就派了一个评估师过来，估算了总价,然后就把贷款给了我,一句话也不多说。受到次贷危机的影响，她不得不解雇了部分职员，卖掉了梦寐以求的住房，然后眼睁睁地看着自己的年薪从 7 位数跌到了 5 位数。

拿到贷款后，我并没有激动万分；相反，我对这个巨额数字感到十分惊恐。如果说我这么做是为了得到自由的话，那么想用巨额贷款来换取自由无异于是缘木求鱼。

最后，我小心翼翼地把这些东西放进信封里，寄给麦克斯韦尔，心中暗自希望他最好不要携款潜逃，然后到什么地方打高尔夫球去。我的前程都掌握在他的手里。

我一边心急如焚地等他提交我的申请，一边继续搜索有关瑞士银行的信息。在瑞士友邦银行那里碰了一鼻子灰以后，我又陆续联系了其他五六家瑞士境内的银行，并且无一例外地遭到了回绝。于是我下定决心非要查个水落石出不可，我就不信有钱愣是没人要。

我一家挨着一家打电话给瑞士的银行，终于有一家表示他们可以受理美国公民的业务。这个机构的名称叫阿拉伯银行。不过不巧的是，他们要求初始存款额不得低于 50 万美元。

我陷入了绝境。最后，我找出了在“主权协会研讨会”上作的有关记录，然后，打电话给日德兰银行的瑞士分行。

“我们非常乐意为您开设账户，但是如果您是美国公民的话，我们银行将为此承担极大的风险，因为贵国政府有可能关闭我们在美国境内的所有银行。”一个名叫金姆的男职员告诉我，“但我们的客户来自世界上的 180 个国家和地区,因此我们至少还能受理其他 179 个国家的业务。”

“为什么大家都不受理美国人的业务呢？”

金姆向我解释说,几年前,美国要求瑞士的银行与美国政府签订“合格中介协议”，也就是说，所有瑞士银行都必须向美国政府汇报美国客户的有关信息，扣留这部分账户一定比例的利息，然后向美国国税局报送有关信息。另外，最近美国还要求，所有受理美国公民业务的瑞士银行均须到“美国证券交易委员会”登记注册。

因此，日德兰银行没有去登记，金姆说，因为“这样会侵犯客户的隐私。”

我简直不敢相信自己的耳朵。对于美国公民来说，银行隐私不受侵犯就像其他自由的权利那样，居然已经成为了历史。

“这年头当个美国人可真是让人摸不着头脑。”我对他说。

“可不是嘛。”我觉得他说这话不仅是出于礼貌，更多的是出于对我的怜悯。

斯宾塞告诉我，当出现下列情况时，我就应该当机立断离开美国：政府部门封锁边境，查封媒体，或者是禁止公民向境外转移财产。我记得纳粹当局也曾经判定拥有国外账户为非法行为。瑞士之所以起草银行安全保护法以保护客户的隐私，原因之一就是有3个德国人因被人发现拥有境外账户而被处决。

“你们接待圣基茨的客户吗？”临了我向金姆问道。

“当然。”

“太好了。”

不知不觉一个星期已经过去了，可是麦克斯韦尔那里还是杳无音讯。眼见得满天乌云密布，我想知道除了这些，我还能做点什么呢？

手枪。飞机。潜艇。

斯宾塞的一字一句不停地在我的耳畔回响。虽然我并不打算为了买一艘潜水艇而做第三次房贷，但是说不定我真的忘记了什么重要的事情。因为这对我来说不只是为了多一个国籍而已，而是为了让自己重获新生。

手枪。飞机。潜艇。

还不至于吧。我的岛国就像一个天堂。除此之外，我别无他求。我一直这么认为，但是后来一次小小的事故却改变了我的看法。

第 30 节
不要相信陌生人

圣克斯托弗俱乐部，圣基茨，2007 年。

写这封信的时候，我的电脑已经快没电了。自我第一次来到这座岛上已经几个月了。尽管现在在这里我有地方可住，但是我仍然没有取得公民资格。

今晚，又一次大停电。这里没有备用发电机，应急灯也只能连续工作 15 分钟左右。

冰箱里的食品又都变了质。我不仅没有点蜡烛的火柴，也不知道该去哪里买这些东西。

今天是假日，所以附近的商店都关门了。我没有汽车，因为汽车出租公司已经没有车子了。昨天我打过电话给所有的汽车公司，都没有用。

我听见走廊上有脚步声和说话声。如果有人想进来这里的话，恐怕破门而入不是什么难事，因为门上的锁就像浴室的门把手一样又小又不结实。

我甚至不知道这儿有没有街坊邻居。自打我搬到这儿起，除了有几个工人经常在附近晃悠以外，整个小区里我从来就没见过一个别的活人。

我住的这套公寓位于小岛较为平坦的地区。前面 1 ～ 2 平方英里的地方叫“福雷盖特湾”，是游客们度假游乐的胜地。旁边山地上可以鸟瞰这一地区的地方叫巴斯特尔，那里的土著们都挤在联建房和小木屋里。那里有黑帮，有犯罪，也有谋杀。

像美国一样，这里也会出现意外。海地、中国还有科迪瓦不是都如出一辙？只要一次小小的意外——也许是因为饥荒，也许是因为失业，也许是有人蓄意挑拨，也许只是心怀怨恨——他们就会抄起砍甘蔗时用的弯刀朝这边杀将过来。不出几分钟，一切都将烟消云散。

警察不会管我们。因为他们也生在长在那座山上，他们只会忠于山上的人，而不会忠于那些整天对他们呼来喝去的外国富人。

美国政府也不会管我们，不仅因为鞭长莫及，更是因为我们只是叛徒。

如果我还想待在这里，只有一条路可走，那就是自力更生。

斯宾塞说得对。我只是千方百计地要出国，可是却忽略了更重要的事情。我可以凭着一张护照逃离美国，但是却不能靠它生存下去。它既不能吃，又不能喝，更不能用来自卫，只能用来逃跑。

要想自力更生，我必须有急救用品，而且多多益善。因为如果这里经常出现停电的情况，很难想象接下来会有什么样的灾难会接踵而至。

我需要手枪，为了保护自己，为了不让人抢走我的急救用品，我的冲浪板和我的PS游戏机。重中之重就是，我需要生存的本领，我要学会在没有电、没有水、没有煤气的时候靠自己的力量生存下去。我要学会自力更生。

卡特里娜飓风让我知道的，不是美国保护不了自己，而是，任何一个国家都无能为力。

世界上没有绝对安全的地方，也没有哪一家政府可以保证自己的公民幸福安康。

想要得到真正的安全，只有一个办法，那就是从自己的内心去寻找。

第4章

劫后余生

SURVIVE

我要去远方寻找我的故乡，
在那里必定住着我的师长。
他已经参透了永生的秘密，
我也要像他那样万寿无疆。

——吉尔伽美什，《第四块泥板》，公元前 2100 年
Gilgamesh，*Tablet IX*，2100B.C.

第 31 节 马匹、吉他与毛巾的安全贴士

“我喜欢你思考问题的方式。”当我向斯宾塞讲述自己关于圣基茨大停电的顿悟时，他说。

“不过，你的计划还是不够周密。”

“你的意思是？”

“你手里有枪吗？”

“没有。”

“你会开飞机吗？”

“不会。”

“如果社会制度一旦失灵，你应当考虑的不仅仅是怎样才能在圣基茨保住性命的问题，你还应当认真想想怎样才能到那里的问题。”显然，他的这番话已经让我改变了主意，因为我几乎可以听得出他自得的腔调。“到时候，大型航班是不会有的，手机呀，加油站呀，只怕都指望不上。”

“你说得没错。到时候我会赶早的。”

“可是，万一事先毫无征兆怎么办？”

所谓社会制度，就是人人都以为理所当然的事情。在这个系统中，无论粮食还是水电煤气，都取之不尽、用之不绝。还有那些我们以为永远不会停止的电话、互联网、垃圾清理、长途运输、社会秩序、24 小时便利商店、宋飞正传（Seinfeld，热门美剧）。周而复始，循环不绝。但是，一旦这个系统停止运作，一旦我们赖以生存的东西都不复存在，那么我们又将如何？

“我觉得，人类文明并非循序渐进地不断进化，相反，我们的历史是反复循环的。”斯宾塞说。

现在的我已经被他握于股掌之上。他一担惊，我就会害怕。

“就像古罗马与埃及，还有之前许许多多的高级文明那样，我们正处在由盛转衰的时期，反倒是那些对现代化不屑一顾的原始部落变得越来越强大起来。”

大概在蝇王之国里，人类文明不是一直进化的，而只是不断地发展。然后某种反作用因子会按下重新启动的按键，它们就只能一次又一次地从头再来。

“总有一天，”他说，“会有一种未来的文明发掘出我们的电脑与硬盘来。但是，他们不会知道那里面装的是我们全部的社会历史，而是以为那只不过是一些稀奇古怪的石块，用来做工具还差不多。”

和斯宾塞的谈话结束以后，我踱到书架旁边，把那天在父母家里吃晚饭时订购的两本布鲁斯·克莱顿写的书拿了出来——《末日余生》与《劫后余生》。

我一边翻看这两本书，一边想自己从前可真傻，以为不依靠美国就是给自己弄个国籍和银行账号就行了。我要学会什么都不依靠才行。直到现在，我都觉得所谓自由就是《美国宪法》与《人权法案》所赋予美国人的天生的特权。但文件本身不会给我们带来自由，只会带来制度，而制度又让我们形成依赖。真正的自由，我认为，是在这种制度被毁于一旦时，你不仅应当知道自己该何去何从，更应当明白该何以自处。

可是，从圣基茨回来以后，我要考虑的不再只是自己一个人的问题了，因为我已经有了约会的女友，凯蒂。凯蒂是一个聪明伶俐又活泼可爱的俄罗斯裔美人儿，发色金黑相间，喜欢穿露脐装，蓝色紧身牛仔裤和提胸内衣。有一天晚上，我看见她演唱莱昂纳德·科恩的《蓝雨衣》时，她的姐姐格蕾丝在一旁用吉他伴奏。从那天起，我就开始被她迷得神魂颠倒。

作为一个生存主义者，按道理我的约会对象应当是个像魔鬼女大兵(GI Jane，同名电影里的角色)那样的野丫头才对。她应该在农场里长大，不仅会教我怎样挤牛奶，还会教我怎样养小鸡。可是，我找的这个人却没有任何野外生存的经验，而且拥有比我更多无厘头的恐惧。

凯蒂不仅害怕开车和开飞机，而且简直没有她不害怕的东西。她害怕吉他的弦断了会崩到她的脸上，害怕毛巾里会有不计其数的微生物小虫儿，害怕马把她的鼻子当成胡萝卜啃掉。对了，她还害怕池塘，她会说："池塘就像是小鸟的马桶，不过总是冲不干净。"

不像我，凯蒂上高中时非常受人欢迎，因此，她自然不会想要什么自力更生。如果她因为害怕而不敢去做什么，马上会有一大群男生挺身而出为她效劳。所以，对于我桌子上越叠越多的生存主义书籍，她百思不得其解。

"我的男朋友好像有点古怪，"我们刚开始约会时她在自己的日记上写道，"肯定要出什么乱子，否则他不会堆那么一大摞那样的书。如果真是那样，但愿到时候我的直发器不要出什么问题。"

历史上曾经有过这样的时期，那时候几乎人人都是野外生存的高手。即便当时没有今天的各种设施和便利条件，人们却都知道怎样耕作，怎样狩猎，怎样搏击，以及怎样才能支持自己与家人活下去。

因此，现代的生存主义运动其实肇始于人们对原始生活方式的怀念。这项运动的鼻祖是哈里·布朗，也就是在"主权社会"的研讨会上格雷格向我推荐的那本自由主义著作的作者。从20世纪60年代末起，布朗就开始对通货膨胀、美元贬值以及美苏核战争忧心忡忡，因此，他举办了一系列研讨会，探讨如果美国的经济一蹶不振，人们应当怎么办。后来加入的建筑师唐·史蒂芬斯给这项运动的拥趸取绰号为"隐士"。"隐士"们担心，一旦出现食品、饮水或者能源短缺的状况，暴力会在城市泛滥。因此，他们号召大家到乡间野外建设自给自足的房屋与村落。

20世纪70年代时，一个名叫科特·萨克森的极右翼分子开始崭露头角。他出生于大萧条的年代，但是却没有布朗那样的才能。他先后参加过一系列组织，比如新纳粹党、约翰·伯奇协会、民兵组织，等等。1970年，他提议要炮轰自由派人士，并因此出现在参议院调查委员会上。后来，他认为"隐士"这个词有点凄凄惨惨，于是在一篇通讯《生存者》中改用"生存主义者"一词。从此以后，这个词语不胫而走。

大约在同一时期，这一运动的其他发起人也纷纷从一些右翼社团崛起。其中有金融顾问霍华德·拉夫，他曾经在1973年石油危机之后写过一本《饥荒与在美国生存》的书；还有梅尔·塔潘，他最有名的著作是《救命神枪》。1977年，由于纽约发生大面积停电，抢劫与纵火此起彼伏，因此，他开始创作著名的长篇通讯，《我的生存日记》。

“如果社会崩溃，你也许不得不在原始的自然条件下求得生存。这个时间也许是一年，也许是十年，也许是一辈子。”塔潘在一篇文章中写道。

“那么当你面对那些在危机前事先毫无准备并打算趁火打劫的绝望又危险的暴徒时，如何才能生存下去会因此变成一个更加复杂的问题。为了避免到时候不得不委曲求全或者手足无措，就需要事先准备好一些专门的高效防身武器。”

正是这些人开创了生存主义的先河，也正是这些人让生存主义变成一个令人不寒而栗的名词。

现在我的所作所为，就是一个野心勃勃的生存主义者的所作所为。因此，我决定打电话求教，请他们为我指点迷津。

第 32 节
世界上最友好纳粹分子的人生箴言

当我心急如焚地等着圣基茨入籍申请的审批结果时，我很难静下心来去认真领会生存主义的宗旨。于是，我决定先联系一下那个据说是第一个使用这个名称的科特·萨克森。几年前，当我为《纽约时报》做有关千年危机的报道时曾经联系过他，但是那些问询都有如石沉大海，杳无音讯。现在，他已经年逾花甲，不知道这次他愿不愿意理会一个与他志同道合的生存主义者。

好不容易才找到他的号码，于是我立即拨通了电话。让人意外的是电话铃只响了一声他就接了起来。一开始，我相当紧张，我告诉他说自己非常想学一些野外生存与自力更生的技巧。作为这项运动的领军人物，他已经称雄三十余载，因此，对于这些问题，我想他一定会不胜其烦，何况他还是许多仇恨团体的成员。所以，我准备好了听他咄咄逼人，暴跳如雷，大放厥词。

可是，他的反应却让我始料未及。

“你觉得有危险吗？”他的语气甚至比少儿节目主持人罗杰斯还友善三分。

“有。”我乖乖回答。

“不应该啊。”他的回答让人觉得温暖熨帖，好像他正在对一个小孩儿说不要害怕雷声一样。

“为什么呢？”

“因为偏执妄想毫无用处啊。”

“你这样说让我很惊讶。看来你对美国的前途很乐观？”

“情况糟糕透顶，”他说的应该也不错，“我是个搞历史的，所以我了解现在的形势。我敢说不出5年，世界上五分之四的人口都会死于饥荒。”

“如果是这样的话，那你为什么又说我不应该觉得危险呢？”

“因为我觉得没有什么危险可言。”

“为什么会这样呢？”

“因为我住在阿肯色州啊。”

看来，再这样问下去，什么结果也不会有，因为他就像《爱丽丝漫游奇境记》中的那只名叫切舍的猫一样让人捉摸不透。

“我想肯定要比住在洛杉矶和纽约这样的大城市里安全多了。”我接了一句，但愿我能跟上他的步调。

“嗯，你是应该挪个地方了。我想你一定会喜欢我们这儿的。这一年多里我还没有看见过一个黑人的影儿呢。”真让人大跌眼镜，像他这种身份的人竟然会说这样的话。他大概从我的沉默中嗅到了什么，赶紧给自己打圆场，“我住在阿肯色州的北部，这里只有在南部才能见到黑人。他们还都不错。”

我真不知道该怎样接他这句话。本来我是不同意他的看法的，但是这几年来与音乐圈里的人打交道的经验告诉我，不能让对方感觉到你在指责他们，否则他们就不会再跟你坦露心声。所以，我既不能对他横加指责，也不能固执己见，而是给予他接受、认同与谅解，这是每个人都想要的东西。

“我会考虑搬家的事的，”我说，然后又补充一句，“那儿的东西肯定很好吃吧。”

但愿他能换个话题。

“你要不来阿肯色州，你就不知道这里的人有多傻。只要有人看书的时候不动嘴，他们就会把你当成思想家。我说的可都是大实话。你有没有读过安·兰德的《阿特拉斯耸耸肩》？我最喜欢那本书了。里面的霍华德·霍克倒是有点儿像我呢。”

这本书已经翻过3次了，但是至今也没有读完。但是，凡是那些与我接触过的“世界公民”或者生存主义者们，人人言必称兰德，看来我还真得再看这本书。（看完以后我才知道，霍克不是《阿特拉斯耸耸肩》

中的人物，而是兰德之前写过的一本书《源泉》中的主角。）

“我既不是左派，也不是右派，”萨克森接着说，“40 年前，我开始不断加入这些激进团体。没有哪个组织比纳粹更激进了。其实他们都很有意思。我们被遣散以后，又成立了一个叫‘铁十字勋章摩托俱乐部’的组织。我们有最勇猛的冲锋队员。我们就是恐怖分子，人人都害怕我们。”

有些人曾经猜测，FBI 有一套监听系统。只要你的谈话中出现某些特定的词语，这段谈话就会被记录在案。如果这种胡言乱语是真的话，萨克森只怕早就玩儿完了。

“有时候，警察会主动打电话告诉我们说，某个地方会有嬉皮士们准备捣乱，搞一个反战聚会游行，我们会马上杀过去，”萨克森滔滔不绝，“而他们呢，就在那里坐山观虎斗。他们最恨那些嬉皮士了。另外，我们的队伍中也经常会有人想投靠左派，因为那里有更妙的烈酒、大麻还有年轻女人。”

在接下来的一个小时里，萨克森老爷爷简直不厌其烦。另外，他还答应要送我一套过期的《户外生存大师》、一本 18 世纪的食品药品制作概略《巧手主妇》、一套四卷本的手册《穷人的詹姆士 · 邦德》（关于如何自制炸弹与化学武器、布设陷阱、进行街头格斗，等等）。“我的最大愿望就是拯救苍生，”他说，“收集这些有用的知识，不让它们失传。”

这次谈话进行得十分痛苦。不管出于什么原因，加入纳粹党都是一件令人唾弃的事情。但是萨克森对自己的作为不仅毫无愧色，反而四处夸夸其谈。就像那个查尔斯 · 林白一样。林白在 19 世纪 30 年代曾经见过赫尔曼 · 戈林。要是你问他戈林是个什么人，他准会说这个纳粹元帅是个很棒的人。

“我们已经是好朋友了，不是吗？”最后，萨克森问我。

“嗯，我想是吧。”我不知道该怎么回答才好。一般情况下，人们只有在一起打几次球，喝几回小酒才能算是好朋友的。不过，萨克斯应该例外。

“哦，好啊，”他一锤定音，“我们是好朋友啦！”

他说的一点儿也没错。因为从此以后，他每周至少会给我打一次电话。

第 33 节
城市求生工具大全

有个户外生存的大师级元老做朋友固然不错，但是现在离我学会怎样在危急关头自救，还差着十万八千里呢。他寄来一堆书籍也只不过是一些信息汇总，对于专业人士来说其参考价值不可低估，但是对于我这样的菜鸟来说基本上形同废纸。

生存主义者们大都至少有一技之长。有的人可能种过地，养过牲口；有的人可能与父母一道参加过野营，懂得一些捕猎与钓鱼的常识；有的人可能从小就学过木工、机修或者电工什么的。

但是我从小就在城市里长大。我们住在一幢 72 层大楼的第 42 层。没有院子，没有宠物，没有新鲜空气，我们高高在上，就连窗户也最多只敢留一条缝儿。什么东西坏了，只能叫大厦维修工。非得在家里吃饭的时候，一般都是爸爸在下班的路上带几份外卖回来。

因此，我唯一的求生本领，大概就是在我撰写《把妹达人》一书时做的关于如何说服别人的研究，即神经语言学。也许我可以用这一点儿唯一的实际学问说服别人救我于危难之中。另外，在萨克森寄来的一摞厚厚的书中，虽然不乏绝妙的方案与精美的图表，不过就是没有提到任何有关技巧与工具的内容。

一天早上，我问凯蒂从小到大有没有学过什么户外生存的本领。

“我不会做饭，”这只是个开头，“不会缝衣服，也不会开车。不过，说不定我能够说服什么人别杀掉我。我就只会干这一样，宝贝儿。”

这就是我们的共同点：说到生存技巧，除了一张嘴，我们什么都不会。看来我们俩还真是天生一对。

于是，我信手扯下一张纸，在上面写下“求生必杀技”几个大字。既然萨克森的那一套东西过于专业，让人无从下手，我开始搜索有关布鲁斯·克莱顿——又名师范·克莱顿的信息。据他的官方网站上介绍，自从在“松涛馆”拿到了空手道六段黑带以后，他就开始声名鹊起。

让人惊讶的是，像萨克森一样，师范·克莱顿接通我的电话之后，也是先说没有什么需要惧怕的。不过，这也许是他多年与媒体打交道的条件反射吧。“我并不怎么害怕恐怖主义之类的事情，”但是，他从前在《劫后余生》中可是大肆渲染恐怖主义之害啊，“他们只不过是一群无法无天又异想天开的街头混混。在洛杉矶的大街小巷称王称霸的是那些比他们声势要浩大得多、手段要硬得多的组织。”

当克莱顿明白我打电话过来不是试图挑衅而是真心求教时，他开始变得口若悬河。

“有很多方面都可能会产生问题，”他说，“其一，‘基地’组织可能对美国采取哪些出人意料的手段？其二，伊朗可能拥有核弹。不过，仅仅在究竟是先把它投到特拉维夫还是巴黎这个问题上，他们可能会吵得不可开交；其三，中国与朝鲜制造核弹的技术越来越高明，现在已经能打到我们的西海岸了，过不了多久，他们就会危及美国全境。所以，另一场冷战也许已经离我们不远了。另外，现在汽油价格飞涨，加上乙醇也已经影响到了玉米的价格，我想美国很快就会迎来一个经济困难时期。”

我发现，人们对于美国的忧虑随着时间的推移有所不同，就像是时尚一样，每个季节都要花样翻新。1999 年末，人们担心的是计算机系统的崩溃。接下来，是我们的政府当局。再接下来，是全球气候变暖。现在，则变成了经济危机。即使恐怖主义的威胁仍然阴魂不散，可是时间长了，人们也难免要喜新厌旧呀。其实，人们内心的种种忧惧，最终都源自同一种心理，即担心那些我们曾经当做理所当然的事情有一天会无处可寻。

“事实上，”克莱顿接着说道，“说到动乱与恐怖主义事件，它们能够危害的范围还是相当有限的。也就是说，你大可以远远地离开这些危险地带。所以，你最需要做的，就是准备几双质量好的球鞋和一套城市求生工具。”

“什么是城市求生工具？”

“有三样东西：一个手机、一张提款卡和一把手枪。”

“这三样东西我只有两样。至于手枪嘛，我这辈子都没朝谁开过枪呢。”

不过，我家倒是曾经放过一阵子别人的枪。有一次，我和摇滚歌星戴夫·纳瓦罗一起写书，书中讲他曾经吸食海洛因和可卡因上瘾。后来，我悄悄地从他家拿走了他的一把手枪和一支猎枪，因为我担心他会开枪自杀。但是，回家以后，一想到自己的衣柜里放着这样危险的武器，我怎么也睡不踏实。我根本就没有玩儿过枪，这要是万一哪个小贼闯了进来，岂不是自找麻烦？不过，我也没有把那两把枪还给纳瓦罗，因为我要对他负责到底，最后还是把它们送给了一个应该是叫贾斯汀·甘的朋友。

“要想用好你的枪，第一点要记住的就是不要让它对着自己，”克莱顿告诉我，“使用武器是一门武术，所以必须要认真对待。打枪可不是换轮胎。我是在亚里桑那州的射击场学的这个。你只要在那儿待上一个星期，保准你的枪法变得炉火纯青。”他想了想，又说，“其实，那些买了枪之后就马上放进口袋里的人才会让人提心吊胆。而那些学过射击的人就大不一样了，他们不会让人提心吊胆，只是能让人一命归天。”

于是，在那张写有“求生必杀技”的备忘录上，我写下了第一件要学会的本领：射击。

写完以后，我仿佛听见不远处传来斯宾塞幸灾乐祸的声音。我已经跨越了自己的底线。

第 34 节
不要做拉拉队员

“我得停两次车，”我对计程车司机说，“先到木兰镇上的‘枪支大世界’，然后再去伯班克机场。”

这句话刚一出口，我就觉得哪里不太对头。我得找机会向他解释一下，这样做可是有正当理由的呀——我绝对不是打算到机场向人群疯狂扫射的。之所以买枪是因为我要到亚利桑那州的射击场区进行射击训练的。要不然还是算了吧，否则只会越描越黑。

我原以为上飞机是不能携带枪支的，所以就提前几天打电话到西南航空公司咨询。谁知道他们竟然回答说可以，只要事先申报一下，然后取出子弹，把枪再放进加锁的行李箱里检查一下就行了。

这个计程车司机是个亚美尼亚人，身上穿着一件汗迹斑斑的白色球衣，一副愁眉苦脸的样子，还有点儿谢顶。他把我载到了“枪支大世界”，一路上一言不发，却不时地从后视镜中偷偷地打量着我。下车的时候，我想，说不定他会担心我回来的时候杀人灭口或者挟持他做人质而中途溜走，所以自己的手提箱还是随身携带为妙。

10 天前，我曾经和凯蒂一起来这里买了一把斯普林菲尔德 X D 9 毫米手枪。那是我第一次来这种地方。枪是贾斯汀推荐的，据说这种型号最适合像我这样的初学者使用。

站在柜台旁边的是一个黑发男子，戴着墨镜，留着山羊胡，腰间还别有一把手枪。他朝我递过一张申请表，说要交司法部批核。表格上都是一些常见的安全问题，比如有没有精神病史，有没有带有禁制令，等等。

但是，有一个问题却问得很奇怪："您有没有放弃过美国国籍？"

难道这也能算作不能持枪的原因吗？真是令人费解。是不是凡是放弃了美国国籍的人就像背负着禁制令的人一样，都有暴力倾向？幸亏没有人问起我最近有没有申请加入其他国家的国籍。更让人大惑不解的是，虽然表格上的社会安全号码可填可不填，但是种族一栏却要求必须填写，这是不是有那么一点种族主义倾向啊？

在我的旁边，两个穿着同样篮球运动衫的波兰人在挑选半自动沙漠之鹰的手枪。他们今年21岁，刚满加利福尼亚州的法定持枪年龄。只见他们其中的一个用枪指着镜子，先是得意洋洋地看着自己的英武身姿，然后大喝一声"举起手来"，并煞有介事地摆着朝镜子里的人开枪射击的姿势。

凯蒂被这一幕惊呆了，于是她质问卖枪的小伙子："你们怎么能把枪卖给别人呢？我觉得人们不应该拿枪。"

"可这是美国宪法规定的啊。"

"宪法应该规定他们违法才对，只有坏人才需要拿刀动枪呢。"

我看不出那个伙计这会儿究竟是觉得好笑，还是哭笑不得。

我把要交给司法部的那张表格填好以后，他说根据加利福尼亚州立法律的规定，10天以后我才能把枪拿走。然后，他又推过来另一张纸，还要我填表，好像是什么测试之类的东西。

"这是什么？"我问。

"你还得再做个枪支安全检测。"

我都好几年没考试过了。"我要不要先看看参考资料或者别的什么东西？

话一出口，我就觉得只怕自己和凯蒂一定是这个市场里看起来最傻兮兮的人了。

"这个就算是瞎子也能蒙对的。"他说。

他说的没错。

10天以后，当我准备前往靶场进行射击训练时，才发现自己的衣柜里根本就找不到合适的衣物。靶场上荒天野地的，白天肯定骄阳似火，到了晚上又会变得寒风刺骨，看来我只有两手空空地去了。平时不管买什么衣服，我大都先要考虑这件衣服时髦不时髦，能不能吸引女人。所以我总是穿着皱巴巴、亮闪闪、经过磨旧处理的紧身牛仔裤，戴着护腕和包链之类的东西——其实我身上很少装钱包。这些装饰一点儿实际用处也没有，他们让我看起来不像一个射击场上的户外生存达人，而更像一个咖啡馆里的浪客。

那天早上我准备出发的时候，凯蒂说她不想让我走，“我想象不出来你拿着枪会是什么样子，宝贝儿。”知我者，凯蒂也。“万一你被别人一枪打中了怎么办？或者你一不小心把自己的脸崩开了花怎么办？”

实际上，这也是我自己反复思考的问题。“我不会有事的。”我回答说，也不知道我是在安慰自己，还是在安慰她。“你怎么总是这么胆小呢？”这个问题我早就想问她了。

“我想可能是我小时候电影看得太多了，而且我的记性又很好，所以我老是忘不掉以前看过的那些镜头。世界这么大，而我又只是个小女子，你说呢？”

尽管凯蒂没有说，但是我心里却很清楚，电影不是她缺乏安全感的唯一原因。小时候，她的继父经常让她顶着盒子跪在地上。如果盒子掉了，她就要挨打。有一次凯蒂生日，因为拆礼物的时候不小心把包装弄坏了，他不仅让她滚回屋去，而且还没收了里面的东西。另外，他还经常吓唬凯蒂，说她长大后肯定会变成丑八怪。难怪现在每次出门前，她都要在浴室里鼓捣个把小时才肯出来。

“现在我长大了。我知道要时时刻刻注意安全，不能去做危险的事情，”凯蒂又说，“比如说一个人在黑糊糊的小巷里，或者做拉拉队员。”

“这又跟拉拉队员有什么关系？”

“你想啊，拉拉队员经常要摆金字塔队形的。如果我站在最上面，我会掉下来摔折了骨头，”这真是不可思议，“如果我站在下面，我会倒下来跌断了脊梁。要是站在中间就更不行了，他们会全部砸到我身上来的。”

然后，略微思索片刻，她接着说，“在金字塔队形里，不管哪个位置都不安全，宝贝儿。”

“难道你就不觉得恐怖主义和经济危机更可怕吗？”

“我才不愿意想那些事情呢。”

看来，恐惧在我们俩身上产生的作用完全不同。因为恐惧，我不得不跳出了来从前温暖舒服的小窝，而凯蒂却变得事事退缩。尽管在一般人看来她的那些担心是多余的，但是后来我却得知，在女子高中和大学生中，因为参加体育运动而导致严重受伤的情况，实际上大约有 66% 都与拉拉队有关，而且受伤的人大多都是从金字塔队形上掉下来的。

虽然如此，我还是得想个办法让凯蒂学会面对自己的弱点，否则她只会变得更加依赖别人，更加畏缩不前。不过，在帮助凯蒂战胜恐惧之前，我想我得先做点什么让自己从恐惧中解脱出来。

于是，我先去把枪取了出来，然后回到计程车上，和那个战战兢兢的亚美尼亚司机一道直奔机场而去。

15 分钟后，机场到了。当我走到柜台前时，心都提到了嗓子眼儿了。我准备随时会有保安人员出来把我扑倒在地上。我还记得卖给我枪的那个人是怎么教我的，于是我一字不落地背了一遍："我需要登记一把枪。枪就在我的粗呢包里，上面加了锁，没有装子弹。"

"给我看看。"检票员是个胖嘟嘟的金发白皮肤女人，脸上长着星星点点的雀斑。她一边说，一边满是狐疑地上下打量着我，也许是因为我太过紧张的缘故吧。

我侧了侧身，想挡住队伍后的乘客的视线，然后小心翼翼地从包里把盒子取了出来放在盘子上，打开了锁，把这个家伙拿了出来：

没有人惊慌失措，没有人大声尖叫，也没有人把我扑倒在地。当时要是我想向人群扫射的话，只怕也不是什么难事。不过，我可不会去做那样的傻瓜，我学枪的目的不就是为了保护自己，不让那样的傻瓜伤害我吗?

雀斑女士让我把弹夹取下来，把枪放进盒子里，然后在上面贴了这样一个标签：

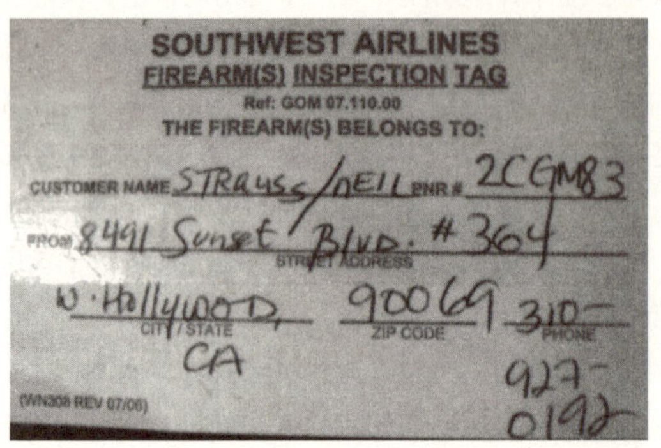

SOUTHWEST AIRLINES
FIREARM(S) INSPECTION TAG
Ref: GOM 07.110.00
THE FIREARM(S) BELONGS TO:

CUSTOMER NAME STRAUSS/NEIL PNR # 2CGM83
FROM 8491 Sunset Blvd. #364
STREET ADDRESS
W. Hollywood, CA 90069 310-927-0192
CITY / STATE ZIP CODE PHONE
(WN308 REV 07/06)

“为了安全起见，”递给我登机牌后，她又补充了一句，“你可能需要站在那扇门旁边等10分钟，运输标准化局的人可能会问你几个问题。”

我等了足足15分钟，也没有一个人过来盘问。于是我出了安检通道，走到登机口，上了前往亚利桑那州的飞机，满怀雄心地去学习杀戮的本领。

虽说一把放在飞机货舱里又加了锁的手枪不会有太大危险，但是让我没有想到的是，原来在飞机上携带枪支竟然这样不费吹灰之力。这一次我踏上的不是作茧自缚之路，而是全新的自由之旅。

第 35 节
有关括约肌的学问

“在我们这里不能出任何乱子，”射击场的执行经理艾德·海德的声音震天价响，“这里可是射击场！”

坐在他对面的是四十多名学员，手里挥舞着四十多把枪。学员里有士兵，有警察，有狱卒，还有我。

“这里的经历将改变你的一生，”他接着说，“星期五训练结束时，你们都将焕然一新。你们的水平将超过美国 95% 以上的执法人员。”

他顿了顿，话音掷地有声：“你们将会变得更加自信，因为你们自己就能照顾好自己。”

“自己照顾好自己”，多中听的话啊。要知道我刚刚签了 6 页的弃权书，承诺要是因为意外而脑部中弹决不会起诉他们。

在接下来的两个小时里，靶场的两位教练，查理·麦克尼斯与肯·坎贝尔，分别向我们传授实战中应当如何调整精神状态。“事故不是不可避免的，你需要随机应变，”麦克尼斯说得有板有眼，“出事故的原因是缺乏训练。如果压力太大，会让你事倍功半。”

麦克尼斯看起来大概五十多岁的样子，胡子已经变得灰白，说话时带着亲切的南方口音，再咧嘴一笑，看起来活像肯德基创始人桑德斯上校。

“总之，热血沸腾害不死人，”他说，“但是一惊一乍则会让你一命呜呼。”

这正是我想学的知识，它们比通胀率、黄金价格还有“主权协会”

上的大部分发言有用多了、生动多了——也许是因为麦克尼斯的训导是讲给斗士听的，而不是说给逃兵听的。不过该如何成为一个斗士，我仍然不得而知。

课程结束以后，我们带着一千发子弹，开车上了一条土路，浩浩荡荡地来到一个室外射击场。这里有一所小木房，房子的前面竖有一个牌子，牌子上写着：就当我是在打唐戈斯。

我的身边站着一个矮墩墩的警官，紧紧地绷着嘴，似乎他的双唇之间永远都是一条直线。我问他唐戈斯是个啥玩意儿。“恐怖分子。”他的语气像是在说，这不是人人都知道的嘛（也许真的是人人都知道）。除了这 4 个字以外，整整一个星期他没有再同我讲过一句话。接下来，我请教官帮我戴上弹带，于是我成了班里的笑柄。显然，我是这里最不开窍的学生。

就算我从前读过几本书，可是对于如何开摩托车之类的实用本领和生活常识我却一窍不通。如果真的到了生死关头，只怕任何一个普通人都会比我强得多。我想，也许我小时候害怕征兵令是因我知道自己上了战场就等于是去白白送死。如果在我巡逻的时候，有人大喊“趴下”，我一定是趴下最慢的那个，和脑袋最先被射开花的那个。

除了我之外，这个班上还有另外一个倒霉蛋儿。她叫史蒂芬妮，是一个现役海军军官，下个月将被派往伊拉克执行任务。让她倒霉的是她手里的那把伯莱塔 9 毫米手枪。这把枪不仅是班上最烂的枪，而且还时不时地卡壳或者偏向。

我问她为什么要用伯莱塔，她向我解释说这个牌子的枪是政府发的，大部分美军士兵用的都是这个。而且，她还抱怨说，我们的当局又刚刚买进了 25 000 支伯莱塔 M9。从此以后，每当我看到她的手枪在训练场上卡了壳，我都不由自主地想象着美军士兵在伊拉克的战场上发生同样事情时的情景。

如果不算史蒂芬妮，我是这个班上唯一还在使用 9 毫米手枪的学员。其他人用的枪口径都更大，威力也更猛，大多数都是 .45 的柯尔特 M1911 自动手枪，也就是那个在 1976 年建立了这个射击场的威严领袖、射击明星杰夫·库柏上校所最钟爱的那款。

“为什么他们都要用 .45 呢？”我问。

“因为 .46 没有造出来。”麦克尼斯回答。

在这个靶场上，我们学到的不仅仅是拔枪、速射、故障排除、快速拆装与夜间射击，我们学到的还有杀戮的艺术。

这里没有人用“弹孔”之类的白话，专业的术语叫“泄漏点”。麦克尼斯告诉我们：“子弹越大，‘泄漏点’里流出的液体就越多，进去的空气也就越多。”

坎贝尔教导我们：“枪战中如果一方倒地，胜负并没有见分晓。他倒下来是因为伤口使他的血压下降，但是当他倒下来以后，他的血压会迅速回升，也就是说那个威胁仍然存在。”

另外，还有一个叫麦克的教官对我说：“如果你射向对方的头部，因为头盖骨异常坚硬，你的子弹就可能发生偏转，那么对方也很可能不会倒下。因此，我们一定要射眼睛。”

当麦克教官训话的时候，我向四周望去，发现在我身旁的这些人里，有曾杀戮过的人，还有打算当杀人犯的人，就算是他们真的杀了人，也只会无动于衷。在他们的世界里，似乎只有两种人：好人和坏人。枪只应该由好人来掌管，而不是让坏人佩带，所以，他们都是好人。

要判断他们的好坏，其实也并不难。其中一个叫埃文的学员曾经在“绿色贝雷帽”陆军特种部队当过差。他的衬衫上印着“我是好人”。

就个人而言，我并不相信什么好人坏人的说法，因为那只是为了哄小孩子而瞎掰的故事。世界上没有坏的人，只有干坏事的人。而且，对于大多数人来说，干坏事的他们其实并不是有心为恶。他们觉得自己是好人，因为身处困境而一时失常，要么是从小就受到虐待，要么是被毒品毁掉了脑袋。很多坏人会认为自己在一些人眼里是英雄好汉。不幸的是，也许他们是对的——就像每个好人在另一些人眼里就是坏蛋一样。

在蝇王的世界里，从来都没有非黑即白，而只有又黑又白的灰色。

周中的时候，我们被带到了一个模拟靶场。在这个靶场里有许多房间，布满各种各样的假人。有的是持枪的罪犯，有的是无辜的平民。教官首先向我们实地讲解了如何开门，如何观察角落，如何通过房间，以及如何对待罪犯。然后，我们一个一个地进房间去揪出里面的坏蛋。

虽说这只是一场模拟演练，但我的肾上腺还是立即活跃了起来。我推开前门，然后立即拿着枪退回到安全的位置上。这时，我看见走廊里出现了一个身穿皮夹克的男子。他的左手里好像还拿着一个亮闪闪的家伙，大概是什么凶器呢？我立即举枪给他来了一个见面礼——这是靶场

的行话，意思是先朝心脏打两枪，再朝头部打一枪。然后，我进了走廊，这才发现这个男人手里的东西原来不是手枪，而只不过是一个啤酒瓶而已。

于是，在接下来的演习中，我不住地浑身打颤。因为我一直在想，如果这是在实际生活中，刚才我已经开始滥杀无辜了。也许就是因为这个，我的本事才发挥不出来。

“知道为什么你觉得手不听使唤吗？”事后，麦克尼斯问我。

“目标确认的问题？”

“不对。”说着，他弯起食指放到拇指中间的那个关节上，比画了一个小圆圈。我瞪大眼睛看了看，不知道这是什么意思。

“你的括约肌。”他告诉我。

“我的什么？”

“你的括约肌。每次你一开枪，它就会变成这样，”他的拇指与食指比画的那个小圆圈变小了，“又紧又小。如果括约肌变得紧张，你知道会怎样吗？”

“控制不了枪了吗？”

“控制不了你的思想。如果你的括约肌变成这样，脑部就会供血不足，而且供肌肉循环的血液也会随之减少。你打枪的时候问题都出在这个上头，”好像为了加强语气一样，他笑着用力拍了拍我的肩膀，差点儿就让我失去平衡，“你太紧张了，如果你能够把肌肉放松一会儿，你的表现会比上次好得多。试着放松一下吧，小伙子，不要再让括约肌给你添乱了。”

我看着后面的学员也进了房间里。我想既然他是个警察，至少要比我强一些吧。但是他和我一样，也是一枪就杀死了那个无辜的男子。

“看来你要吃官司了。”麦克尼斯说。

“才不会呢，只要我不往报告里写就行了。”警察半开玩笑地说。

作为一名记者，我大多数时间都是同那些被认为是坏人的家伙打交道。今天是我第一次站在了法律的另一边——和那些以维护正义为己任的人在一起。但是，从我的所见所闻来看，这两类人其实并没有什么差别：只要有必要，他们都会竭尽所能地逃避罪名。这似乎又一次印证了我的看法：蝇王之国就在我们当中。

那天晚上，我们又多加了一次训练。这次训练后我们将可以拿着一张允许秘密持枪的许可证，在美国的13个州里畅通无阻。我们的教官，一个愁眉苦脸、缺了一根手指的家伙对我们说，按照法院的说法，无论是政府还是警察，都没有义务保护公民的安全。“作为个人，”他告诉我们，“我们必须自己保护自己。”

在经历过圣基茨的那次大停电之后，我深切地体会到他所说的“自己保护自己”这句至理名言的真正含义。西汉·克莱顿算是让我找对了地方。

不过，教官说着说着，话就有点过了头，很多人不都是这样吗？他教我们，在射杀了非法入室的歹徒之后，首先要拨通911，告诉接线员你的地址，然后立即挂断电话。如果没有律师在场，不要对警察说一个字。接着，他又说：“如果是我杀了人，我绝对不会拿着枪坐在沙发床上，笑着对自己说，‘干得好！’反之，我会装做浑身发抖，并使劲挤出几滴眼泪来。另外，像我这种年纪的人还可以说胸口疼。要笑也只能在心里笑。”

有不少学员争着问他，哪里可以携带秘密武器，他也一一从容应对。我觉得，这里的人们其实大都是一些色厉内荏的家伙。他们之所以要带枪不是为别的，而是因为他们害怕——害怕街头的歹徒，害怕便利店的劫匪，害怕破门而入的强盗。在他们看来，说不定什么时候就会有人从暗中跳出来袭击他们，可能是男人，也可能是女人，甚至可能是某种发了狂的野兽。总之，到处都有坏人。

他们喜欢.45手枪的原因之一，就是担心如果歹徒服用了迷幻药而精神失常的话，一把9毫米的小型手枪是难以控制局面的。他们不喜欢飞机上禁止随身携带枪支的规定，是因为害怕可能会遇到劫机犯。他们不喜欢国家公园内对枪支的禁令，是因为害怕突然会跑出来一只狗熊。总之，他们憎恨一切限制使用枪支的规章制度。因为如果没有枪，他们会觉得自己时时都会身临险境。

可是，当我问起这里最果敢的那个神枪手在日常生活中有没有开过枪时，他的回答不是“没有”就是“差一点儿”，这大概就是他们自相矛盾的地方吧。说到底，他们对于枪支的狂热就像我一样：都是为了生存。不管那些有可能发生的情况是多么不可能发生，他们也要随时做好准备。

第 36 节
室内射击注意事项

在随后的几天训练中，我时刻不忘麦克尼斯的教诲。我放慢了速度，调整了心态，放松了括约肌。射击时，我尽量不去回想细节规范和动作要领之类的问题，而是满怀自信、气定神闲、从容不迫地，每一步都纹丝不乱。

很快，我就学会了要扣下扳机而不是抠动扳机，学会了目视前方，学会了用枪瞄准敌人的心口和眼睛，而且用不着再滥杀无辜就能完成这次模拟射击训练。我还学会了无论是在白天还是在夜晚，都能迅速掏枪，瞄准 7 码开外的目标，向心脏连击两枪，整个过程不超过 1.5 秒钟。

我们学会的不仅是射击，我们学会的还是如何生存。

“我们是美国人，我们手里都有枪，这就是我们的好生活！”坎贝尔从上面走下来，一边看着我们在靶场上各显神威，一边大声地向我们训话。

“世上哪里还有比这更好的事情！”

在进行最后一次模拟训练时，我注意到第一个持枪歹徒的身上多穿了一件防弹背心，于是我迅速射击他的头部。进到厨房里以后，我发现窗户外面还埋伏着另一个劫匪，于是我立即射向他的心脏。在最后一间屋子里，我碰到了一个抱着孩子的持枪歹徒，在他表明拒绝放下孩子之后，我毫不犹豫地射向他的脑袋，而且连击两次。

“非常出色，”麦克尼斯说，“现在，你已经是一名训练有素的射手了。”

我长长地舒了一口气，我终于胜利地完成了自己的使命。我想，现在我已经可以自己保护自己了——无论是在圣基茨，还是在洛杉矶。至少打败几个没有受过专业训练的毛贼应该是不在话下的吧。

不过，在这个过程当中，我的身上也出现了一些奇特的变化。有种嗜血的欲望是我从来都不曾有过的。但是，现在，我真想有个借口可以让我惩恶扬善、大显身手，好好地发挥一下我在射击场上学到的这些本领。

枪支天生就是用来杀人的。如果你能够正确理解这一点，那么你一定就能够正确认识杀戮。因此，如果你学会了射击，但是却没有真枪实弹地打过什么人，这就好比是让一个会打高尔夫球的人待在练习场上一样。（当然，你要是聊到在射击场上打高尔夫球的话，这里的人们很可能会回答“杀鸡焉用牛刀”。）

现在，我算是明白了军队里是如何教育新兵学会杀人的。这其实并不难。首先你要告诉他们谁是坏蛋，然后再对他们说，如果你们不杀他们，他们就会杀死你们，所以你们一定要学会杀人。这样一来，他们的本领越强，如果不用的话就越是一种浪费。别忘了，只有那些不会打架的人才会尽量避免与人大打出手。

“注意安全，”在结业典礼上，麦克尼斯还不忘对我们谆谆叮咛，“要待人友善——但是，也要随时保持警惕、准备出手。”

接着，他给我们颁发了结业证书：

Gunsite Academy, Inc.
Certificate of Achievement
Having completed the course of instruction in Defensive Pistol
Neil D. Strauss
has achieved the status of Marksman
in the use of the Springfield XD 9mm
President
Rangemaster

“说实话，”仪式结束后，史蒂芬妮，也就是那个拿着美国政府发的伯莱塔枪的学员对我说，“来这儿之前，我只开过两次枪。这次训练说不定以后还能救我一命呢。”

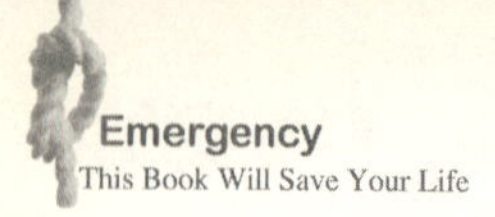

之后，我们一起去了库柏上校的家里看望他的遗孀，还参观了他的纪念品。我在麦克尼斯的身旁坐了下来，他又向我推荐了其他几门课程。

“不要用手枪和别人打，”他朝我这边靠了靠，小声说，“手枪是一种低损伤性的武器。除非你真的找不到更大的家伙，否则一定不要使用手枪。”

“那我该用什么样的武器呢？”在我的眼里，低损伤性应当指的是被乒乓球砸中脑袋，而不是被一颗速度为每秒 835 英尺的 .45 口径中空子弹从身体中穿过。

麦克尼斯建议我准备一把枪管长 18.5 英寸的 12 号霰弹枪。另外，他还教给我说，如果是户外射击，最好使用子弹；如果是室内射击，就要使用小号铅弹，以免穿透墙壁伤及无辜。看来，我还得再给自己的城市救生工具箱里添上一支更加威猛的火器。

在我们身边，一群学员和教官正在挖苦民主党、枪支管理规定和加利福尼亚人。

“再没有像《美国宪法第二修正案》这样蹩脚又过分的修正案了。”有一个射手争辩道。他认为每个公民都应该有持枪的权利。

我悄悄地听了一会儿，忽然觉得我这一辈子其实过得挺虚伪的。作为一名记者，我必须立场坚定，积极倡导言论自由，坚决反对滥用枪支。不过，要是说起我对宪法修正案的牵强附会来，这一切不过是我们个人私念使然罢了。只怕现在我们距离开国先贤们的理想，距离我心目中的那个美国，已经渐行渐远了。

虽然我已经顺利地通过了射击场的书面与实地测验，并且具备了携带秘密武器的资格，但是我发现要想行使这一权利，就必须将自己的指纹送往亚利桑那州政府备案。而且，这可不像上一次为了申请圣基茨的公民资格时取指纹那样简单，这可是要永久记入我的个人档案的。现在的我进退两难，到底什么更重要呢，是安全，还是隐私？

经过几个星期的思想斗争，我最终选择了隐私。我想，万一要是社会秩序真的失控了，到时候应该不会再有人想起来要检查私藏枪支许可证吧。

这当儿，斯宾塞遇到了和我同样的难题。不过他解决问题的办法大概是姓“亿”的人们的专利。“我正在设法找一个小地方，我可以先给那里的警察局买一辆巡逻车，然后再让他们给我弄一个下班警察的牌牌。”当我打电话向他炫耀自己刚刚学会的枪技时，他这样说。“这样，我就可以随时随地带着自己的秘密武器了，”顿了一下，他又告诉我，“希望我能在下次金融危机到来之前就把这个准备好。”

这不是我参加过的最后一次射击训练。后来，我又先后买了一把带有散热板的雷明登870翼王霰弹枪，和一把带有德宝超级狙击手瞄准镜的700型步枪，并且学会了它们的使用方法。

多亏了柯特·萨克森，多亏了梅尔·塔潘，多亏了布鲁斯·克莱顿，我才变成了一个枪械达人，变成了一个像千年危机前让我又惊又怕的那些末日教徒一样的家伙。

第 37 节
动物园中的美味大餐

生存主义者们有自己的专用切口。

WTSHTF 是“危急关头”的英文缩略，这个单词乍一看还怪吓人的，但是怎么也比不上 EOTWAWKI——“世界末日”更吓人。

Bug-out 指的是离开家乡到别处避难。而要想到别处避难，你就需要背上一个 BOB（Bug-out bag）——装有各种救生工具的背包，跳进一部 BOV（Bug-out vehicle）——带你远离人烟并迅速出逃的车辆，开往一处 BOL（Bug-out location）——储备充足，不管出现什么情况，都能让你安然越险的避难所。

总之，如果到了 WTSHTF，你就必须带着 BOB 开着 BOV 逃往 BOL，然后躲在那里向上帝祈祷，EOTWAWKI 最好不要来临。

这些行话是我在浏览生存主义的电子布告栏时学会的。

从射击场回来以后，我发现只要我一提起申请外国护照、瑞士银行还有重型武器的事情，我的朋友们似乎都会不胜其烦。要么就是因为他们觉得我已经走火入魔了，要么就是他们希望讨论与自己生活和兴趣息息相关的事儿——比方说“摇滚乐团”与“吉他英雄”哪一个游戏更好，等等。

难道非要等到油价飞涨、银行倒闭，他们才会去捂紧自己的口袋？很多人不都是这样吗？如果事不关己，什么政治经济和生态问题，都大可以漠不关心、不闻不问。

不过，幸好我们还有互联网。在网上，不论你的嗜好有多稀奇古怪，都可以找到一大群志同道合的人。就连德国的那个食人魔阿明·迈维斯不是还有两百多个粉丝吗？那些人都是心甘情愿地让他把自己肢解、烹制并吞食的。所以，我也一定能找到属于自己的团体，找到一些愿意为我出谋划策的生存达人。

很快，我就在生存主义者论坛上发现了这样一个网址survivalistboards.com。到后来，每天浏览这上面的信息成了我的必修课。这个生存主义者的电子公告栏是一块风水宝地，从如何在动物园里捕食（如果野味不好弄的话），到怎样用镀锌铅管、榫子、铁钉、胶带和硬纸板自制手枪。各种各样的人都在上面为应对世界末日而献计献策。

几天之后，我发现有必要对上面的信息进行区分，有的建议行之有效、让人受益，而有的不过是如幻想黑鹰直升机正在追击我一般的，一派胡言乱语。因此，在我拿到圣基茨的护照之前——不知道还要等多久，也不知道等不等得到——我一定要尽可能地让自己接受更多更有益的训练。另外，我可不想一直住在这个加勒比海的岛国上，我还是会找时间回洛杉矶，所以对那些可能会发生的事情，我一定要做到防患于未然。

我不仅加入了一些秘密团体，还订阅了一个叫“世界公民庇护所”的电子邮件。对于那些手持的有形用具，比如枪械、刀具、弓箭、渔具和瓶起，等等，生存达人们可能个个身手不凡。但是对于这些无形的东西，比如护照、信托、有限责任公司还有编号账户，等等，他们却往往视而不见。也许这是因为他们怀疑WTSHTF时这些东西还会不会存在。不过，根据以往我与他们打交道的经验，我认为他们更倾向于坚守美国的阵地，而WTSHTF则成为了一个可以让他们组织民兵、按照自己的理想来重建社会的绝好机会。

我打电话给斯宾塞，让他也到这个生存主义者的论坛上看看。不像我的家人，他的父母与弟弟都很赞成他的行动——此刻，他们正一起在圣基茨申请护照呢。

“我就知道你最终会醒悟的。”他对我说。

“谢谢，你说得对。”

“这正是你应当考虑的问题，”他一边拖动鼠标浏览上面的帖子，一边对我说，“依我看来，我们得为两种情况做好准备。”

既然是我先发现的这个论坛，我当然知道他想说什么，“留守和出逃？”

“你这么说也行。首先，你得在自己的家中储备足够的补给品，即使没有外人帮助也可以安然度日；其次，你得有一套可行的出逃方案，让自己随时都能够到达安全的区域。”

“比如圣基茨。”

“要是我们能快点拿到护照就好了。”他叹了一口气说。由于对地产开发合同上的繁文缛节心怀不满，所以直到现在他还没有提交自己的国籍申请文件。“问题是到时候肯定车水马龙，我们能不能从市里出得来都不一定。”

“行了。你就在圣基茨好好玩吧，我会想办法找到 WTSHTF 出逃的办法的。”

听听我这口气，俨然一个地地道道的生存大师。

第 38 节 逃亡路上的摩托车

挂掉斯宾塞的电话以后，我第一次在这个生存主义者的 BBS 上发了帖，向各路高人请教如何在 WTSHTF 从城市出逃。

很多专业人士建议我马上从市区搬走。不过，就像我不愿意把自己的指纹提交给政府部门那样，我不想为了安全就牺牲自由与生活的乐趣。双重国籍拓宽了我的选择范围，而搬到阿肯色州与柯特·萨克森做邻居只会让我回旋的余地更小。

还有人的回复情节跌宕起伏，简直就可以拍成一部好莱坞大片。一个叫杜威的人回帖给我："考虑到你的处境，最好的办法就是，让自己武装到牙齿，以防范劫匪与歹徒；准备好一个完备的救生背包 BOB，并在你的住处准备好可供 1 个月之用的存粮，以抵御流民的外逃与相互火并。要是我，就会先坐山观虎斗，等到他们自相残杀以后（预计时间不超过 2 ~ 3 周），我再开跑。到时候，一个完善便利的 BOB 和一款精心挑选的枪械会让你如虎添翼。所以，你最好能够随身携带一把高容量弹夹的半自动步枪。"

其他有几条建议还稍微像话一点儿，要是我自己是怎么也想不到要那样做的。"我的建议不太一样，"雷瑟·库尔写道，"如果不能提前外逃，你说不定应该主动参与当地政府灾难控制管理机构的工作。在我们迈阿密，有一支警局组建的社区救灾反应队，在这里你不仅能够接受正规的训练，穿上亮眼的马甲，还会成为执法行动的一部分，过把当'好人'的瘾。不过，到时候你的工作就不再是穿越路障，而是设置路障了。"

最后，论坛上还有一些人坚持说，我应该要买一辆带有工具包的摩托车，并且仔细研究附近的地图，这样就用不着在公路上与混杂的人群拥挤，而可以在偏僻的山道上飞奔而去。

可问题是我根本就不会开摩托车。有一次，我去采访汤姆·克鲁斯。采访开始前，我试着骑他的凯旋955cc上了赛道，结果很快就出事了。由于转弯时刹车过猛，我撞毁了这辆价值不菲的摩托车。尽管他似乎毫不介意，但是我觉得实在是丢人现眼。

幸好有这些网上的生存高手，他们的建议让我受益匪浅。他们告诉了我哪里有最好的培训班：摩托车安全基金会。他们还告诉了我什么牌子的摩托车最适合：有在“沙漠风暴”中美国特种部队骑过的外形粗犷的罗肯开路先锋，有多功能双程运动铃木DR-Z400SM，还有前苏军大败纳粹时用过的带有车斗的乌拉尔。最后，他们还告诉了我要注意防范哪些安全隐患，比如有人会在路上横扯一条钢丝想割断我的喉咙，有人会突然从角落里跳出来朝着我挥舞木棒，有人会从背后向我开枪好抢走我的摩托车。

他们的想象力可真让人叹为观止，这让我忽然想起了每次看过电影后就会愁肠满腹的凯蒂，也许她还真是块成为生存达人的材料呢。

既然这些危险一时还不至于发生，我就先报名参加了摩托车安全基金会的训练课程，而且还去实地考察了一番罗肯开路先锋。这款摩托车配有两轮驱动系统，轮胎像拖拉机的一样宽，铝制的空心车轮里既可以加油，又可以盛水。无论是泥泞的池塘、两英尺深的溪流、崎岖不平的山道，还是冰雪覆盖的原野都如履平地。这款车好像就是为生存主义者们量身打造的一样。有了它，不管公路上的车流如何堵塞，我都可以左右穿插，压过中间线，穿越人群，飞上路堤，甚至，在必要的时候凌空飞越废弃的车辆。

我的末日逃亡计划的第二步，在我第一次与斯宾塞见面时他就向我建议过：驾驶飞机。

没想到在往境外追求安定的道路上我已经走出了这么远。不过斯宾塞说的没错，假如我准备逃往圣基茨的话，就必须有逃到那里的办法。虽然有不少网友给我参谋，教我使用工具自己建造一架超轻型飞机，但是我的动手能力实在有限，因此，凡是告诉我要用工具、模具制作或者搭建什么的建议，我都难以接受，除非是让我搭个直角积木或者制作简易的瑞典家具还差不多。

“当你第一次独自驾驶飞机的时候，你就会觉得那是一生中最难忘的日子，”报名参加飞行员培训课程时，我的教练，司法航空的塔拉斯对我说，“当你一个人驾驶飞机外出的时候，那将是你一生当中第二难忘的日子。”

我耐着性子听完他的长篇大论，才发现想学开飞机真是又耗费时间，又耗费财力。从乐观的方面来看，如果我能在机场待上一段时间，就很有可能结识不少飞行员或者指挥塔台的工作人员，这些人说不定哪一天就能帮上我的大忙呢。从悲观的方面来看，即使是一路顺风，一架加满了油的单引擎飞机也只能从这里飞到圣菲。

不管怎么说，我还是想先上几节课，至少让自己多一些选择的余地。虽然一架单引擎飞机开不到圣基茨，但是开过边境应该不成问题。

开始学习驾驶飞机之前，塔拉斯需要我提交一份驾照复印件和美国国籍证明，比方说护照或出生证明。现在，我又是学开飞机，又是买枪，再加上我在互联网上那些可疑的搜索记录（至少是在我采纳“老爷子”的网络隐私建议之前），我敢肯定有关部门已经开始留意我的行动。最近，我刚刚看到有消息说詹姆士·摩尔，一本有关卡尔·罗夫的揭丑著作《布什的大脑》的执笔人之一，被列入了禁飞名单。但愿我不是下一个。

我发现，那些我们用来自卫的工具，其实正是那些他人用于置我们于死地的工具。也许好人和坏人的唯一区别仅仅就在于行为动机。正是由于对国家的怀疑，我现在的所作所为看起来似乎已经与国家的敌人会做的不相上下了。

HOW TO DEFEAT ATTACK DOGS 如何击退狂犬

PORT AUTHORITY
42nd STREET
Locker #135

1. 要始终保持站立的姿势。

WOOF! WOOF!

GGGRRRR!!!

2. 一定不要转身就跑。但是如果有栅栏或者树木的话，可以爬上去然后伺机逃走。

4. 如果无法躲开狗的攻击，要用上衣或者其他什么东西裹住你的非主力臂再让狗咬，这样可以减轻受伤的程度。
5. 在撕咬你的手臂时，狗会变得异常脆弱。
这时，你就可以用主力臂掏出刀子向狗捅去。如果没有刀，也可以用手掌根部猛击它的鼻口部，或者挖出它的眼睛。
或者一边将非主力臂伸进他的口内，一边用主力臂猛拉它的颈部，并用力扭断它的脖子。
与狗搏击须切记：
狗会奋力抢夺它们看上的一些东西。因此，你需要做的，就是给予诱饵，遂趁其不备，摧毁之。
未完待续……

第 39 节
洗手间与上战场

我在摩托车驾校的经历就像在射击场上的经历一样令人汗颜。我不仅从来都没有开过摩托车，而且还是这个培训班上少数几个没有摸过变速杆的菜鸟。

或许是因为我从来都没有历经困境吧，所以我才会事事落在人后。开车换挡、举枪射击、开垦农田、使用工具，这些应该是人人都会做的事。但是，对于这些最基本的技能，不仅是我，还有我的一些朋友们都不曾愿意去学。因为在我们的面前，所有的东西都是准备好了的。有了公共运输系统、快餐食品、电话黄页、网络分类广告，我们还需要什么生存本领?

要扣扳机的时候，我下死劲地抠；现在，要踩油门的时候，我也拼命地踩。所以，我穿越障碍时就变成了猛撞障碍。还有一次，在停车训练时，我突然刹车导致轮胎锁死，结果整个翻了一个底儿朝天。

很快我就明白，让我手忙脚乱的原因只有一个：括约肌。我担心的事情太多——一边要记着在合适的时机踩刹车、加油门、注意平衡、放松离合，一边还要留意教练的疾言厉色。结果是，我想得越多，开得越糟。

快要接近那些圆锥形障碍物时，我深吸了一口气，下定决心要抛开顾虑，只相信自己的直觉。这一次我做得很好，不仅顺利通过了赛道，而且没有撞翻一个障碍物。但是，在最后进行驾驶考试时，我的老毛病又犯了，括约肌大概缩成了针眼大小，最后我连及格线都没有达到。看来要想在紧要关头能够幸存，我需要将生存主义者论坛上的那条格言——“忍受，调整，征服”牢记在心，只有这样，在面对挑战时我才能从容不迫、胜券在握。

也许，在《恐惧的恩赐》一书中，安全顾问加文德贝克的措辞更加文雅：我们只要抛弃逻辑思维，让自己的大脑信马由缰，它就会本能地产生警觉并保护我们。

为了知道如何才能做到这一点，我买了一本射击教练向我推荐的书，大卫·格罗斯曼的《论战斗》。这本书讲的是在战场上人体对压力的不同反应。他说，在危急关头，人体要产生的第一个反应就是放弃对括约肌与膀胱的控制，这样才可以调动一切可用的力量投入战斗。因此，对于有些士兵来说，在上战场前上一次厕所非常重要。

我想，关于括约肌的事，也许麦克尼斯说的没错。因为现在是和平岁月，而不是战争年代。

在准备再次参加摩托车考试之前，我打算先买一辆罗肯，这样我就可以自己训练了：

为了凑钱买车，我忍痛卖掉了一些珍贵的书籍和唱片，外加一台老式电脑。既然我已经走上了生存主义之路，那么对精神生活的追求就要让位于对物质生活的需要了。

一天下午，当我正在为了重新参加摩托驾驶考试而勤学苦练时，凯蒂和她的姐姐把车停到了我的门外。凯蒂从来不敢开车，所以总是搭姐姐的便车。不过，她的姐姐似乎并不喜欢这项任务，所以凯蒂经常旷课旷工。就是因为这个，最近她不仅被迫离校，就连在百货商店的工作也没有保住。

她一眼就看见了我的罗肯。于是，她先皱了皱眉头，然后就开始犯愁。

“我可不喜欢这个，”她一边说着，一边把手伸到额头上摩挲，“太危险了。一辆车子总得有4个以上的轮子才能保证安全呀。”

如果是以前，我也许会同意她的看法。

我把摩托车开到了街上，绕过邻居家门前的一个弯道，想练习一下停车。于是我一踩刹车，轮子开始从我的脚底下滑脱出去。

我好像忘记了，不能在转弯时刹车。上次弄坏汤姆·克鲁斯的摩托车不就是因为这个吗？

我开始紧张，所以当我松开刹车的时候，一不小心又碰上了油门。于是，这辆罗肯蹭地一下就出去了，开上了邻居家门前的4级台阶，沿着左边的窗台下来，然后撞翻了一溜儿垃圾筒后倒在了地上。只听见车子、垃圾筒还有我的几节肋骨一起噼啪作响。

我的第一个反应是：我的坐骑还真是神奇，上台阶如履平地。我的第二个反应是：麦克尼斯和格罗斯曼说得对，在日常生活中我都学不会镇定自若，所以到了危急关头就更加难以保全自己。

直到这时，我才想起来要卷起裤腿、拽开衬衫看看自己有没有受伤。这才发现下半身有一处擦伤了，鲜血正缓缓地向外流淌。

不得不承认，我是一个蹩脚的生存达人。

从上个月开始，我买了枪，开始学习骑摩托车，并且报名参加了飞行训练。在我追求安全的同时，我承担了比以往任何时候都要更大的风险。其实，恐怖袭击或者内乱危及我人身安全的可能，要远比我死于一次驾驶事故或者射击意外的概率小得多。

因此，我认识到，生存主义并不是关于活于世上的学问，而是选择死去的方式。

第 40 节
千万不要喝碗里的水

凯文·曼森是洛杉矶第 88 消防支队的一名消防员，个子很高，发色灰白。作为消防员，他经常会碰到有人在自己怀里死去的事情，这使他具有一种硬汉式的冷幽默。现在，他正在艾西诺区的第一长老教堂的后厅里激动地来回踱步。“如果发生灾难，”他说，“在几天里你不要指望有人能来救援？”

“3 ~ 5 天。”40 个声音惶恐不安地回答。

“不要指望我们。”曼森继续说道。他说的我们，指的是消防队、警察、救护人员、国民警卫队或是其他任何人。

“那么，一旦发生紧急情况，谁会把你们救出来？”

“谁也不会。”大家齐声吼道。

“灾难发生时，没有任何人会来帮助你，”曼森正在努力地把要点灌输到在座每一位学生、商人、主妇还有上了年纪的老人的脑子里，“你要靠自己。”

这就是生存主义者们向我推荐的社区救灾反应队培训课程。这节课让我意识到，指望政府部门在卡特里娜飓风过后去保护和救助它的公民是不可能的。按照曼森的说法，联邦政府的应急预案一直都是：让灾难来吧，反正人们自己会照顾好自己的。所以，生存主义者们就会应运而生，帮助社区进行重建。

从 20 世纪 80 年代中期起，洛杉矶消防局就组建了社区救灾反应队，以增强社区居民在灾难中自救的能力。时隔多年之后，联邦紧急事务管理局收到了风声，于是开始在全国范围内推行。

在这次训练中，我学到的越多，就越发感觉到面对灾难时自己的防范措施采取得太迟。在此之前，我只关注那些人为及政治灾难，很少注意到大自然会对人口进行的自发调控。在洛杉矶，一场地震或者一次大火会让整个城市毁于一旦。在圣基茨，一场飓风就能将这座小岛夷为平地。另外，“加州地震灾害统一预报”有数据显示，在接下来的30年中，该地区有99.7%的可能会发生里氏6.7级或以上的地震。

“你们要记住，”曼森说，“每年全国都会发生25 000起灾难。什么时候要我们挺身而出呢？”

“任何时候。”大家已经背会了。

“说得对。灾难发生时，往往人们会措手不及。圣安德烈亚斯断层早就该出事了。到时候，谁能肩负起救灾的责任？”

“我们能。”

“很好。另外，”说到这里，他诡异地一笑，大家都知道接下来他会说，“如果我们留下了借条，就不算是抢劫。”

我们是这一期7个培训班里的第三个班。课程结束后，每个人都会得到一件印有“社区救灾反应队”标志的马甲和一顶头盔，一个袖标，一本结业证书，还有一张社区救灾反应队队员的证明。最初，我只是为了能够拿到这些本本方便将来出境才来上课的。我想，当我骑着罗肯开路先锋在山路上逃跑时，如果我能穿着这里的制服，我就可以说自己是救灾去的，也就能轻而易举地穿过路障。

第一课里我们学的是如何进行急救准备。每个人平均每天需要一加仑的饮水，但是，如果洛杉矶发生大规模地震，维修工人需要30天才能使之恢复供水。

所以，怎么样才能得到你每天需要的一加仑水，尤其是在你没有采取任何防备措施的情况下？曼森告诉我们，在大多数家中的暖气管里都会存有40加仑左右的可饮用水，厕所的水箱里还有更多。但是，似乎觉得这个让人生厌的世界都是傻子一般，他戏谑地告诫我们：“千万不要喝碗里的水。”

“如果你的旁边住着诺亚，而他正在建造方舟，那么你最好也给自己建一艘。”他向我们传授平时应当储存哪些物资以备战备荒。其实，政府权威部门所列出的单子和那些新纳粹分子、枪械达人还有准疯子们向我推荐的东西一模一样。社会系统正常运转时，我们是不需要这些东西的。但是如果这个系统发生了意外，这些东西就是不可或缺的了。

无论是在这个班里所学到的，还是在有关书籍中和网站上所看到的，都让我深深觉得，是时候开始进行储备了。于是，我在车库里存放了10罐容量为一加仑左右的饮水。之所以没有直接放在水泥地面上，是因为水泥会和塑料罐子发生化学反应，污染罐内的存水。另外，我还买了一台2 000瓦特的本田发电机和一个手摇发电机。然后，我又在5个容量为两加仑的容器里装满了汽油，接着在里面放上斯塔-比尔牌稳定剂，以防油质变化。最后，我还四处搜罗来了这些东西：油灯、煤油、可供44小时之用的蜡烛、手摇发电筒、充电电池、易燃火柴、水质净化剂和其他一些必需的求生物资。

在《劫后余生》中，布鲁斯·克莱顿推荐了一种"三日测试法"。也就是说，在这三天中，切断一切设施与供给，然后看看你的储备物资里都缺了哪些东西。这就是我要达到的目标。后来，我准备在圣基茨也配置同样的一套物资与补给。

在第二节课里，我们学习了火灾以及灭火器的不同类型。要注意以下这条五秒法则：如果在5秒钟之内，火势既没有变小也没有熄灭，那么你就要迅速撤离。接着，我们被带到户外，每个人拿一个灭火器进行实地演练。实际上，有些常识虽然显而易见，但平时并没有被认真考虑过：要把喷嘴对准火的底部，这样才能有效阻止火焰与燃料发生反应。

第三课的内容是如何应对大规模的灾难事件。

"灾难来临时，我们应当这样想：我们会挺过去的，"曼森说，"卡特里娜飓风来了，不是又走了吗？一切都会过去的。"

他的这种态度让我很不以为然，好像灾难只不过是每天晚上电视画面的来回切换，而不是会让许许多多人流离失所甚至命丧黄泉的，让我们的社会乃至整整一代人深受重创的恶劣事件。比起我来，他更像是一个生活在蝇王之国的国民。在我看来，我生活的这个世界井然有序，只不过这种秩序时常会被灾难扰乱；但是，在他的眼里，这个世界杂乱无章，秩序才是扰乱正轨的异类。

"我们的目标不是要救出每一个人，"他教导我们，"而是在最短的时间内救出最多的受害者。因此，你必须要能分清轻重缓急，学会区别对待。"

接着，他向我们讲解了什么叫“治疗类选法”。灾难过后，如果我们是最先抵达的救灾队伍，那么我们的任务就是迅速对受害者进行分类和标示，然后用夏比士记号笔或口红做上标记，让人一看就知道，哪些是需要立即救治的，哪些是可以延期护理的，哪些是轻伤，哪些已经死亡。这样，等到专业救护人员赶来时，他们就会知道该把哪些人立即送往医院救治了。

如果我们已经进行了分类后，救援人员仍然没有抵达，曼森教给我们，要为伤者辟出专门的治疗区域。“让围观的人帮你寻找医疗设备。检查哪些人的创伤需要急救。如果附近有杂货店的话，可以让人帮你去取所需的东西，不管是什么都行。要记住……”

学员们齐声背诵他的名言：“如果我们留下了借条，就不算是抢劫。”

虽然我有点走火入魔，但是这也太神经了吧，我一边听一边这样想。谁曾想，一年之后，我真的就遇到了这种情况。

“可以把尸体存放在阴凉的地方，比如说 7-11 便利店的冰柜里，或者地下停车场，”他的话越来越令人毛骨悚然，“如果你能再用塑料布把尸体裹起来，验尸官一定会对你刮目相看。另外，不要忘了采取安全措施，因为到时候如果有人要趁火打劫，可能连死人也不会放过。”他说这话不是为了嘲讽或者搞笑，而是因为对人性缺乏基本的信心。

历史上有数不清的故事可以证明人是无私的。即使是在物资奇缺时，也会有人为了救助他人而牺牲自己的生命，会把自己的最后一滴水让与他人，会和那些一无所有的受灾者分享自己的住所。但是，历史上也有数不清的事件可以证明人是邪恶的。大难临头时，有人会为了保住自己的性命而背叛、折磨甚至杀死自己的同胞。这两者谁活得更好仍然有待商榷，但是，这两者谁更有机会存活却是不争的事实。

“你们觉得，邻居当中我会和哪些人交朋友？”曼森问，“是那些水管工、承包商还有木匠。为什么？因为如果到了危急关头，他们的本事就会派上用场。”

看来，曼森和论坛上的家伙一样，是一个彻头彻尾的生存主义者。

我忽然发现，许多有关如何在自然灾害中自救的民间传言都是错误的。比如，如果发生地震，最安全的不是站门框底下。曼森说，如果某间房屋的土坯或者石材没有被钢筋加固过，而且其空间相对封闭，那么这间房屋就是最安全的地方。但是，对于大多数房屋来说，门框都是最不堪一击的部位，地震发生时你如果站在那里，很可能会被飞来的碎片或者门框本身砸晕。

他说，在地震中，最安全的地方是在头上紧紧顶着一个材质坚硬的东西，比如说桌子，但是一定要保证附近没有窗户，没有什么悬挂的重物。另外，如果飓风来临时你没能及时撤离，就要把所有的门窗里里外外都关严封死，然后在房屋内部选一间地势最低的、最接近内部的小房间，并在一个坚固物体下面的地板上平躺下来。

在第四课开始之前，我试图说服凯蒂和我一起过来。“如果你能知道在灾难发生时该做什么，也许你就会不那么胆小了。”我对她说。

“那可不一定。如果真的有灾难来临，该发生的总是会发生的。”她一边把电影《夜访吸血鬼》换成静音，一边回答，“如果发生地震，大地会在你的脚下颤抖，你肯定会摔倒磕破脑袋。这种事情你就是想挡也挡不住。总不能为了这个整天戴着个头盔满街跑吧。”

她说这些的时候甚至连气儿都不喘。真不知道她的这些念头是打哪里来的，要说是看电影看的，应该不会有哪个导演这么荒唐吧，说不定是《猫和老鼠》看得太多了。

于是我动之以情，晓之以理：“要是火灾呢？难道学一些灭火的技术也没有用吗？”

可是她却更加振振有词：“学灭火有什么用啊，我才不会让火烧着我呢。如果我看见了，赶紧躲开不就行了吗？”

看来，处理问题的方法也能反映出一个人对待日常生活的态度。

这个星期我们学的是如何止血、上夹板、处理烧伤与断肢。这些本领不仅在危急关头可以救人一命，在日常生活中也同样有用（处理断肢除外）。所以，我立刻报名参加了红十字会的另一个培训班，并且拿到了这两张证明：

This recognizes that
Neil Strauss
has completed the requirements for
Standard First Aid

conducted by
ARC of Greater Los Angeles
Date completed
The American Red Cross recognizes this certificate as valid for 3 year(s) from completion date.

American Red Cross

Together, we can save a life

This recognizes that

Neil Strauss
has completed the requirements for

CPR/AED--Adult

conducted by

ARC of Greater Los Angeles

Date completed

The American Red Cross recognizes this certificate as valid for 1 year(s) from completion date.

在接下来的一课里，我们又学到了有关搜救工作的基本技巧，以及很多不同的技能：如何判断地震过后建筑物的安全系数、地震对不同结构房屋造成的差异性损伤、楼中藏匿受害者的位置以及如何利用支架——也就是小块的木材——把重达数百乃至数千磅的瓦砾从被困伤者身上移开。

“谁是救护人员？”曼森问。

“我们。”

“对。我们不可能顾及全城。如果发生意外，就要靠你们来进行救援。为什么我们要发给你们带有洛杉矶标志的绿色背心？因为我们不会过来，而你们就是接受过专业训练的救援人员。”

我朝四周看了看。只怕这里至少有一半人连上楼梯时都走不了直线。

“你们是社区救灾反应队，”他接着说，“所谓社区，就是说你们不是在单枪匹马、孤军奋战。一匹孤独的狼在草原上会怎么样？只有死路一条。”

他的话让我陷入了沉思。我来这里可不是为了加入什么社区的，我就是单枪匹马、孤军奋战。

幸好曼森很快对自己的话做了修正。“不过，”他踌躇了一下说，“要是单枪匹马的话，羊是死定了，但是狼嘛，我就不知道了。”

下面的一节课里，我们进行了救灾的角色演练。不过教官换成了另外一个消防员，塞吉尔·马约尔加。他不像曼森那么愤世嫉俗，但是却比曼森还能危言耸听。

“下个星期，我会给你们讲到恐怖主义，”课程将要结束时他说，“在这两个星期里，你们谁都别想再睡安稳觉。”

第 41 节
当心狙击手、脏弹和沙拉吧台

“为什么会有恐怖主义？”塞吉尔·马约尔加问。

这是社区救灾反应队的最后一节课。在他身后的桌子上有一个箱子，箱子里面装着 40 套我们垂涎已久的社区救灾反应队队服。等到这节课上完以后，其中一套就归我所有了。

“嫉妒？”我前面有一个上了年纪的女人回答。

“愤恨？”一个亚洲商人问道。

“恐怖主义之所以会存在，”马约尔加说，“是因为它比我们政治体制反应要快得多。”他的话仿佛掷地有声，“是因为它成本低廉、流动性强、制作简单、追查困难。最重要的，是因为它行之有效。”

他说的没错。如果你对别人说“请勿践踏草坪”，很可能没有人会理睬。但是，如果你拿着一杆枪，对着踩进你家草坪里的人说：“滚开，要不我就一枪打爆你的脑袋。”只怕那个人会夺路而逃，从此再不敢踏上你家草坪半步。

“知道 B-NICE 是什么意思吗？记住了，这五个字母分别代表五种不同的恐怖主义威胁：生物武器、核武器、纵火、化学武器和爆炸。”

在电影《007》里，那些浪荡的超级反派们为实现摧毁世界的阴谋机关算尽，不惜一掷千金，而且不计回报。然而，近十年来，这一情节已经不再是银幕上的天方夜谭，而是发生在现实世界中的真实事件。所以，约翰·罗布在《未来的战争》一书中写道，正是因为“科技的普及”，才使得“每一个人”都有可能“向全世界宣战”，并大获全胜。

“对于恐怖分子来说，纵火耗资最少，因此也最为常见，”马约尔加接着说道，“但是，采用生物武器的手段更加危险。因为通常只有在一到两周之后，人们才会出现某些症状，并意识到可能发生了什么事。利用水源传播毒剂是他们的惯用伎俩之一。另外，也有人使用喷雾器在杂货店里的蔬菜上或者快餐店里的沙拉吧台上喷洒投毒。”

他讲话的时候，室内鸦雀无声。较之恐怖主义，虽然发生森林野火或者地震的可能性稍大，但是前者更让人不寒而栗。

他说，如果遭受核武器的袭击，我们应当躲进地下室里，或者待在附近最高建筑物上顶楼下数第三层，并且使用塑料布与布基胶带将所有出口与缝隙牢牢封死。

我打开活页夹，开始做笔记。

他说，由于脏弹的制作方法比核弹简单，因此恐怖分子使用的可能性更大。他们要做的就是先从医院或者诊所的 X 射线机器里偷出一些放射性物质，然后再放进一个管型炸弹里。

我只能写这么快了。这时，我忽然记起在柯特·萨克森的那本书里曾经提到过制作简易管型炸弹的方法：先在管子的内壁贴上一层塑料布，然后在里面放上安全火柴头，接着拉一根引线，最后盖住管子的两端。连我都能做得到。

他说，如果在你逛商场的时候，有人向里面投了一枚脏弹，那么你大约有三十分钟的时间来做净化处理。

为什么我要疯狂地记录这些东西？

他说，立即用尚未受到辐射的东西掩住口鼻。

我真的会摊上这种事儿吗？

他说，在爆炸现场附近 1 000 英尺的范围内，不能使用手机或者打开广播，否则极有可能引起第二次爆炸。

不知道在美国的商场里一共有多少枚脏弹？

他说，如果你和其他人一起蜂拥而出，那么你不仅会被踩伤，而且也有可能触发第二个机关。这时，你应当迅速跑进洗手间，打开水龙头，清除自己身上的污染物。

我经常去逛商场吗？少之又少。

他说，如果你的衣物也受到污染，不要从头顶脱下来，而应当剪开以后再扔掉。

我还是一个劲儿地写呀画呀。和这里的人一样，让我害怕的还是那个名叫“以防万一”的怪物。

最近，我刚刚读了一本有关异端裁判所的书。在西方历史的 500 个年头里，天主教会远比今天的伊斯兰原教旨主义者要极端得多。他们杀害了不计其数的异端，而且还采取折磨、屠杀与火烤的极刑对异教徒进行镇压。许多异教就是在那时消失殆尽。就像今天有些狂热分子进行的法特瓦判决那样，他们利用宗教律条为自己的暴行开脱。正是因为采取了这些血腥手段，基督教才得以在今天的西方一统天下。抚今追昔，无论是美国自身的命运，还是那两枚摧毁广岛和长崎并结束二战的原子弹，都可以让我们得出这样一个结论：胜利就是杀戮。

他说，当你在公共场合的时候，如果有人向人群开枪扫射，要立即双脚朝着歹徒的方向趴在地上，把脸扭到一边，同时用手捂住头部，这样就会大大降低自己的重要器官受损的风险。

写呀，画呀。这些事情不是没有可能发生——虽说可能性很小。

他说，如果你发现附近没有鸟类或者蚊虫出没，或者看到周围的人在口水、眼泪、鼻涕直流，那么很可能发生了化学袭击。你掩住口鼻，往逆风方向前行，同时遵循以往的经验——时刻观察周围情况，迅速找出化学品来源，然后尽快离开现场。

这些东西为什么以前就没人告诉过我？幸好我现在还没有拿到圣基茨的护照。否则，我就不会有足够的时间认识这些危险，从而更好地保护自己。

他说，如果你的皮肤沾上了化学污染物，一定要在冷水里浸泡清洗 20 分钟，并使用肥皂反复清洁。不要用热水，否则你的毛孔会张开。

去他妈的微积分。去他妈的三角学。去他妈的长除法。这才叫知识，这才是有用的学问，这才是救命的真本事呢。即使它们就像二次互反定律一样在现实生活中用处不大，但至少是活生生的，至少它们可以让那个姓万名一的多头怪物少一个脑袋。

接下来，没有测验也没有典礼，我们都顺利拿到了制服与证件。这个证件可是市长大人亲笔签署的。我的前途一片光明。现在，一旦有灾情发生，我就可以做一名合格的救护人员了。

几周后，我收到了一条信息，说在第 88 消防支队附近需要 10 名社区救灾反应队队员，要求我们带上马甲、头盔、手套、护目镜和手电筒前往增援。我想，大显身手的机会来了。

不过，后来我才发现，这次救援实际上只是一次上镜的机会。于是，在洛杉矶 KTLA 电视台新闻节目的摄像机前，我们把受困伤者从一块水泥板下救出，然后再用担架抬走。我在其中担任安全干事。如果你仔细看电视画面，就可以看到在镜头的最左边有一个瘦子孤零零地站在那里，头上戴着他来之不易的绿色头盔，脚踩在水泥板上，双手护住裆前以防不测。

作为一名安全干事，我的任务就是要确保任何人都不会受到伤害。于是，我耐心地站在那里，看着别人把活儿干完。

也许会有人说我懒，我会说：这是求得生存的经验之谈。

第 42 节
杯水如金

你想要什么？

路易威登与村上隆合作的樱桃图案棋盘格花钱包，江诗丹顿传承系列的名表，通过 THX 标准认证并提供 12 部大片自由选择的大型多功能影院？有这么多东西可供选择，还真是不错。可是，如果你问一个美国人说，你是想要选举权呢，还是想要看任意电影的权利呢，大多数人都会选择后者。

至于我嘛，大概也会选择后者。要说起来，现在还真是有很多不错的片子，但是，像样的政治候选人？只怕没有几个。

那么，什么是我们真正的需要呢？幸福、友谊、教育、娱乐、成功、家庭、名望、言论自由，这些也是我们的需求啊。

实际上，我们真正的需求少之又少。简而言之，这就是我们真正的需求：

1. 安全与健康。每天早上起床后，我们看到自己的工作井井有条。没有人把刀架在我们的脖子上，没有飓风会掀翻我们的屋顶，也没任何疾病侵扰我们的身体。

2. 房屋与温暖。有三个“3”原则，没有水，我们大约只能活 3 天；没有食物，我们也大概只能活 3 个星期左右；而没有遮风挡雨的处所，我们在 3 个小时内都性命难保。

3. 食物和水。这个毋庸赘述。

仅此而已。这就是我们的生命三角，缺一不可。必要的时候，我们甚至会牺牲自己的生命来换取这些东西。到时候，人们所渴望的将不再仅仅是功名利禄或者比他们的邻居过得好一点，他们所做的一切就只是为了能够得到一杯水，一处栖身之所，或者一片防感染的抗生素。

每个人头顶上都有一块天花板，那就是我们孜孜以求的目标。尽管目前美国的政治经济情况并不尽如人意，但是这里的天花板仍然高高在上。在这里，什么事情都有可能发生。只怕这就是那些像托马斯一样的人对美国护照梦寐以求的原因吧。

可是，当天花板的高度降低，甚至已经快要压到地面时，生存主义便应运而生了。在这种情况下，所谓成功，就是保住性命。虽然现在的我已经学会了骑摩托车，学会了开飞机，学会了存储应急物资和设计逃生方案，学会了制作担架和验伤，但是，如何能在 WTSHTF 时保住身家性命，我仍然不得而知。

于是，我忽然想起了一个高手云集的地方：军队。

第 43 节 怎样逼供

军队是一个把男孩变成男人的地方。在这里，坠机的飞行员知道在落入敌区后如何生存，被俘的士兵知道该如何在严刑拷打时熬刑。

他们管这叫"十六字方针"：保住性命，避实就虚，顽强反抗，伺机逃跑。这才叫真功夫呢。我要学的就是这种真本领，只有这样我才能保证自己无论是在美国还是在圣基茨都平平安安。

于是，我打电话给伊凡，那个我在射击场上结识的特种兵，问他军队会不会对平民进行这方面的训练。

"那都是娘娘腔的玩意儿，"伊凡马上回答，"什么十六字方针，这个不可能保证你不死，只能让你死得慢点儿。"

"为什么这样说呢？"

"他们就是随便找个人来糊弄你。谁想来当教官就让谁来当。你还不如自个儿找本书来看看呢。唯一让我觉得有点意思的就是他们会教你怎样逼供。"

他说，在他接受逼供训练的时候，他曾经蹲过监狱，受过拷打，还上过水板。每天半夜，他的主子——那些扮演狱卒的家伙们——都会学纳粹党卫军走正步并歇斯底里地喊口号，所以他们根本就无法睡觉，直到最后几乎快要疯掉。

"他们简直就是虐待狂，"他接着说道，"不过，有时候人们可能会低估自己对痛苦的忍受能力。最要命的不是严刑拷打，而是心理折磨。当他们把我的蛋放到桌上，然后拿来一把锤子时，我就完全崩溃了。"

“这么说那个‘十六字方针’还是有点儿用的，”我能紧接上一句，“当然，除了关于蛋的事儿。”

“呸，那都是瞎掰。你要真是想学这些东西，不如去见见汤姆·布朗。”

“他是干什么的？”我从来都没有听说过这个名字。

“汤姆·布朗可是玩真的。他是海军陆战队生存训练员的老师，知道我说的是什么意思吗？我们这里的狙击手都悄悄地去他那里上过课。他可不是当兵的，现在他在OGA里面做事。”OGA就是指其他政府的情报机关。“他能够只穿着自己身上的衣服、拿着手里的刀子在荒野中生存，如果你想学的话，就去找汤姆·布朗吧。‘十六字方针’算个球！”

“汤姆·布朗”——他说的这四个字，可是我一生之中听到的最有用的金玉良言了。

不过，还有一个问题。布朗的“追踪师学校”建在森林里的一处营地上。尽管露营对大多数人来说是度假时才有的美差，可是对我来说就像是水板一样的酷刑。在芝加哥，我从小长大的地方是毫无自然可言的。唯一可以称作野外的地方，就是公园里那一片长着半死不活的野草的空地。在这里，我们既不能露营，也不能当童子军，只能和一些十来岁的孩子玩一个叫做“跳懒汉”的游戏：我们要么一个人，要么成双结对，要么就是几个人一起，从公园里的那些流浪汉身上跳过去，而不把他们惊醒。

每次胜利者都是我们。

除此之外，我就只参加过通宵野营。有两次，只要我一支帐篷，天就开始下雨，廉价又漏雨的帐篷里面又湿又冷，我可真是受够了。也许是我们的“跳懒汉”的游戏惹恼了老天爷吧。

有过这次失败的经历以后，我就发誓有生之年再也不踏进帐篷一步。放着有女佣有电影的现成宾馆不住，去受那份洋罪干吗？

看来，如果我要成为真正的生存主义者，只有违背自己的誓言了。

我应该问问贾斯汀·甘，上次可是他教我使用戴夫·纳瓦罗酷爱的那把猎枪。除此之外，他还力邀我加入到他的另一个兴趣小组“超轻型背包一族”中去，但是我却辜负了他的一番美意。所谓“超轻型背包一族”，实际上就是指带上只有几磅重的东西徒步旅行。因此，这些设备都设计得很轻巧，并且功能多种多样。比方说，手杖可以用做帐篷支架，夹克衫一拉开就成了睡袋，背包也能当床垫，等等。

于是，按照贾斯汀的建议，我买了一顶重量为一磅的高密度防水帆布帐篷、一只 6.2 盎司重的尼龙绸睡袋、一条大腿上带有网眼的 SPF+40 超轻运动裤和一个硅树脂防裂尼龙背包。

这些高级纺织品与高技术设备最大限度地减少了野外活动时人体的不舒适程度，因此，现在的野营已经不再是一项为了让人类亲近大自然的户外休闲活动，反而更像是一个闹哄哄的大卖场，我可是有过这样的教训。

不管这些设备如何精良，对我来说，野营就是活受罪。

第 44 节 要命的书

当我在互联网上搜索有关小汤姆·布朗的信息时，我发现几乎每一个开办过小有名气的生存训练学校的人都曾经拜他为师……

我还读过他的那本《追踪者》。书中他讲述了自己在孩提时代曾只身一人在暴风雪中行走数英里的路程，身上只穿着残缺的短裤；他还曾经周末在森林里迷失了方向，两三天才走了出来；有一次，为躲避野狗，他在一棵树上待了两天两夜……

我还听说，为了追捕罪犯，他曾身中 4 枪，并找到 160 具受害者的尸体……

我还看过一部部分根据他的生平创作的、由汤米·李·琼斯主演的《猎捕游戏》……

我飞往新泽西，一睹这位传奇人物的风采……

但是，汤姆·布朗究竟是一个怎么样的人物，我仍然不得而知。

直到今天，每次听到这个名字时，我还会浮想联翩、心生畏惧。

布朗的“追踪师学校”位于新泽西州松林中心，也就是传说中他立下赫赫战功的地方。放眼望去，只见营地上零零星星地搭建了几所燕寮和木屋，另外还有一个由几只木桶与几面镜子组成的淋浴区。木桶是为了从溪中汲水，而镜子则是用来每天检查身上的虱子。在这片森林里，到处都是鹿虱。它们经常会爬到过往行人的身上，把头钻进毛孔里吸血。如果两天之内没有清除，人们就会患上莱姆病。

露天讲堂的旁边有一块林间空地。我打开背包，取出那顶一磅多重的帐篷开始安营扎寨。这可是我有生以来第一次自己动手支帐篷，我猜想自己弄得大概还不错吧。

晚上8点钟的时候，气温已经下降到了华氏56度（约13℃）。我们乱哄哄地坐在讲堂的长条凳上，每个人的身上都裹得严严实实。这时，只见布朗大步走上了讲台。他的身上穿了一件破旧的灰色紧身短背心，两侧的口子从腋下一直开到了腹部，看起来跟没穿差不了多少，可是他似乎对寒冷的天气毫不在意。在他的头顶上有一块木板，上面刻着一行字：男儿有泪不轻弹。

“好了，都给我静下来，”布朗的吼声仿佛穿透了森林，“欢迎来到我们的‘追踪师学校’。这里就是我们的大本营。在这里，一切都有可能发生。”

说着，他满怀豪情地指了指四周一望无际的森林。

“理论和实践有天壤之别，”他接着说道，“如果你不相信，就去看电视吧！什么生存者，那些节目简直让人作呕。去糊弄小孩儿吧！”说这话时，他激动地涨红了脸，“那个什么生存者，还有那个人类与自然、生存之王，全都是一群脓包！在森林里待一年？你的脚还是干的呢！”

在他的面前摆着三瓶波兰泉，只见他伸手抄起一瓶，咕咚咕咚一口气喝完，然后一下子就把瓶子压成了瘪瘪的一团。“你们可以到商店里去买，那里有的是户外生存手册，不过当心，它们会要了你的小命。还有那些区分可食用野生植物的书，也都是一类货色。这种人我见得多了，他们可怜巴巴地缩在帐篷里等人救命，为什么？因为他们学的东西不对头。”他的眼球凸出，但是眼睛一眨都不眨。他大声吼叫着，几乎把口水都喷了出来，“所以，忘了你们的过去！”

既不像柯特·萨克森与布鲁斯·克莱顿，也不同于生存主义论坛上的那些网民，布朗不属于冷战思维类型的生存主义者。他并不提倡人们囤积粮食、汽油与枪支弹药，他只是提议让我们到森林里走一走。

“有多少人敢说自己自由？”他冲着下面的学员大喊。这里有海军陆战队的士兵，有嬉皮士，有商人，还有一些想要返璞归真的精神病患者。“有多少人敢说这辈子不再需要社会提供的一针一线就能生活下去？”

尽管他只有58岁，可是看起来却十分苍老。灰白色的头发从右侧分界，和汗水一起贴在脸上，那模样简直就像一个饱经沧桑的盖世英雄。由于风吹日晒，他的肤色黑里透红。皮肤上数不清的皱纹，一层一层的，活像洋葱一样。尽管他的老态已经无法掩饰，他的身体却依然结实有力，就连他的每一条皱纹都似乎在诉说着一段段鲜为人知的、让人难以置信的故事。

“为什么要你们学习在荒野中生存？”他又提高了嗓门，大声地说，“答案就是‘万一’，而我要教给你们的东西就是为了预防这种‘万一’。”说到这里，他的声音小了下来，“等到上完这里的课程，你就可以什么也不要，想去哪里就去哪里。我会教给你们怎样搭屋，怎样生火，怎样寻找食物和饮水，就算你在撒哈拉沙漠也一样。”

他的表演很出色：一会儿像个严谨的教官，一会儿像个牧师，一会儿又像个又老又疯的笨蛋。如果他能兑现自己的诺言，哪怕只有十分之一，那么我这次来“追踪师学校”也算是不虚此行了。

无论虚虚实实、真真假假、神神秘秘，反正汤姆·布朗已经成为了一个传奇人物，就像《丛林奇谈》中的那个伐木巨人保罗·班杨，杰罗尼莫和印度小孩儿毛克利那样。

布朗说，当他还是个小孩子的时候，有一个朋友叫里克。里克的爷爷不仅是利潘·阿帕奇的童子军，而且还是一名印第安人的巫医，人送绰号“潜行野狼”，又称“老爷爷”（不是“世界公民”的那个“老爷子”）。

布朗还说，他在7岁的时候就认识了“老爷爷”。从此，他们就一直住在一起。“老爷爷”对他就像老狼对小狼一样，让他自己管好自己。因此，在这十年间，他不仅掌握了有关动物和森林的不同知识，而且还学会了野外生存的各种技巧。

布朗还说，他在20岁的时候就曾经除去衣物，只身一人深入森林，仅仅依靠自己的智慧就生活了一年之久。回来以后，他就开始帮助警察寻找森林里失踪的孩子、游客和犯罪分子。

有一次，一名涉嫌抢劫和强奸的嫌疑犯从两百多名警察和枪手的眼皮底下逃之夭夭，却被布朗缉拿归案。于是，《纽约时报》在头版用了整整一个版面报道了一个“27岁的樵夫”的传奇故事（不过后来据报道此人被无罪释放），其他媒体也对他的事迹进行了一系列热情洋溢的报道。很快，布朗就开始到处做脱口秀出书，最后还开办了自己的学校。

布朗有那么一点儿愤世嫉俗、厌恶人类，因此，他常常从《触摸地球》，也就是印第安人的那本智慧宝典中引经据典。可是后来他发觉这一招并不好使，于是他又改换门派取经于电视福音传道士们，并日渐向那部娇揉造作的动作片《比利·杰克》中的主演看齐。

“生存就是一门艺术，一种人生态度，一扇通向地球的大门，”布朗一边声嘶力竭地教导我们，一边从口袋里掏出一块手帕揩汗，从额头到头顶再到后脑勺，“这里就是我们的乐土。谁要觉得受罪，那就是他的本事不济。”

好不容易等他讲完，已经是11点了。气温越来越低。我走进帐篷拉上拉链，然后没脱衣服就钻进了自己的超轻睡袋。你想啊，这里到处都是鹿虱，我可不能光着身子。

问题是，这个睡袋根本无法抵御寒冷。于是我掖了掖被角，拉紧了睡袋上面的抽绳，看起来活像是个蚕茧。可是等到被窝里刚刚有一点热气，我的膀胱就开始发胀了。我只好又从蚕茧里钻出来。帐篷外边冰冷冰冷的。

整个晚上一直都是这样：只要我刚刚开始感觉稍微好点儿，就憋不住想尿。我真不明白，干吗要这样穷折腾呢？人类发明了床垫、棉被、沥青碎石屋顶和空调，不就是为了让用的吗？布朗说自己没有帐篷没有睡袋，甚至不穿衣服就能在森林里活下来，我压根儿就不相信。

反正要是不行的话，我就去住宾馆好了。

天亮了。我来到篝火旁边，那里已经围着十几个学员了。我问他们昨晚睡得怎么样。

“还行。”他们异口同声地说。

我说，昨晚我快冻得不行了。听到这里，他们都齐刷刷地看着我，好像我是这个班上最笨的那个小孩儿一样。

有一个人身上穿着军用马甲，马甲的正面至少缝有8个口袋。他的年龄似乎已经不小了。大概是看我可怜，他走过来说：“你大概不知道吧。”然后又压低了声音，“要想让你的睡袋暖和，就不能穿着衣服睡觉。”

“真的吗？我还以为多穿点儿衣服能够保持体温呢。”

“要知道，人的身体自己就会取暖。你把腿并起来，两条腿就都暖和了。”

“可是，要是我想小便的话怎么办呢？一直往外面跑岂不是太冷了吗？”

他笑了笑，拍拍夹克衫左上的口袋，说：“所以我才要带着这个呀。”说着，他掀起口袋上面的盖子，里面露出一个压瘪了的矿泉水瓶。“这样你就用不着再出来进去的了。”

尽管他的尿壶是空的，我还是恶心得想吐，不过这倒也让我学了一招，今天晚上我一定不会再受冻了。

不过，还有一件事让我忧心忡忡：“那要是有鹿虱怎么办呢？”

听到这个问题，大家开始你一言我一语地议论纷纷。有一个义工告诉我们说，这个“追踪师学校”的工作人员，一半人都感染了莱姆病。“我的情况糟透了，”他说，“这半边脸的神经麻痹了一年才好。”

看来刚刚建立起来的一点点希望也破灭了。我可不能再等下去了。我不喜欢野营，不喜欢寒冷，不喜欢面部神经麻痹。

我发现，这里的教官和义工们对我们的现代世界都嗤之以鼻。他们管运动鞋叫“脚棺材”，哪里有他们的莫卡辛软皮鞋舒适；他们管手机叫“耳朵监狱”；他们管棉布叫“死人布”，因为棉布一旦湿了，就不能再保暖。他们认为，在外面的世界里，那些整天开着车上班回家看电视的人们个个都是孱弱无能之辈，因为他们对高级的自然界知识一窍不通。

今天的课里有一节讲的是关于如何跟踪野兽的方法。教官是布朗的儿子，汤姆·布朗三世。他首先向我们讲解了哪些地方可能会有猎物出没，然后说：“无论对于哪一种生物来说，要想活下去，最重要的一条就是要保持体能。”

这是我第三次在“追踪师学校”听到这句话。如果这句话是真的，那么他们对现代生活方式的鄙夷就变得毫无意义。汽车、网络、核弹，这些东西让我们的交通、联络甚至是战争都变得更为快捷、更加高效。因此，他们全都符合自然界生物最重要的生存法则：保持体能。

到了晚上，我觉得自己已经开始厌倦这里的那种返璞归真的优越情结。难道仅仅因为200年前的印第安人这么做，我们也一定要这样做吗？

这时，我的黑莓手机突然铃声大作。即使我没有接，旁边的其他学生和义工依然对我怒目而视。“追踪师学校”已经变成了一个不近人情的地方，除了傲慢的嬉皮士和致命的虱子，就只有一个狂妄自大的老头儿。于是，我索性当着他们的面穿上“脚棺材”和“死人布”，拿着“耳朵监狱”——我的黑莓手机，兴高采烈地给凯蒂发了一节课的短信。

我已经等不及要离开这里了。

第 45 节 菜鸟露营记

那天夜里，也许是老天爷要报复我的玩世不恭，气温下降到了华氏 44 度（约 6℃），还下起了倾盆大雨。这时，我注意到教室外面站着一个光着膀子留着平头的学员。他正抽着雪茄烟，心不在焉地朝远处看着，对外面的恶劣天气似乎全然不介意。他看起来坚忍不拔，又超然物外，我不由得心生羡慕。

我还记得接下来的那天夜里的情形，那是我有生以来最糟糕的一次经历。一天三顿炖菜已经让我反胃，睡觉之前还得在外面再挨上半个小时冻。我一脚就把沾满泥巴的鞋子踢掉，然后立即钻进了我的帆布小窝。帐篷里面有几滩水。我四处检查了一下，却找不到漏雨的原因。

接着，我记起了那个老头告诉我的保暖方法。于是，我先在席子旁放了一个矿泉水瓶，然后迅速脱光衣服，钻进了我的超轻睡袋。我把黑莓手机（这可是我与外界现代社会联系的唯一渠道）也带了进来，这样它就不会被雨淋坏了。

我把抽绳拉得紧紧的，可还是浑身发抖。我的身上本来就不热，薄薄的一层羽绒根本就无法阻挡外界的寒冷。于是，我把腿交叉在一起，可是两条腿都冷得像冰块。

半个小时过去了，我还是直打哆嗦，而且还想尿尿。我伸手抓住矿泉水瓶，瓶子湿漉漉的。打开手电筒以后，我才发现，背包上的睡袋已经被几英寸深的雨水包围，成了一座孤岛。肯定是支帐篷的时候，哪一点儿弄错了。

我跪起身来，慢慢地把睡袋褪到腰部，以免睡袋跌落到水中，然后拧开了塑料瓶的盖子。为了确保万无一失，我先把那个家伙塞到了瓶子里面，这才开始小便。一不留神，手上已经溅了几滴热乎乎的尿液。真是搞不明白，难道是尿得太急了？于是，我放慢了速度，还调整了一下方向，然后接着小便。

可是这一次的情况更糟。尿液流到了瓶外，全都滴到了被窝里。我只好又停了下来。这可如何是好？现在又湿又冷，而且我还光着身子，根本就没法出去。就算我真的出去了，只怕用不了几秒钟，虱子就会爬遍我的全身，让我的隐私部位也染上莱姆病的。

这也难怪，我从小就发誓不要野营的嘛。

我别无选择，只好硬撑下去了。说不定是我自己把瓶子捏得太紧了。这一次，我把瓶子放低了一点。不一会儿，瓶子里，手心里，还有被窝里都流淌着我膀胱里的液体。

不过就是像在这样的时候，人们往往更容易相信上帝。说不定有人正在别处嘲笑我呢。到了晚上，虽然睡袋里阴冷潮湿，还有点儿臭烘烘的，我还是系紧了绳子，缩成一团。这简直就是一出闹剧。躺下以后，我掏出黑莓手机，打电话给凯蒂大发牢骚。

“我恨死这儿了。”

“怎么啦？”

“这里又湿又冷，我还光着身子，被窝里都是尿。”

“出了什么事？”

“帐篷漏雨了，真倒霉！”

“你应该买个大点儿的帐篷啊，比如说 6 个人住的带木地板的那种。”

也许我不应该打电话给她，这会儿我可没有心情配合她那些天花乱坠的拉拉队式鼓劲。“你从前参加过野营吗？”

“没有，我可不想被蚊子叮死。”

“还有被虱子咬死。真是妙极了！它们吸你的血，还有传染病，一旦得上，你就成功面瘫了！”

我快崩溃了——先是怨天尤人，然后就开始歇斯底里。我受够了这个鬼地方，还有那些穿着莫卡辛的混球们；我受够了贾斯汀，还有他的混账建议；我受够了阴冷潮湿、满地都是虱子的荒郊野外；我受够了凯蒂，就是她没错我也烦她。

我对着手机大吵大叫的时候，雨水已经涨到了床垫的边缘，睡袋下面已经湿了。本来就凉冰冰的被子这会儿变得更冷。更要命的是，因为害怕染上莱姆病，我不停地抓耳挠腮，害怕里面钻进去虱子。

最后，我躺在华氏 44 度、尿水浸泡的蚕洞里，完全丧失了信心。像《荒野生存》里那家伙和灰熊亚当斯 (Grizzly Adams，美剧人物) 一样，什么破玩意儿?

我不能不得出这样一个结论：我就是个脓包。

看来，想要学会野外生存对我来说就是异想天开。我已经离不开文明舒适便捷的城市生活了。如果到了危急关头，恐怕第一个玩儿完的就是我。

有人说布朗在 11 岁的时候就能只身一人在荒野中素衣度日长达数周，这分明是信口开河嘛!

我侧了侧身，把膝盖顶到胸口缩成一团。这时，我仿佛听到外面有什么动静。我尽量不去想它，我得赶紧睡觉。可是，我越是这样想，膀胱就越憋得慌。就像那些胡编乱造的吸血鬼电影中密室中受困的访客一样，现在我唯一的希望就是等着太阳快点儿升起来，到那时，最起码在 12 个小时里我不用再这样瞎捣弄穷折腾。当然，慑人的下一个夜晚还会来临。

第46节
黑莓不见了

好不容易巴到天亮，我睁开眼，在湿漉漉的睡袋里摸我的手机，可是怎么都摸不着。我向外一看，原来这部宝贵的黑莓手机在水坑里泡着。怪不得昨天晚上有什么动静呢。现在可好，我的生命线、唯一可以与外部世界联系的工具完蛋了。不过，虽然我又臭又难受，但我只能承认这也许是老天给我的报应。

如果我真的想要学会离开现有的社会体系求得生存，那么就必须彻底抛弃对科技与外部世界的依赖，这就是大自然想要告诉我的道理。老天爷还是有眼的。

一大早，我就来到篝火旁，弱弱地问其他人："昨天晚上你们冷不冷？""你们的帐篷漏雨了吗？""你们觉不觉得难受？"答案与昨天一样，都是否定的。还有一个男学员告诉我，有一个女义工自愿和他睡在一个睡袋里。我恨死他了，什么东西啊。

"我昨晚可是脱光了才睡的觉，可是怎么还是不暖和？这个办法不好使啊。"

"这个办法只会让你得低体温症。"

"是吗？可是昨天有人告诉我说，脱光了睡觉可以让身体变得更暖和呀。"

有一个学员说，这种取暖方式只适用于某些种类的睡袋。又有一个人说，如果被里是"死人布"做的，这种办法就管用。还有人直接说那就根本不可行。看来，有关尿壶的问题我还是不问为佳。

现在我明白了，错误的生存方法，会在恰当的时候，让你一命呜呼。

大家正在众说纷纭的时候，布朗开着一辆新的黑色悍马从狭窄的小道上呼啸而来。他跳下车来，大声对我们说："看看脚下的地面，这是它最后一次这个鬼样子了。"

他转身向前走去，然后回过头来对我们说："用不了多久，你们就会像我一样迷上这一行的。"

我想知道布朗和昨天晚上那个光着膀子的家伙是怎么做到不为困境所恼的。我不能再这样怨天尤人了，我得坚强起来。就算是身上湿了又能怎么样？就算是天气很冷又能怎么样？就算是泡在自己的尿水里又能怎么样？只要我还没有得上低体温症，这一点儿困难不会让我死掉。

于是，我决定向那个军官学员请教。很显然，政府部门出资美元100万给布朗，就是想让他专门为海军陆战队设计一个训练项目。

这个高个子营长三十开外，一头金发。一开始，我先同他搭讪，问他在海军陆战队里，哪些新兵不是好料（章鱼般娇生惯养的、四体不勤的），哪些新兵是块好料（坚决听命的、毫不置疑的）。然后我才切入正题："他们怎么才能学会忍耐呢？"

"这个问题我倒是认真考虑过，"他回答，"在有些情况下，无论是什么样的痛苦和羞辱人们都能忍受；然而，在另一些情况下，一点点小事他们就会大为光火。所以我想，真正的忍耐来自于人们的内心深处，来自于人们自身行为的动机和信念。"

我仔细思索他的这番话，忽然意识到从一开始我就对这次野营心存抗拒，从一开始我的括约肌就十分紧张，麦克尼斯说的没错。我以为超轻的高科技帐篷就能让我免受大自然的伤害，而不是率性而为，亲近大自然，布朗说的也没错。

"你们知不知道，当我看见一个背包族的时候，会想起什么吗？"我们聊得正欢时，布朗厉声问道，"我想到的是那些背着便携呼吸器的潜水员和宇航员，他们与周围的环境是格格不入的。一旦他们的设备出了什么问题，他们就必死无疑。之所以这样说，是因为他们并不属于那里。"

在我营地的旁边有一所蒸房。有人刚刚出来，里面还冒着热气。我还从没有进去看过呢，于是，我打开房门钻了进去，坐在中间的一块石头上。石头热乎乎的。我抱着双腿，来回晃动身体，像是要把脑袋倒空，好让我的逻辑思维压倒我的野性思维。

这时，我忽然记起布朗在课堂上讲过的一句话：“在生死关头，你必须放下慈悲心肠，让自己变成野兽。否则，如果你固执己见，只会处处掣肘。”

他说得对。关于寒冷天气、雨水和虱子，我想得越多，它们就越显得厉害。说实话，一只鸭子能有多聪明？一只蚂蚁，它的脑袋能有多大？没有电、没有水、没有煤气、没有快餐，它们都能活下去，为什么我就不能？

不就是华氏 44 度嘛，我受得了。如果我拆掉帐篷，让别人帮我按照正确的方式扎好，不就不会再漏雨了吗？

如果我想做一个生存主义者——即使如果我想做一个活生生的人，从现在起，我也就应当热爱大自然，而不是惧怕大自然。

在洛杉矶，我不是没有因为有可能会出车祸就吓得不上高速公路吗？在纽约，我不是也没有因为可能被抢就吓得不敢夜间外出吗？在这里，一只小小的虱子就算是再厉害，也抵不过一片抗生素。所以，为什么我要让一只小小的虱子毁了我的野营呢？

也许，让我担惊受怕的不是大自然，而是那些未知的事物。布朗曾经答应过我们，要让大自然不再神秘莫测。所以，如果我想要不再恐惧，那就只有对布朗敞开心扉。

半个小时以后，我从蒸房里走了出来，思想观念已经焕然一新——不仅是对“追踪师学校”，还有对我的人生。我甚至还没有怎么流汗，就已经想通了这个道理。

第 47 节
你有 90% 的把握躲开食人兽

那天晚上，当我坐在讲堂里时，黑莓手机没有了，抵抗情绪也不见了。布朗正在向我们传授追踪的秘诀。他告诉我，根据他对地上足迹的判断，黎明时分我的帐篷旁有一头母鹿带着自己一岁的幼崽刚刚离去。那会儿我正可怜巴巴地想着心事，哪里顾得上看这个。

“注意我的脚，”他对学员们说，“现在，我抬起了右臂。好了，我要摸住鼻子了。我要把手往下垂 4 英寸。现在，我开始做深呼吸。”

每做一个动作，他都要抬起脚来轻轻地在地上踩一下。我这才知道，原来脚印不仅可以告诉我们鞋子的尺码和行走的方向，还包含了许多其他的信息。人们做的每一个动作都会影响他们的姿态、平衡和身体重量分配。而不同部位对地施力大小又会相应地反应在脚印的深浅上。

“我不会侵犯任何一个学员的隐私权，”他的声音忽然变得尖锐刺耳，血压也似乎开始上升，这说明现在的他已经不再是一个解惑的教官，而是一个传道的教士了，“但是，这里也有很多危险信号。我可以分辨出乳腺癌患者的足迹，我可以分辨出孕妇的足迹——只要即使是 11 天内的案子，有时候甚至更短。所以，如果我说让你去看看专家的话，你就应该去看看。”

不管他的这些话是真是假，他对大自然真的是了如指掌。就像有人天生就是歌手或者画家那样，布朗天生就是个追踪者。在这几节课里，他教给我们如何区别七百多种不同的爪印与足迹、如何分辨不同动物留下的痕迹、如何在像岩石和木质地板那样坚硬的表面辨认踪迹以及如何寻找失踪的人们。

实际上，很多人在迷路的时候都会朝着自己主力臂的方向绕圆圈前行。人们一般都会以为自己走的是直线，其实他们只是在方圆一英里的地方打转。

最后一节课里，布朗把我们带进了森林里。

“我想让你们自己看看，刚才的半个小时里，在你们的鼻子底下都发生了什么，”他大声说，“昨天晚上既没有外星人降落，也不是大地母亲起鸡皮疙瘩。如果有什么地方坑坑洼洼，肯定是来过什么东西。”

每隔几码的距离，他都要停下来，插下一根小棍，告诉我们这里刚才发生过什么。

“这里刚刚有一场狼兔大战。”

“这里刚才有一只雌狐在打洞。”

“这里刚才有只松鼠停止吃橡树子。”

就像布朗教我们的那样，只要我趴在地上仔细观察，总是能看到各种各样的痕迹：有些留在了土地里，有些留在了松针上，还有些留在了青苔上、木头甚至树叶上。布朗曾经说过，这个从前对于我们来说只是千篇一律的泥土尘屑承载体的大地，如今变成了一个有着各种各样奇闻轶事的活图书馆。

他让我蹲在一处像小鼩鼱的右前爪留下的痕迹旁仔细观察。这个足印又小又浅，像蛋壳一样，后面地上还有一个大拇指甲盖那么大的小洞。我的双眼逐渐地适应了这样的微观视角，于是这些印迹里的信息——每个脚趾间的缝隙，每个爪下的黑色肉垫——都在我的眼前清晰呈现。我能看出这只鼩鼱行进的方向、奔跑的速度和来这儿干了什么。总之，我好像懂得了这头小动物的个性一样。我趴在地上完成了45分钟的练习以后，当我再次站起身来，我甚至可以看清远处的那些足迹。我像是多了一只眼睛。

到此为止，我从蒸房里开始启动的转变已经全部完成。我开始迷上了布朗的课程，迷上了户外运动，迷上了睡袋里暖衣包裹的夜晚——当然如果不算那个塑料瓶的话。我没有了手机，也不会因为厌倦和无聊半途而废。我开始和其他学员一起探讨那些我曾经极力抗拒的生存之道。

一天晚上，当我站在篝火旁，按照教官教给我们的方法烤鱼吃的时候，我发现自己和这群海军陆战队士兵竟然相谈甚欢。

卢克是个年轻的士兵，留着一头黑色短发，嘴唇很薄。他一双棕色的眼睛虽然不大，但是格外有神。“这个现在并不流行，但是我觉得，下个世纪美国准会发生天翻地覆的变化。”

“从哪里开始变化呢？”我问。

“从我。”他一本正经地说。

停了一下，他继续向我们解释，“在军队里，不论你问谁，都对政府深恶痛绝。各种各样的规章制度让我们寸步难行，士兵们随时都面临着生命危险。”

“如果我们按照交战规则来打仗，”戴夫，一个年纪稍长的大个子士兵补充说，“那我们就死定了。”

卢克告诉我们，有一次他因为违反了政府部门的有关规定而惹上了麻烦。他们营抓住了伊拉克头十号逃犯之一，但是当地的村民因此揭竿而起。

“这些人后来怎样了？”我问。

“他们后来就像这样。”说着，卢克指着熊熊燃烧的篝火。烧得通红的炭块上包鱼的锡纸已经被烟熏得黑糊糊的。

我看得出来他洋洋自得的样子。他一定觉得这很酷，好像他就是好莱坞动作片里的明星。但是，我却忍不住去想，那些一切希望全都化成了泡影的可怜人。那些战争卡片上曾经令我惴惴不安的东西，到了一些像卢克一样利欲熏心、麻木不仁的人眼里，就成了另外一回事。

那天下午，布朗又传授给我们一条铁律：住所、饮水、火、食物。要想在荒野里生存，他说，就要打理好这些需求，按它们的先后次序。

在这一周的最后几天里，他教给我们如何在大自然中运用这条铁律，这正是我在加入“追踪师学校”之前最想要学到的东西。

常常在太阳落山以后，布朗会来到我们当中，疾言厉色地警告我们，美国的大劫已经近在眼前。他一次比一次更急危言耸听，到最后他说：“到了危急关头，当有人为了充饥而追杀你时，如果你掌握了我们的课程，那么你存活的几率就会是 90%。”

但愿他的话是真的。不过我知道，我还不是一个真正的生存主义者。不仅因为我需要对布朗教给我们的技能进行强化训练，而且这里还涉及到一个从儿时就困扰我的难题：这里随时随地都要用到刀。

我 13 岁那年，姑姑买了一把瑞士军刀给我，但是刀立即就被爸爸妈妈没收了。他们说等我 18 岁的时候再还给我。5 年之后，等我向他们要时，他们又说刀已经丢了。我猜他们大概以为我会忘了的。

结果，当别的学员熟练地砍下树枝，切成木片，搭设陷阱与灶台时，笨手笨脚的我却花了整整一天时间，最后也什么都没有做成。如果我想在森林里生存，我就必须带着刀。如果我要带着刀，至少我得先学会怎么用吧。于是，在我的“求生必杀技”上，我又添上了一条：学刀。

在最后一次课上，布朗几乎已经从一个自然主义者转变成了一个神秘主义者。根据“老爷爷”的预言，他说，很快天空会在一个星期内变成红色，而人们纷纷出逃求生。“这就是我的动机——担心，”他话锋一转，声音陡然降低，“担心我们已经快没有时间了。”

有关世界末日的预言早在人类诞生之初就开始四处流传了。最近，有许多人宣称，2012 年 12 月 21 日将会发生一系列重大事件。据说，那一天不仅是玛雅长计数历的尽头，同时也是人类命运的终点。当然，我们进行户外生存训练的目的不是为了防备世界末日，而是为了防备人类的末日。因此，这些言之凿凿的警告，不是我们疯狂的表征，而是我们对自身价值的追寻。毕竟，有什么事情比普救天下苍生更意义重大吗？

当布朗含着泪水，一言不发地走下讲台时，我朝教室的四周望去。大家都穿着夹克衫或者带帽汗衫，可是我却只穿了一件短袖衬衫，既没有打哆嗦，也没有流鼻涕。我想找到那天晚上那个光着膀子吸烟的男人，但是怎么也找不到他。于是，我问旁边的一个士兵，他告诉我说，上个星期那个人的药用完了，所以这周被送进了精神病院，免得他危及其他学员。

看来，最强悍的生存达人就是那些最疯狂的人。

那天夜里，我躺在温暖舒适的睡袋里睡着了。第二天一早，当我上台去领结业证明时，还真有点儿舍不得离开。

面包车行进在花园州收费高速公路上。我坐在车里，一边看着“追踪师学校”渐行渐远，一边若有所思地注视着道路两旁的深绿色的灌木丛。仅仅一个星期的时间，我已经今非昔比。从前，我会认为人行道上才会有我的房子，而路旁的花草树木并不可能是人类的居所。

现在，我知道那里也是我的家园。

第 48 节
怎样惹你的女朋友生气

他的声音冷冰冰、硬邦邦的："你是想来这里玩玩，还是真的想要学刀？"

"我想学刀，因为这既是生存技巧，也是生活本领。"

"好，"他似乎是个一丝不苟，容不得丝毫差错的人，"等你的车子在沙漠里抛了锚，你就知道我要教你的东西多有用了。到时候，你就可以用一把小刀，两个皮圈和几根绳子烤兔肉吃了。"

也许是因为我孜孜不倦的好奇心，也许是我的好运气使然，这次我又找对人了。我曾经在互联网上进行搜索，想找一个合适的人选来训练我学刀，可上面只有烹饪班之类的介绍。于是，我来到了一家叫"山谷"的武术用品商店。店主拉斐尔向我推荐说，在亚利桑那州有一个制作格斗与户外刀具的行家，叫麦德・刀哥。

麦德・刀哥住在亚利桑那州的普雷斯科特。这里不仅是射击场的所在地，而且生存主义作家科迪・伦登、射击教练路易斯・奥文巴克、格斗手枪教练查克・泰勒、枪支制造商汉斯・王和边缘民兵提摩西・麦克维都曾经前来讨教。普雷斯科特可以说是最安全的地方，也可以说是最危险的地方，就看你是个什么人了。

"你最好能带着枪来，"挂电话之前，麦德・刀哥告诉我说，"说不定什么时候就会出岔子。"

离去麦德・刀哥那里学艺还有一周的时间，我预先制订了一张详细的计划表。等到我学完刀术以后，就可以每天训练自己学过的这些生存本领。同时，我还要想办法增强自己的抵抗力，从而体现生存主义者论坛上的座右铭：“忍耐、调整、克服。”

每天晚上，不管气温有多低，我都会关掉暖气——除非凯蒂不愿意。

每天白天，不管天气多热，我都会关掉空调——除非凯蒂不愿意。

天色已晚时，为了加强夜视能力，我尽量不去开灯——除非凯蒂不愿意。

最后，我们俩达成协议，我可以待在后院，想待多久就待多久，而凯蒂就可以懒洋洋地躺在室内。

“女孩子家可不喜欢出汗，”只要我想叫她出来，她就会这样说，“又黏又脏的。”

因此，当我在后院训练时，她在屋里看有线台播的电影《电锯惊魂 2》或者《得州电锯杀人狂》什么的。我不知道她喜欢看这些东西，究竟是她潜意识里想要面对自己的恐惧呢，还是在给自己增加新的恐惧。

有一次，当她看见我晚间在星空下入眠时，倒是很想加入来着，但是害怕蚊子叮疼胳膊，蜘蛛掉进嘴里，或者蚂蚁爬到身上。不一会儿，她就又进屋去了。

我成了一个恐怖的男朋友。但是，我的决心已下，我不会再唯唯诺诺，我要变得坚强，我要变成一个男子汉。我不再为了只图舒适安逸而增减衣物。我发现我的耐受力正在逐渐增强，我的皮肤也在变厚。

可是，因为没有工作可做，没有学校可上，没有驾驶执照，凯蒂整天闷在家里，变得越来越压抑。为了让她从家里走出来，也让她关注一下我的爱好，我力邀她与我一起去麦德·刀哥那里学刀。

出人意料的是，凯蒂竟然一口就答应了下来。“他肯定又粗暴、又刻薄，”她说，“不过只要你愿意，我就陪你去学学怎么做个原始人。”

我想，要么就是她还不了解我这样做的深意，要么就是她比我聪明得多。

当我给凯蒂预订机票的时候，忽然想起来已经几个月都没有听到过圣基茨的麦克斯韦尔的消息了。他的银行账户里可是塞满了我的血汗钱。于是，我发了一封电子邮件，问他我的护照审批过了没有。

他回信说，只有等到土地登记处给我的公寓开出证明，他才能向政府证明我购置了这处地产，然后才能提交我的申请。因此，现在我不仅还没有拿到护照，也没有拿到房契。没有任何文件可以证明我拥有那处房产。

我担心自己是不是上了当，所以打电话给斯宾塞。但是，他那里的情况也同样糟糕。“这个什么圣基茨的事情可真让人头疼。”他叹了一口气说。因为有关物业的谈判破裂，所以他至今还没有签署申请国籍的文件。“那里理都没人理我，他们整天放假，我都去了好几次了，还是什么都没有谈成。”

“那你下一步打算怎么办？”如果他的方案可取，我会设法让麦克斯韦尔退回我的钱来，然后和他一起干。不过，看来他的计划我实现不了。

“我在想，可以多拿出一些钱来，然后买上一座小岛。这样我就可以让别人来代为看管，比如说农民。我可以在岛上的一半土地上种地养牲口，然后每个月把出产运到外头出售。我打听过了，要想买下这样一座岛，带上规划开发，得 4 年的时间。这样，我随时随地都能出来。”

有钱可真好，我想。如果没有国家发给你护照，你可以自己买一个国家。

第 49 节 忍者支招：飞机上的防身武器

Cogito ergo armatum sum——我思故我强。

这就是麦德·刀哥的人生观。

他告诉我们，他喜欢到机场的礼品店里去溜达，看看有什么东西可以打造成武器。

他告诉我们，他的女儿上飞机时，头上都要戴着玻璃环氧化合物做的筷子，必要时就可以削成匕首，用来捅人。

他告诉我们，他总是随身携带一根武术拐杖，而机场的安检会以为那只不过是一根普通的拐杖。

他告诉我们，只要把杂志紧紧地卷成一团，然后用两卷胶带缠好，任何人都可以将它变成飞机上的防身武器。

听麦德·刀哥这么一说，我才知道，美国联邦航空管理局虽然规定不允许携带裁纸刀、打火机、台球杆和雪花玻璃球，但是这些规章制度就像哑谜一样，哄哄外行还可以。

凯蒂坐在后座上，已经吓呆了。也许我不该带她来见这个人。

麦德·刀哥把车停到了他作坊——麦德·刀哥实验室——的前面。可是，这里门前贴着的不是招揽顾客的海报，而是一张谢绝入内的公告：本实验室不对公众开放……如果您未经邀请或者没有提前预约而擅自闯入，恐将被以破坏联邦合约人设施的罪名加以逮捕。

里面的墙上挂着他几个女儿的照片，看起来可爱又漂亮，不过就是头上都戴着致命的武器。这个作坊本身也是一个仓库，大小跟一个飞机库差不多，里面有各式各样的锻造工具和许多尚未完成的碳钢刀。

他的语调不疾不徐、低沉有力，让人无法质疑或者取笑。“钻头就是两片螺旋形状的刀。剪子就是两把方向相反的刀。钢锯就是带有许多锯齿的刀。不过，人类的登峰造极之作还是单刃直刀。”

“我想要是让我拿刀的话，一定会弄伤了自己的。”凯蒂插了一句。

“用不着，”他说，“你自己身上就有利刃。”

“没有啊。”凯蒂听他这样说，生气了。

“许多最原始的刀具都是用骨头打造的。看看你的指甲，我可以教你用它们挖出对手的眼睛。”

凯蒂默不作声。

我注意到，麦德·刀哥说话时，从来都不用“我想”和“我认为”这样的措辞。对他来说，事实就是事实，就像嗖的一声从腰带上的刀鞘里抽出一把 5.4 英寸的刀一样，干干脆脆、清清楚楚、利落坚定。

有一把他自己做的刀，叫猫熊。“它就像我的孩子一样，”他绝对是认真的，“这把刀是无法用金钱衡量的。”

接着，他带领我们参观了他打造这个“孩子”的一道道程序：先用横锯将一块碳钢切出刀子的形状，再用磨砂机打磨锯齿，最后用打磨机再打磨磨砂机的刀头。

“刀刃的精华就是这样产生的。”他一边说着，一边把我们带到了一个主冶炼炉前。炉子的旁边有一个长长的金属盒子，里面的淬火油可以使刀刃冷却并变硬，成分大都是植物油。不过，他说，每次只要在工作时割伤了手，他就会把自己的血滴到油里面。这样，每一把麦德·刀哥的刀都流淌着他身上的血液。

只有像麦德·刀哥这样的人才是真正的教练。他们痴迷于自己的技艺。在麦德·刀哥的眼里，一张桌子不是一张桌子，而是一个四面带刃的坚硬物体。他们不仅传授给你本领，他们还改造你的头脑。

斯宾塞的力量源自于他的银行账户，而麦德·刀哥的力量、信念与本领都源于他的内心。在关键时刻，这才是最宝贵的财富。所以，麦德·刀哥才是我在 WTSHTF 时的理想盟友。

我顺手抄起旁边一把刚刚磨好的刀。这把刀看起来近乎完美，我几乎可以看清自己在里面的影子。

“如果你把它弄折了，”麦德·刀哥冷冷地说，“我会把他插进你的喉咙。”

也许，WTSHTF时我还是和斯宾塞在一起好了。我看了看凯蒂，不知道她怎样想。

“你还好吗？”我问。

“一开始，我觉得他有点怪怪的，”她说，“但是当他和我讲话的时候，他的声音变得很柔和。而且他还老是担心我不适应。我看，嗯，他像是个好人。”

我们一起走到作坊中间的一张桌子旁，在这里麦德·刀哥给我们上了关于刀的第一课。

他教给我们为什么碳钢要比不锈钢更适合做刀刃。

他教给我们什么是平面打磨、片刃研磨和圆弧打磨。

他教给我们什么叫第一斜角，第二斜角，什么叫剪切、嵴线、卡榫、刀柄、刀腹、刀背和横磨。

他教给我们怎样砍、推、切、削、刺、割。

他甚至还教给我们怎样用氢氧化钠销毁刀上的DNA证据。

我从来没有想过，原来薄薄的一把刀有这么多名堂和讲究。就像汤姆·布朗教我如何追踪猎物那样，今天又有一种全新的语言摆在了我的面前。从此以后，在我的眼里刀就不再是一把普普通通的刀了，而是一种艺术、一种学问、一首诗。教者天马行空，学者学以致用。

我看了看凯蒂的笔记，上面倒是不少词汇。但是到了从“片刃研磨”开始，到“第一斜面”结束，她的笔记已经变成了鬼画符。当麦德·刀哥开始教我们怎样像《龙威小子》里面演的那样打磨刀锋时，凯蒂悄悄地对我说：“磨刀有什么意思啊！”说完，她拿着一打《马克西姆》的过刊进了洗手间，大概是想借鉴一下里面的化妆术。我想，她只不过是在用自己的方式，学习她们女性这种最古老、最行之有效的生存技巧吧。

第二天一早，凯蒂和我就醒了，我们准备到森林里向麦德·刀哥学习更多用刀的技巧。等到我穿好了工装裤、战斗衬衫，系好了弹带——自从我从射击场和“追踪师学校”回来，我的衣橱已经焕然一新——凯蒂忽然说，她不想和我们一起去了。

“怎么啦？一整天待在屋子里面，难道你不觉得闷吗？”

“还好啦，”她赶紧躺在床上，把被子拽到盖起了脖子，“我最害怕森林了。”

毫无意义地争执了十几分钟以后，我让步了。麦德·刀哥来接我的时候，问凯蒂哪里去了。我面带愠色地告诉他，凯蒂不来是因为她害怕森林。

“她是我生存的负担。”我叹了一口气说。

“也不见得，她是蛋白质的绝佳来源。”

如果我打算成为一个生存主义者，我想，我一定得装得对这种玩笑习以为常才行。不过，但愿这真的只是个玩笑。

麦德·刀哥戴着墨镜，穿着一条工装裤和一件无袖 T 恤衫，上面写着：要节省时间，就请当我无所不知吧！

“是你的家人给你买的这件 T 恤吗？”我问。

麦德·刀哥笑着点了点头，然后向我讲述了他这件 T 恤的来历。这是他温柔的一面，正如凯蒂在他的作坊发现的那样，而我直到这时才看见。尽管他是出了名的粗犷又暴躁，尤其是在耍刀子的这个圈子里，但是他不像汤姆·布朗那样愤世嫉俗。他是个艺术家，因为看到别人的方法不得当才不得已入行的，而他的方法，就像他的 T 恤一样有着鲜明的个性。

麦德·刀哥原名凯文·麦克克朗，从小在圣弗兰西斯科南部的红木城长大。“1968 年我上大学二年级的时候还是一个骨瘦如柴的小男孩儿。”他说。所以，他经常无缘无故地被找碴和挨打。大四的时候，有一次，一个大个子扬言要宰了他。于是，第二天，麦德·刀哥把一条两尺多长的狗链带到了学校来。当那个大个子在操场上等着他的时候，麦德·刀哥冲上前去，飞甩锁链。他还记得：“那小子的脑袋就像番茄一样，鲜血咕嘟咕嘟地直往外冒。之后他再也不敢找我的碴了。”

从那以后，无论走到哪里，麦德·刀哥都会随身带着武器，或者把武器放在手边。有时是一支钢笔，有时是自行车的锁链，有时就是一个玻璃汽水瓶。他上 8 年级的时候，就在店里用棒料做出了自己的第一把刀。18 岁的时候，他将锉刀磨出刃来，做出了第二把刀。随后，他又在两个退伍军人的办公室里，两个国际武器贩子的手下和一家火箭公司里做过事。后来，他决定创立自己的牌子，“麦德·刀哥刀具”。

那天在森林里，他教给我怎样使用横刀、弯刀、斧头和锯。他还教给我怎样把刀磨成梭镖，然后又向我演示了如何运用全身的力量使用梭镖。

“就算这再微不足道，你也得学会各种捕猎的方式，在浅水里棍击捕鱼，用枪射鹿，用梭镖捕猎野猪，还有设置陷阱，”麦德·刀哥说，“蛋白质就像是一种商品，你可以拿它来交换其他你想要的东西。”

为了摄取蛋白质，我先砍好柴，然后把木柴劈成细条，做成烤架和干燥架，再用镁条打火机把剩下的木头点燃。最后，我们拿着麦德·刀哥自制的弓箭在森林里一边潜行，一边寻找猎物。幸运的是，什么猎物也没有。

这是我有生以来最像男人的一天。就连我失掉处男之身的那一天，也没有觉得自己如此富有阳刚之气。

后来，我们回到了他的作坊，在那里对我进行了一次测验。他递给我一块厚木板，告诉我怎样做成木勺。随后的两个小时里，我锯呀，削呀，凿呀，最后终于做成了：

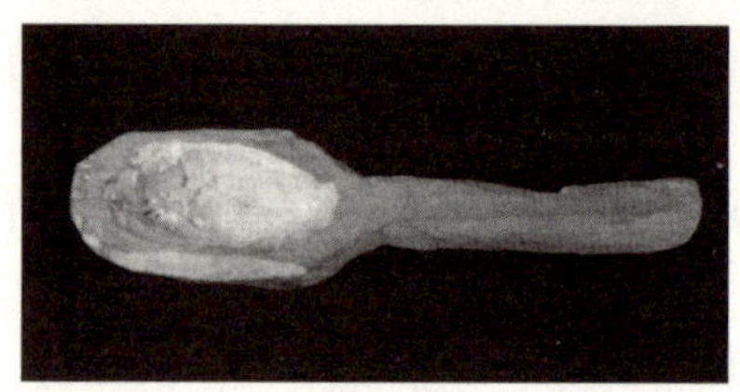

是不是有点儿吓人？但是，3 天以前，我甚至还不会把棍子上的木节削掉，更不用说做木勺了。现在，我已经迫不及待地想要到森林里，施展我在“追踪师学校”里学到的本领，练一练身手。

不过，麦德·刀哥这里还有一天的课程。然而，就是在这天，发生了一件让我永远都不会原谅自己的事。

第 50 节
自然循环的另一面

“要一刀彻底捅进去，”麦德·刀哥吩咐我说，“不能让羊受罪。”

“要是它流着血四处乱窜的话，我会先一枪崩了它，”说着，他拍了拍后腰上的 .45，“然后再一枪崩了你。”

听到这话，我不由得心惊肉跳。我这个人向来不会杀生，即使是让我去审判一个历史上最罪大恶极的杀人犯，我也不会宣判他死刑的。我可不想让自己的双手沾满鲜血。

不过，麦德·刀哥显然不这样想。

在我第一次打电话给他的时候，他就答应过要教我学会怎样宰杀动物、怎样剥皮割肉以及怎样烹煮烧烤。在麦德·刀哥的世界里，要想学会什么东西，办法只有一个，那就是抛开课本亲自实践。

我牵着贝蒂来到一棵歪脖树前，叉开双腿骑在它的身上，然后给它去掉项圈。羊儿低下脑袋，开始啃食地上的青草与嫩叶。显然，它对自己即将成为我们盘中的美餐仍然浑然不觉。

“用手托着它的下巴，把头往后拽，让脖子露出来。”麦德·刀哥大声叫道。

我的心狂跳不止，快要被吓死了。记得塔科夫斯基曾经说过，无论是什么事情，假如一旦发生就不可逆转，人们往往会犹豫不决。这是人类的天性。可是，只要我这一刀下去，那就毫无退路可言了。狩猎对于有些人来说也许只是一种常态的运动项目，但是对我来说，把刀架在别人的脖子上绝对是一个关乎个人品质的问题。

我把刀从刀鞘里抽了出来，轻轻地挨着贝蒂的脖子。

“是这里吗？”我问麦德·刀哥。

这时，贝蒂好像也已经感觉到有点儿不对劲。她抬起头来，不住地颤抖。

“就是这儿，”麦德·刀哥一声断喝，“快点动手。腿要夹紧，不要让它跑掉。”

我仍然可以有别的选择。我不一定要杀生的！

“要是你不把这头羊从农场上带走，最后它会怎样啊？”我又问。

“羊天生就是要给人吃的。”

我转过脸去看了看凯蒂，想让她来为我的良心做最后的裁决。

“这样做不对吧？”我问她。

“也没有什么不对的。当一个人饿极了的时候，总得杀掉它才能充饥啊。”她说。这个回答真让我对她刮目相看。知我者，凯蒂也。

看来从前是我自己在自欺欺人。难道不杀牛宰羊我还能每天都有肉吃吗？难道不宣判别人死刑就说明我道德高尚吗？事实上，只要拿起屠刀的或者把杀人犯送上电椅的不是我而是别的什么人，我就不会良心不安了。我只是不想为此承担责任而已。

不过，如果我想成为一名真正的生存主义者，如果我想成为一个真正的男子汉，如果我想让《阿特拉斯耸耸肩》的作者安·兰德为我感到骄傲，那么此时此刻我就必须肩负起这个责任来。只有这样，当世界到了危急关头，当我非得用鹿肉甚至老鼠来维持生命的时候，我才会知道怎样能做得干净利落。

因此，为了表示对贝蒂的尊重——哪怕只是一点点，我暗下决心一定要人尽其材，物尽其用。我要吃她的肉，穿她的皮，用她的骨头做工具，将来我还要用她的名字为自己的长女取名。

我是不是快疯了。

“快点，”麦德·刀哥说，“一刀捅进去，割断它的喉咙。”

我让凯蒂去车里等着。

这时，我开始感觉反胃、恶心、天旋地转。好不容易才走到这一步，我一定要挺下去。可是，我干吗要挺下去呢？也不是非要下手不可吧？也许我可以养这只羊啊。但是，我终归还得动手。原因呢？

同侪压力啊。

我用双腿紧紧夹住贝蒂的两侧，然后一只手拽住她的下巴，让她仰起头来。贝蒂不住地哆嗦，但却毫不反抗。不知道我有没有闭上眼睛，反正我只记得一刀就割开了她的喉咙。一种似哭又似笑的尖叫声仿佛划破了长空。这是我有生以来听到过的最恐怖的声音。我必须得让她停下来。

我把刀猛地向前一送，但是刀子好像被什么东西卡住了一样。贝蒂的嘶叫更歇斯底里了。她使劲儿扭动着身躯，想要从我的胯下挣脱出来。

“插进去！”麦德・刀哥大喝一声，“把刀插进去！”

我得赶快了结此事。如果让贝蒂再多受一会儿罪，我岂不是比现在这个样子更像个混球。于是，我狠命一推。刀刃一下子就戳穿了那个又薄又硬的东西，从脖子前面露了出来。鲜血蹭地窜了出来。刀上、手上、地上全是血。贝蒂的叫声变得更加尖锐刺耳，令人不禁毛骨悚然。

我看见凯蒂在车里闭着眼睛，用手捂住了耳朵。

我松开两腿，贝蒂扑一下瘫倒在地。麦德・刀哥抽出刀来猛地刺向她的喉咙，切断了头部与脊椎之间连接的部分。这样一来贝蒂就不会再感觉到任何痛苦了。

我浑身冒汗、口干舌燥，手上的鲜血也已经变得黏黏糊糊的。

“怎么还有声音？”我问麦德・刀哥。

“空气穿过气管时会发出声响。”他解释道。麦德・刀哥总是这样冷酷无情。

贝蒂的腿还在地上乱踢乱蹬。不知道她是不是还活着。

“那只是神经系统的条件反射，”麦德・刀哥看着我说，“要看它的眼睛，它已经死了。”

他依然那样冷冰冰。

“我搞砸了吗？有没有什么做得不对的地方？”

“你刚才做得很好，”他一边说，一边用血淋淋的手在我背上拍了一巴掌，“这样的屠宰方式不违背道德准则。你干得干净漂亮，祝贺你。”

但是，听到这话我并没有感到自豪，相反十分惭愧。

幸好麦德・刀哥让我不停地忙活着。其余的事情就以后再说吧。

于是，按照他的吩咐，我首先切开贝蒂的肌腱，并把它们紧紧地缠在早已在树上捆好的一块木板上。接着，我用一根低垂的树枝作为杠杆，把贝蒂吊在一根高高的枝条上。贝蒂倒吊着的尸体在树上晃来晃去，我拔出刀来，从她的肛门到腹腔划了一个长长的口子。

“先去掉筋膜。小心一点儿，不要刺穿了，要从肉上整个揭下来。”麦德·刀哥叮嘱我说，好像一丁点儿疏忽大意就会毁掉宝贵的蛋白质一样。

我从与腹腔相连的肌肉组织部分剥开了皮，然后小心翼翼地切开腹腔，生怕戳破了内脏。除了在生物课上的蚯蚓解剖，我还从来没有见过其他动物的身体里面是什么样子。从几何学的角度看来，贝蒂所有的器官都井然有序，真是让人叹为观止。这让我开始相信上帝，不过但愿他老人家此时此刻没有看着我，但愿他等我死了以后再对我进行惩罚吧。

我仿佛看到在永无止境的地狱里，一只愤怒的山羊正一次又一次地割开我的喉咙。

这时，麦德·刀哥的吼声打断了我的思索。他警告我不要让内脏玷污了羊肉。我看到一个像灯笼一样的囊状物体——膀胱，里面还有不少尿液。于是，我用手指夹住上方，然后一刀切了下来。接着是肠子，好像一串晃晃悠悠的香肠一样。我把里面的东西挤得干干净净，然后也摘了下来。

就这样，贝蒂的内脏被我一个一个地取了下来，放到了地上。我先切掉了心脏。当我从她的胸膛中取出来放在手上时，那颗心脏余温犹存。然后我又摘掉了肺和肝脏，最后还去除了贝蒂脖子里的食管和气管。这不仅是一节生存课，还是一节生物课。

在贝蒂的喉部，我看见有一团绿色的东西——那是贝蒂临死前还在咀嚼的青草与嫩叶。这团绿色的球状物体猛地把我拽回到了现实中来。

我尽量不去想其他的事情。现在我要做的事情就是吃掉她，用光她身上的每一部分。

将来还要用她的名字为我的长女取名。

其实杀牛宰羊对于人们来说早已习以为常。为什么我杀起生来偏偏就要这样心惊胆战？我告诉自己，要像麦德·刀哥那样想：她只不过是人们摄取蛋白质的来源，只不过是一块还没有去掉腿的肉而已。

凯蒂从卡车中踱了出来，战战兢兢地瞥了一眼一团狼藉的地面。

“你不应该带这么可爱的一头山羊过来。”她略带埋怨地对麦德·刀哥说，然后立刻把头转了过去。我得跟她谈谈，我可不想因为今天的事让她对我有什么成见。

我在贝蒂的后腿上画了个圈儿，然后在接下来的90分钟里，小心翼翼地把她的皮整个剥了下来，打算用她给凯蒂做毯子、帽子或者迷你裙什么的。

皮剥好以后上面还连着羊头。我连皮带头扔进了垃圾袋中。现在，我的手上只剩下了一头剥了皮的、没有头的、摘掉了内脏的山羊了。在麦德·刀哥的指点下，我先切掉了贝蒂的腿，然后又去掉了脊椎、肋骨与脖子，最后把躯干部分放在案板上，用斧子砍掉后脚，把剩余部分的肉丢进垃圾袋里。

转瞬之间，一头活生生的动物就变成了人们盘中的美味，这真是让人难以接受。想到这里，我告诫自己，这是常识，这是在喜互惠、克罗格与彼德·卢格牛排屋还不存在的时候人们必须要做的事情。

我们清理了一下现场，把贝蒂的内脏堆成一堆。这样很快就会有土狼把它们吃掉的。然后，我们一起回到了车上。

麦德·刀哥打开车载音响，在震耳欲聋的AC/DC音乐中大声对我说："欢迎你进入到生物链中来。现在你已经不再是一个旁观者，也不再是一条寄生虫了，而是广大生物链中的一环。你已经有能力靠杀生来维持自己的生命了。但是，你还要学会怎样培育和驯养动植物，这样才能够补偿自己对自然环境所造成的损失。"

听到麦德·刀哥这样说，我感到十分欣慰。原来所谓生存，不只是砍柴生火、杀牛宰羊。

"一个生存主义者，同时也是一个环保主义者，"他接着说道，"如果你只知道索取而不懂得给予，那么你就会变得就像蝗虫一样令人厌恶。"

我们把贝蒂的肉留了下来，带着她的前腿来到麦德·刀哥的作坊，在后院生了火，把前腿丢到了烤架上。

最后，我用那把杀死了贝蒂的刀子当做餐刀，一口一口地吃掉了她。如果不是考虑到自己精神上的痛苦的话，这是我有生以来尝到过的最鲜美的羊肉了。

我们要离开的时候，麦德·刀哥把贝蒂身上剩下的肉用几只黑色的垃圾袋包了起来，让我带回家去，然后又送了我一把斧头和一本包装精美的书，名字叫《美国早期工具大全》。他说这本书可以帮助我在自己家里开一间手工作坊。

"你知道吗，我以后不会再对平民进行训练了，"他说，"今后我打算只在军队里授课。”

“谢谢你的耐心教导。”

“我本来做了最坏的打算，”他的络腮胡子后面竟然露出了一丝笑颜，“但是你只要再积攒一些经验，就可以做一个不错的生存主义者了。”

我会怀念麦德·刀哥的。这三天里，在他手把手的教导下，我觉得自己仿佛成长了许多。我已经做好准备开始展开每周训练了。等到大难临头的时候，我随时都能够施展自己在“追踪师学校”学到的本领，而且远远超过了斯宾塞。至于变得比斯宾塞还要极端究竟是好事还是坏事，我就不得而知了。

当我坐在飞机上，牢牢地抓住膝盖上装着羊肉的垃圾袋时，凯蒂朝我转过脸来。

“你觉不觉得自己的精神受到了打击？”她问。

“说来也怪，还真没有。你呢？”

“我有，不过只是一点，”她看着旁边，“她太可爱了。现在我也变成一个原始人了。”

“那我问你时，你为什么还说这没有什么不对的地方呀？”

“我那样说只是为了迎合你的需要，”她说，“但是在我的内心深处，我觉得你那样做是不对的，贝蒂可是一个活生生的可爱的小东西啊。”她停下来想了一想，又说，“她让你牵着自己的唯一原因是信任你。这真是糟透了。”

我想，现在我的精神的确受到了打击。

第51节 世界末日逃亡计划

星期日 钻木取火

在去“追踪师学校”之前，我根本就不知道用两根木头真的能取火——除了在《荒岛余生》中看到汤姆·汉克斯与那只和他患难与共的排球这样做过。但现在我知道两种可以用木棒取火的方法：手钻取火与弓钻取火。

从麦德·刀哥那里回来以后，我驱车前往加布列莱诺印第安人居住过的地方，现在叫做加布列莱诺康乐中心。在那里我收集了一些雪松和酒神菊的树枝，还有一些用来做火媒的艾蒿。

一周以后，等它们变干时就可以生火了。要想手钻取火。首先要把雪松木削成一根笔直的木棒，然后在木棒顶端靠近边缘的地方切一个缺口。接着，把木棒放在地上，在缺口处插入一根又细又长的酒神菊的茎，最后把茎握在两手的掌心中来回揉搓，这样摩擦就会产生热量。

尽管青年时期孤零零的我有过许多类似的摩擦练习的经历，但当我的手上磨出一层厚厚的老茧的时候，当我的脏话都快要骂完了的时候，我才学会了如何让木棒的缺口处迸发更多热量。

接着，我在缺口处挖出一个楔形的小洞开始取火。经过两个星期的勤学苦练，我终于可以让木棒产生一点小小的火苗了。最后，我把木棒的一端放在了艾蒿中，一边用手遮住两边，一边用力吹出火星来。

火着了！

看着熊熊燃烧的火焰，我不由得满怀敬畏。从今以后，只要有木头的地方，我就不再担心没有火了。而有了火，就等于有了温暖，可以烧水，可以煮饭，可以维持生命了。

如果说手钻是钻木取火的初级形态的话，那么弓钻就是后来进化的高级形态。首先要学会做弓，把丝兰花的叶子撕成长条并搓成细绳，然后再把这根细绳系在一根又细又弯的橡树枝的两端。

想要弓钻取火，还需要三样其他东西：先用雪松的木头削成一根笔直的木棒，一根尖尖的、用来在木棒上进行摩擦的梭子和一块固定在梭子顶端和用于保持稳定的方木板。

我把一根手指伸进耳朵里，掏出一些里面的排泄物抹在梭子的顶端，据说这可以减少手柄的摩擦，而且这还是一种可再生的能源呢。

为了取火，首先我要把弓弦绕在梭子上来回摩擦。可是，我花了几个小时才用丝兰花搓好的绳子不一会儿就断开了，我只好取了一段绳索代替，就像下面这个样子：

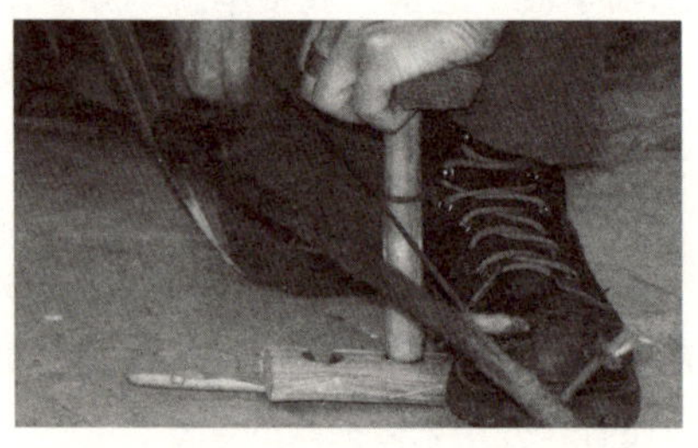

你的动作越快越稳，产生的火苗就越大，这要比手钻取火的速度快得多。

尽管我在圣基茨申请国民资格的事情仍然迟迟没有回音（麦克斯韦尔抱怨说首相度假去了，所以他还得等首相回来），看来我还有不少时间可以用来练习钻木取火的本领呢。

星期一　藏身之处

为了建造一个藏身之处，我从星期一的中午一直忙活到日落西山。

一开始，我先到住所附近的小山上溜达了一圈，捡了不少垃圾袋、干草、树叶与树枝回来。接着，我在后院的地上插了两根“丫”字形的树枝，中间相距大约十八英寸。最后，再把这两根树枝的顶端靠在一起。

然后，我找来一根大约八英尺长的粗枝，把它的一端放在“丫”字形的树枝上，另一端支撑在一根木头上，作为木棚的顶梁。

接着，我在顶梁的两边分别搭上一些树枝，这样就成了一顶帐篷的形状。最后，我在帐篷的顶上再盖上树枝与枯叶，就像这个样子。

从理论上讲，三英尺半厚的树叶与干草可以让人在华氏30度（约－1℃）时仍然保持温暖，四英尺半厚则可以抵御华氏零度的严寒，而六英尺半厚的树叶与干草甚至可以让人在华氏40度时也不至于被冻死。不过，但愿这样的情况永远也不要发生在我身上。

我把剩下的干草与树叶尽可能地堆进木棚里，然后爬进去打了个滚，好把它们压平。接着再往里面堆放干草，如此反复数次以后，我用剩下的树枝与树叶做了一扇小门，最后再捡来一只装满枯叶和干草的垃圾袋封住透风的地方。记得布朗曾经教导我们，在必要的时候，保持体温最好的办法就是往衣服和裤子里塞满树叶与干草。

实际上，有很多流浪汉就是这么做的，只不过他们用的不是树叶，而是报纸。

到了夜里，当我穿上长内衣、牛仔裤与带帽汗衫准备到后院露宿时，凯蒂苦口婆心地劝我不要过去。“树叶里有很多细菌呀。要是你躺在那里，不就是等于躺在一堆虫子里头吗？还是别去啦，多恶心呀。”

“我会点燃一根柴火，用烟把它们熏跑的。”

“那你也得戴上个医用面罩什么的，要不然臭虫和蜘蛛会爬进你的鼻孔和嘴里，”说到这儿，她看见我在偷笑，于是气儿不打一处来，“你以为我是在跟你开玩笑吗？才不是呢。我敢说它们不光会啃你的肉，还会吸你的血呢。”

我只好信誓旦旦地向她保证，必要的时候我会进屋戴上防尘面罩的，她这才作罢。我钻进木棚，躺在树叶做的床上，随手关上了用垃圾袋做的门，然后准备就寝。

一个小时以后，我开始感觉到浑身奇痒难忍。屋子里面有温暖舒适的大床和可人的女友，我为什么要睡到这个鬼地方呢？但是，我还是按捺住满腹的牢骚，穿上鞋子，拿出手电筒，四处搜罗更多的干草。也许这样可以给木棚内部增加一些热量。可是，今天下午周围的树叶已经被我一扫而光了，于是我悄悄溜到邻居家的垃圾箱旁，把他们剪掉的枝叶满满地塞了一大包，然后全都倒在自己的木棚上，这才钻进里面。这时，我才感到自己已经精疲力竭了。

刚要蒙蒙眬眬睡去的时候，只听见外面一阵响声。我越是不去理会，那个声音就越大，到最后我已经睡意全无了。说不定一会儿有一只老鼠突然窜进来跳到我的脸上。也许我真的应该戴一个防尘面罩。

如果真的非要风餐露宿不可，那么这只老鼠无异于是一顿送上床来的美餐。但是，我心里清楚这只是一次演习而已，所以我拍了拍地上的草叶，晃了晃木棚，但那个沙沙声反而有增无减。这一折腾除了晃掉了一些用来遮风挡雨的草叶子，简直是白费力气。虽说城市里也有自然世界，但是，此时此刻，我忽然觉得这个自然世界比起森林里那个真正的自然世界来，要肮脏得多，让人难以忍受。

不知什么时候，我恍然入梦。一觉醒来，清晨的阳光已经照进了我的木棚。

我想，为了得到圣基茨的公民资格而花那么一大笔钱真是浪费。其实，我完全可以一个子儿也不花，不就是搭建一个小窝嘛，只要再带上一罐杀虫剂就可以了。

幸亏我为自己安排了铺设陷阱的训练，不过要等到星期五才开始。

星期二　救命之水

在到“追踪师学校”进行训练之前，我从来没有想过原来割开野生的葡萄藤就可以挤出水分，也不知道蓟菜的根茎（当然要先把刺拔掉）可以暂时解渴，更不知道仙人掌里的那么一点水分会太苦涩而不适宜饮用。当我在海上搁浅时，可以饮用鱼的脊液、眼角水分和乌龟血。假如真的到了那个时候，不应该食肉，因为撕裂和咀嚼那些肉只会让人更加口渴。相反，把一块小鹅卵石放在唇边倒是有助于保持人体水分，从而缓解口干舌燥的症状。

最重要的是，我竟然不知道可以通过无中生有的办法得到饮水。于是，在第一个星期二那天，我制作了一个太阳能蒸发器。

那天一早，我先在院子里挖了一个大约两英尺深的大洞，然后把水杯放在洞中。接着，我找来许多青草与落叶撒在杯子旁边。如果附近找不到青草与落叶，你可以在杯子旁边撒上一泡尿，从理论上来讲，这个太阳能蒸发器仍然有效。如果你被困在了海上，可以把杯子放在一个装了海水的大容器里。

然后，我用一只干净的垃圾袋盖住洞口，用土埋住边缘，让塑料袋固定不动。最后，再用一块石头压在中间，让杯子顶端的那部分塑料袋向下凹陷。

当天晚上，我去查看情况时发现塑料布的内侧已经沾满了水珠，水珠滴进杯子里。这样竟然接到了一小杯水，这真是不可思议。

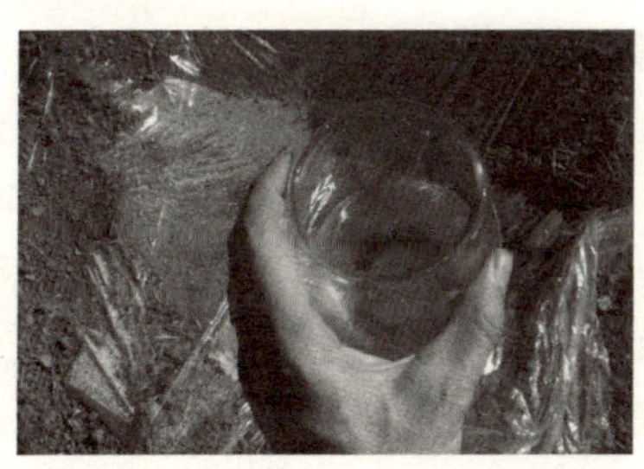

第二个周二，我又尝试了一种新的办法。这一次，我把一只干净的垃圾袋绑在一根枝繁叶茂的树枝上。两天以后，袋子里也蓄积了不少水滴，尽管水量要比太阳能蒸发器里产生的少一些，但是却更清洁，味道也不错。

这让我想起来自己在许多电影中都看到过的镜头，几个口干舌燥的人在一望无际的沙漠里爬行，千方百计想要求得一点水喝。如果他们知道怎么使用太阳能蒸馏水分的话，只怕情形就会变得完全不同了。不过到那时，他们千方百计想要得到的应该不再是水，而是垃圾袋吧。

星期三　生存主义者的晚宴

这个星期三，我请了不少朋友来参加晚宴，这样我的训练也许会变得顺利一些、热闹一些。在接下来的一个月里，每个星期我都会尝试一种原始的烹饪方法。每当我做饭的时候，凯蒂就站在一边愁眉不展、长吁短叹，生怕我会把这里院子里的树木房屋，还有她的直发器付之一炬。

可是，她大概忘了，我曾经进行过社区救灾反应队的专门训练，而且灶台旁边就放着一个质量上乘的灭火器。我当然知道该怎样使用。

另外，我还买了四盒干粉。即使晚宴出了什么状况或者发生了火灾，从理论上讲，我只要拿起灭火器朝着房子一喷，就能立刻化险为夷了。

第一个星期三的晚上，我试着用石块炖肉。首先，要放石块在火里加热，然后再丢进装满水的锅中让羊肉慢慢变熟。不过，我从来都没有告诉过我的客人们锅里的羊肉是从哪里来的。

第二个星期三的晚上，我试着用煤炭烤肉。首先在煤块上支起一个架子，然后再把生肉放到架上面烤肉就可以了。

第三个星期三的晚上，我试着用石块烤肉，这一次要比前两次高级一些，因为石块不会产生那么多灰烬，也就不会污染了羊肉。

接下来，我还试过用烤肉扦做饭。首先，要在火的两侧插上两根“丫”字形的木棍，然后用另外一根尖木棍穿起鸡肉，放到架子上面。不过，这一次做饭的时候，我看到一个邻居从三楼的窗户里探头探脑地朝我这边张望。但愿不要有人报火警啊，说不定我已经违反了好几条，甚至所有的《洛杉矶防火安全条例》了吧。

又一个星期三到了，我尝试着做土焖鸡。首先，在地上挖一个坑，在坑的四周围上石块，然后在上面生火。当火引燃下面的煤炭时，我往上面盖了大约六英寸厚的干草与泥浆，把洞口封死。然后将放在顶端的鸡降下，添上一层草木，再用一块紧致的木板、防水布和泥土把到处都密封。

就这次的晚宴，我还特意在邻居们的信箱里留了字条，邀请他们参加。毕竟礼仪之事要做到，而且这些天我挖的坑有的很可能还是在他们的草坪区域里。

在最后一个星期三里，我又试着做泥烤鸡。首先，把一只整鸡去掉内脏、塞进作料，然后用泥巴包裹得密不透风，最后在包好的泥块旁边生火，大约九十分钟以后，把外面的泥土磕掉就大功告成了。

在这个经验里，尝试是关键词。因为在刚开始的时候。每次晚宴都不啻是一场灾难。这也难怪，从前就连用微波炉做爆米花我还都要烤糊了呢。

每次到了开宴的时候，差不多都已经九点多啦。所以，客人们都早已饥肠辘辘。不管是生是熟，只要是能吃的东西，都会如同风卷残云一般地下了肚。不过，这可苦了凯蒂，每次她都得打电话到多米诺比萨店叫外卖充饥。

可是，经过这几个星期的历练，我已经不再手忙脚乱了。对我来说，户外野餐要比在厨房做饭拿手得多。我也尝到了自己做的有生以来最鲜嫩的、最美味的食物。

星期四 跟踪追击

按照布朗的建议，我在后院里放了一个追踪器——实际上就是一个4×8英尺的沙盒。每到星期四，我都会在这个沙盒上留下一个脚印以便观察。

有时候，我飞快地从沙盒上跑过去。也有的时候，我蹑手蹑脚地溜过去。几周后，我还会在上面拍手或者弯腰捡钥匙，看看自己留下的痕迹有没有什么不同。

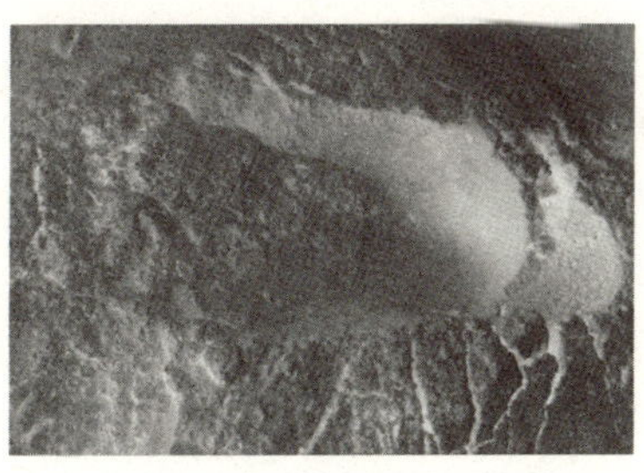

尽管一个足印不足以说明所有的问题，但是沙盒上的记录却丝丝分明。比如，在下面这个印记里，从脚印前端多出的那几道沙坑就可以看出，那时我是突然停下来的；而左侧的裂痕则说明，当时我向右转。

按照柯特·萨克森对生存主义的定义，我这几周的目的应该是——

“成为一个自力更生的、只信任自己的能力、不依靠社会的人。”但是，我却发现了这次训练还产生了一个意想不到的副作用，就像在“追踪师学校”里我遇到的那些学员一样，我也学会了凡事都泰然处之的自以为是。当我外出会友的时候，我不用再梳妆打扮，不用到城里最时尚的俱乐部里自我标榜，不用喝得酩酊大醉，甚至不用与人交头接耳。不管我到哪里去，只要做回平常的自己，这一点就足够了。

我要么会变成《黄昏三镖客》中的克林特·伊斯特伍德，要么会变成令人生畏的炸弹客。但是，我不知道最终的结果会是怎样。尤其当我在自家后院进行捕猎训练之后，我对自己的前途反而变得更加迷茫了。

星期五 原始捕猎

我在“追踪师学校”的时候曾偶然结识了一个叫李的英国生存达人。李告诉我说，他认为野外生存要具备三个基本素质与三种基本技能。

这三个基本素质是：警惕的思想、强健的体魄与自控的能力。三种基本的技能是：手钻取火、搭建木棚与投掷飞棍。前两项我都不成问题，因此第三项“投掷飞棍”就成了我周五的任务。投掷飞棍的步骤如下：

1. 找一根棍子。
2. 把它掷出去。

不过，等到了生死存亡的关头，用棍子猎杀野鹿并不见得是一件好事，因为一头鹿的肉一次吃不完。记得汤姆三世说过：“最好的冰箱在动物的蹄子上。”因此，我们投掷飞棍的目标应该是兔子、浣熊、松鼠或者其他小动物。

从体侧投掷是一种禅宗风格的技巧。当动物出现时，你要凭着直觉迅速出手。也许仅仅零点几秒的迟疑就会让你与即将到口的美食失之交臂。

第一个星期五，我在路旁捡到了一根可作飞棍的理想树枝。它又直又沉，大约有两英尺半那么长，和人的手腕差不多粗。当天夜里，我驾车到附近的一个停车场练习从体侧投掷和从头顶投掷不同的物体。最后，我可以在二十码开外击中任何静止的目标。动态的目标我只看到了一次，那是一只浣熊，不过我可不愿意无缘无故地就把别人砸得脑袋开花。我还要吃掉它，或者用来设宴招待亲友，这还是太残忍了。

作为人类的一员，我为自己感到羞愧。

第二个星期五，我在自己的院子里铺设了许多罗网与陷阱，说不定还能逮住那只惊扰了我美梦的老鼠呢。尽管我的院子里机关重重，比如说，我在树梢架设的罗网里为了捉住来往的飞禽，但是除了不断地往里添加诱饵——奶酪、花生酱，还有贝蒂的肉——之外，我从来没有抓住过任何啮齿类的动物。

星期六 可食植物

一开始，我准备自己去搜寻食物。所以，我在腋下夹了一本《彼得森户外生存指南》,然后计划每周都按图索骥找到一种可食的植物。但是，在头一次出行的时候我就只发现了一些蒲公英——我还想在洗手间里酿造蒲公英酒呢，这怎么足够。看来，我还是得寻求外援。

在谷歌上搜索以后，我来到了一所名叫“自力更生”的学校，校长名叫克里斯托弗·纳尔吉斯。他每周组织一次旅行，和学生们一起到洛杉矶及周边的公园与森林中寻找可食植物。

第二个星期六午后，我在阿尔塔迪纳的阿罗约·塞科小路尽头与纳尔吉斯还有另外 10 个学生会面。他在白色球衣的外面罩了一件蓝色带扣衬衫，戴着窄边帽。帽子的边缘上镶嵌着几根稻草，上面还系有一块紫色的方巾。他的肩上挎着一个背包，背包上面露出一截取火用的弓钻。在我的眼中，纳尔吉斯既像一个高尔夫球手，又像一名动物学家，还有三分好像《夺宝奇兵》里的印第安纳·琼斯。

在将近一英里的路程中，纳尔吉斯一直走在我们前头，时不时地停下来给我们摘一朵花、一片叶子或者一根草茎。他可不像个导游，因为他看起来既不喜欢给我们讲什么东西，也不喜欢别人问他问题。他只是喜欢看见大家为自然界的奇观而惊叹不已罢了。

他让我们品尝一种黄色的芥菜叶子。这种叶子吃下去既不苦也不甜，可是过了一会儿，肚子里却隐隐作痛。他还让我们品尝蓟菜的嫩茎，竟然像芹菜一样甜美多汁。香蒲的根像黄瓜一样鲜脆；丝兰花的果实像沙薯一样美味。大致看来，在刚才我们走过的地方，至少有三分之一的植物是可以食用的。

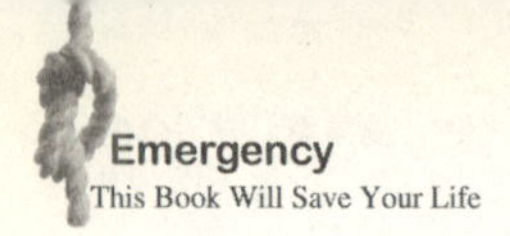

接着，纳尔吉斯在一株酷似西芹的植物前停了下来。今天下午，我已经看到路上有不少这种植物，就是不知道能不能吃。

“这是什么？”他问我们。

这个学校的常客，一个名叫马克·福蒂的电影制片人回答说：“这不就是加利福尼亚西芹呗。”

“如果有人不小心吃下这种植物，”纳尔吉斯的语气仿佛平淡无奇，“他会在半小时之内死去。这是一种毒芹。”

让人惊讶的是这种毒芹无处不在。因此，要是你想杀死什么人，只消把他带到这片林子里来，让他吃下一根“西芹”就行了。15分钟以后，他就会四肢麻痹、失去知觉，然后一命归西。

“看到那朵百合花了吗？”他说，“很漂亮，对不对？”

我们都回答对。他却突然话锋一转，说：“如果吃掉了它，你就必死无疑。大多数百合花会让你的喉咙肿胀并因此而窒息。”

几分钟后，他走到一棵有毒橡树前面。“如果站在它的顺风向，你就会受感染，”他提醒说，“不过我可以吃。”

说完，他徒手摘下一片叶子放进自己嘴里。这时，他在我的眼里，俨然成了一个可以与汤姆·布朗和麦德·刀哥这样神话般的生存主义者相提并论的超级英雄。

“你怎么就不怕呢？”我惊奇地问。

“用不了多久，你也会对它产生免疫的。”

往前走了几步以后，他指着地上一株貌似不起眼的、只有几英寸高的绿色植物说：“有了这个，你们就可以狂欢了。”接着，他向我们解释说，这株植物名叫曼陀罗，可以用来泡茶。小剂量的曼陀罗会让人产生幻觉，而大剂量则会导致死亡。

我们刚才看到的每一种植物都各有所长，有的可以充饥，有的可以杀人，有的可以让人兴奋。这些都是大自然母亲的恩赐吧。

这次训练进行了两个月之久。纳尔吉斯的课程不仅让我学会了如何获得四项基本生存要素——住所、饮水、火与食物——中的最后一项，还让我感到自己体魄健康、生机勃勃，我从来没有觉得这样舒适自如过。如果不是这次训练，我将永远也不会明白人类的身体天生就是用来与大自然进行亲密接触的。

第 52 节
怎样用一罐啤酒取暖

在之后的训练中，纳尔吉斯又教给我们怎样把柳树的枝做成弓箭，怎样把丝兰花当做环保型的肥皂来洗手，怎样辨别哪些海藻可以用来充饥，以及怎样用汽水瓶或者啤酒罐生火。首先，要找一个空可乐瓶头朝下放好；然后磨光表面，在凹面上方举起一根顶端缠有火引的木棒；最后，调整反光面的位置，让阳光点燃火媒。

也许这些本领我一辈子也不会用到，不过，它们至少让我可以做个无所不知的爸爸。至少将来我的孩子们不会再住在漏雨的帐篷里朝着一个矿泉水瓶小便，也不会向女友哭诉自己有多么想家。

当我无意间与那个电影制片人福蒂走到一起的时候，我问他都拍过什么片子。其实，我只不过是随口问问，并没有太多奢望，说不定在他执导的片子里有一个动物会讲话，还在体育比赛中拿了金牌呢。可是，后来我才发现，他正在拍摄的是我听说过的最有意义的纪录片了。

福蒂告诉我说，在过去的 7 年中他走遍了世界各地，发现在不同文化中，人们对于这 5 个基本生存问题的回答是截然不同的：

1. 什么是生命中最重要的东西？

2. 什么才是美好而又充实的生活？

3. 人类最大的问题是什么，其解决办法又是什么？（对于这个问题，福蒂补充说，他曾经采访了一百多个国家里的几千名观众，从来没有人说过人类没有什么问题，这不是很发人深省吗？）

4. 人死以后会怎样？

5. 如果真的有上帝存在，那么他是什么样呢？

“我很想知道，”在他向我讲完这些问题以后，我问，“你采访的那些种族屠杀中的受害者，还有那些曾有过最惨绝人寰遭遇的人们，他们还相信上帝与善良吗？”

“我曾经采访过卢旺达大屠杀中的幸存者，还有像斯里兰卡海啸那样的自然灾害幸存者。我发现，痛苦会拉近人们与上帝的距离，让他们的信念变得更加坚定。所以，我认为人类最大的精神动力就是希望，只要有希望，什么样的天灾人祸人们都可以熬过去。”

听到这里，我忽然想起了维克多·弗兰克尔写的那本《活出意义来》。书中讲的是纳粹集中营幸存者的故事。他说最重要的生存技能就是信念。反之，他说：“如果生命没有了意义，没有了目的，那么就没有必要再活下去了。”

我一边缓缓前行，一边不停地思索。我生命的目的何在？又为什么要如此执著的活着呢？活着的意义是什么？

答案就在眼前：我想活着是因为我还没有活够。

如果人的一生就像一部电影一样，从惊喜热闹的呱呱坠地到疾病缠身、耳聋眼花的风烛残年，我都要从始走到终。我不想中途离开。这里有浪漫，有恐惧，有惊险，有欢笑，有幻想，有亲情，还有最重要的——悬念。因此，我才想要一点儿也不落地看完，直到大幕一收，曲终人散。

有很多人会认为自己是独一无二的、至关重要的，这就是他们存在的理由。他们生存的意义就在于，当别人对这种观念提出挑战时更为肯定自己的看法——无论是用闲言碎语、舌剑唇枪，甚至是用恐怖手段。

对于我来说，这项任务异常艰巨，非同儿戏。因为，让我坚信不移的其实只有一点：我活着，所以要尽力地活好。我不想半途而废，这就是生存的理由。

让人感到悲哀的是，这也是我对生命的不解之处。没有什么事情是完美无缺的，这怎么能让人不觉得惆怅满腹呢。从我申请加入圣基茨国籍时起到现在已经一年有余，但是每当我发信给麦克斯韦尔询问有关情况时，他的回答总是一句话：“要有耐心。”

然而，我不可能再有耐心等下去：每天早上我看新闻的时候，看到的都是末日来临前的乌云密布。无论我走到哪里，越来越多像投机资本家约翰·多尔那样的亿万富翁都在宣传美国的大势已去，而他们正在积极地寻找退路。每当我与斯宾塞、麦德·刀哥以及生存主义者论坛上的那些常客谈起我的宏伟蓝图时，他们总是能够发现其中的纰漏与疏忽。

我总觉得，要想完全地未雨绸缪、策算无疑是不可能的。要想学会生存，实际上就意味着学会人类从能人以来直至文明社会未知的每一种基本技能。

不过，我倒是不反对这样做。

HOW TO OPEN A PADLOCK WITH A SODA CAN
如何用易拉罐打开挂锁
PORT AUTHORITY
POLICE LINE QUARANTINE POLICE

1. 找一个干净的空铝制易拉罐。
135
2. 用小刀或者剪刀去掉罐子的头、尾部分，只剩下一个铝制的圆柱体。
Soda
POP
3. 从上至下将易拉罐剪开，将圆柱体剪成一块弯曲的铝片。
Soda
POP

4. 从铝片上剪下一个宽约两英寸的长条。
25 PACES EAST

POP
5. 将铝片横着拿在手中，分别从左右两端各1/3处剪两个宽约1英寸的三角形缺口。让铝片看起来像一个黑体字的“M”。

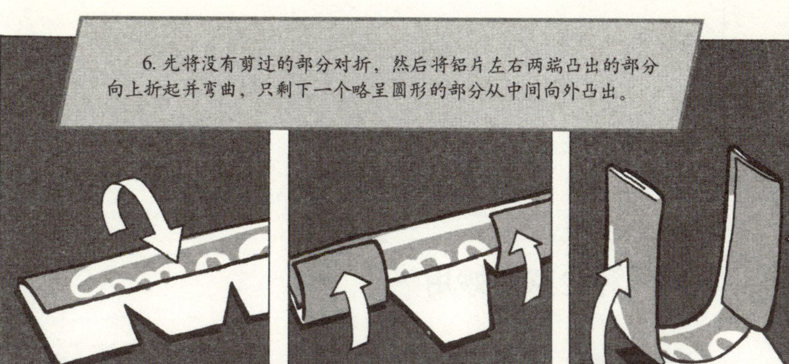

8. 将凸出部分沿着锁头与锁身的空隙插进去。

POP

9. 左右转动铝片，等你感到碰到了弹簧时轻轻向下推，锁会自动弹开。如果不管用，可以试一试锁头的另一侧。有的挂锁需要将两侧全部打开。

未完待续……

第 53 节
音乐评论家的妙用

我的家里发生了翻天覆地的变化。

我的庭院不再是用来晒太阳的地方，而是用来支锅搭灶，摆放沙盒，搭建木棚，储藏铁锹、木柴、干草与枯叶，并且种植蔬菜与果树的地方。

我的地下室不再是用来储存杂物的地方。有了麦德·刀哥送我的那本《美国早期工具大全》作指引，我可以开始动手打造一个属于自己的手工作坊。

我的衣柜里不再挂满了流行时装，而是横七竖八地放着工装裤、羊毛猎装、渔网迷彩服与战术弹带。地板上到处都是盒子，盒子里装着手电筒、可再充电池、子弹、擦枪工具、夜视镜、几把开了刃的折刀，还有梭镖与石块。

我的车库里除了那辆罗肯摩托与救生箱以外，剩下的地方刚刚能停下一辆道奇拓荒者。这部车子的后座也不再是用来搭乘客人，而是堆着我的出逃包，求生工具箱与社区救灾反应队的制服。

连我家的墙壁也不再完好无损，按照麦德·刀哥送我的那本《美国早期工具大全》上的方法，我在墙壁中间建了一个夹层，里面藏着一把手枪、一支猎枪、一支霰弹枪和一把可以躲过金属探测的刀。后院里还有一个暗门。暗门底下是一个大坑。坑里不仅可以放得下所有的求生工具，在必要的时候我也可以钻得进去。

显然，我已经有点走火入魔了，但是我却忙得不亦乐乎，一发不可收拾，因为眼看我就可以杀死那个姓万名一的怪物了。

万一我们遭到核攻击怎么办？于是，我提前在网上买好碘酸钾片以减轻辐射的影响。

万一我们遭到化学袭击怎么办？于是，我在生存主义者论坛上联系到一位网友，他愿意卖给我几支阿脱敏与氯解磷啶注射剂，据说可以缓解并发症。

万一我遭到武装进攻怎么办，尤其是在我骑着那辆罗肯出逃的路上？于是，我利用麦德·刀哥与军队的联系，购得了一件执法人员穿的隐藏式防弹背心。

万一到了危急时刻凯蒂和我生病了怎么办？于是，我驱车前往墨西哥，囤积了大量抗生素（不过据有些生存主义者们说，饲料库里同样也有不少抗生素呢）。

万一我需要通过水路从洛杉矶撤离怎么办？于是，我打电话给美国帆船航海协会，参加了他们第101期航船训练班。

万一发生意料之外的情况怎么办？于是，我还学会了结绳、磨面、烤面包、捕鱼、缝衣、烤肉、储存食物以及做罐装食品，等等。

在此之前，我还从来没有亲自动手做过什么事。如果我的房子或者内部设施坏了，我就打电话叫修理工或者房东来给我修好；如果我的汽车坏了，我就打电话给美国汽车协会投诉。如果我饿了，我就叫外卖；如果我想买便宜的东西，我就网购；如果我想买昂贵的东西，我就刷信用卡。电话与互联网就是我的工具，可以招之即来、挥之即去。

但是作为一个生存主义者，我开始意识到正是科技的发达与服务的便捷让我变得这样孱弱无力。也许“追踪师学校”的教官们说的没错，当我不用再依靠任何人就能独自应付纷至沓来的种种问题时，生活会突然变得如此令人振奋。在我长大成人的20年以后，我才真正变成了一个男人。

我越来越痴迷于自力更生的生活方式了。随后，我驱车前往旧金山郊外一处名为“公益苗圃”的自给自足社区参观。这里也是“永续农业”的一部分。在那里，我可以白手起家学会如何建立一种可持续的生活方式。比如，其中的一幢房子的屋顶上有许多用来排放积水的凹槽。雨水从这些凹槽中流下来，再注入水池中。水池中养着一群鸭子，果园草莓上的虫子可以用来饲养鸭子，人可以吃鸭肉。鸭肉剩余的部分可以倒进喂鱼的虫子里，水池中的鱼就以这些虫子为生，虫子的粪便还可以用来为草莓施肥。

这是一个完美的、封闭的、完全自给自足的微观世界，我在这里一待就是3天，因为我想学会这里所有的本领。不过，后来我才发现要想成为一个具有战略眼光之生存主义者，当时我不应当为了吃肉而杀掉贝蒂，这可真是令人感到悲哀。反之，我应当学会如何喂养她，这样就可以有更长久的发展了。

“你不应该杀一头母羊，说不定她还怀着小羊羔呢，”有一次凯蒂对我说，“公羊就不能怀孕了。有精液的公羊还不是哪儿都有。”

因此，回到家以后我做的第一件事就是去goatfind.com网站上浏览，并开始考虑有没有可能自己养一只母山羊。这当然是为了让凯蒂高兴。不过，幸亏我杀死的只是一只山羊，而不是一只母鲸。

当我还在大学里的时候，记得看过一部叫《前进，神军！》的纪录片。故事发生在第二次世界大战期间的新几内亚，一名日本军官发现自己团里的几名士兵神秘地失踪了，于是他一路追查下去。经过一番讯问，最后终于有几名指挥官承认，当时这个排弹尽粮绝，这两名士兵至少有一名是被杀后被吃掉的，这样那些级别较高的军官才得以活了下来。

这个纪录片引发了藏在我内心深处的某种恐惧感。从孩提时代起，尤其是在看过《后天》这样的电影以及了解到如“当纳聚会”这样令人发指的历史纪录后，我不禁会想：如果我和一群身陷绝境、饥寒交迫的人们在一起，那么我究竟是吃人呢，还是被人吃呢？

可悲的是，每次我都不得不承认，自己很可能是被吃者其中之一。曾经，我是一名学生；现在，我是一名作家。面对饥饿的人群，我只能束手就擒，然后眼睁睁地看着他们把我吃掉——除非他们在饥肠辘辘的时候还需要一个音乐评论人。

然而，现在的状况已经大为改观，因为我所接受过的训练足以让自己有能力领导这群人。首先，我会宣布任何人都不许吃人，因为我可以让他们吃柔荑、蒲公英和羊腿。然而，如果我们的地球被付之一炬没有羊肉可吃，这群人中有一个看起来鲜嫩多汁的音乐评论家，我也可以教给他们怎样割肉剥皮、掏出内脏。

我这到底是怎么啦？难道我也变成了麦德·刀哥那样的人不成？

这让我想起自己曾经看过的那些有关劫后余生的电影：《最后一个人》、《科幻双故事片》、《迷雾追魂手》、《惊变28天》、《彗星之夜》、《黑客帝国》、《十二只猴子》、《未来水世界》、《后天》、《地球上的最后一个人》、《丧尸出笼》、《男孩与狗》、《我是传奇》、《末日侵袭》，等等等等。那么，这些电影有什么共同之处吗？只有一点，这些事情都发生在城市里，即使有几部不是在城市里，也是在一片荒漠中。除了有几颗浆果可供充饥以外，剩下的就只有废墟了。那里既没有羊肉，也没有香蒲，更不用说用来搭建木棚的干草与钻木取火的树枝了，什么"永续农业"就更不用提了。

也许我自以为可以在未来的第三次世界大战中劫后余生，但是我的看法中存在一个致命的问题，像汤姆·布朗那样的原生主义者、自然主义者和农耕主义者们都有自己的原则，那就是：凡是天然的就是好的，凡是人造的就是恶的。然而，事实却并非如此。

如果真的到了危急关头，人们仍然难以离开社会的废墟。一根削尖的自行车辐条要比飞棍更适合当做武器，一根细长的电线比丝兰花叶做的绳索更加结实耐用。一辆废弃卡车座位上的发泡塑料垫要比干草与枯叶暖和得多。固然，这些生存技巧在大自然的森林中能够派上用场；然而，在这片都市丛林中，我们又该怎样求生呢？

第 54 节
在逃要犯的秘密

凯利·艾尔伍德一句话不说就给我从背后戴上了手铐，然后打开一辆出租汽车的后备箱，让我钻了进去。他锃亮的光头似乎一下子就能撞碎玻璃，清澈见底的绿眼睛里也看不出一丝一毫的个人感情。他的脖子上挂着一根长长的链子，链子上是一把 .32 口径的手枪。这一定是个不好惹的角色。

当他盖上后车厢盖以后，俄克拉何马城蓝色的天空立刻从我的眼前消失了，里面漆黑一片，除了可以闻到新车刺鼻的味道以外，我什么都看不见了。这时，一种恐惧感蓦地袭上心头。

我深吸一口气，努力去回忆我学过的动作要领。我使劲弯曲自己的右腿，让之尽量与戴着手铐的双手接近。然后，我从袜子里取出一枚在顶端 1/4 英寸处折成直角的发夹，把发夹的尖端塞进手铐的钥匙孔里来回转动，直到锁孔有所松动。

接着，我来回扭动手腕，只听咔啪一声，手铐中间的连接处打开了。这可是自由的声音啊。我把手铐从手腕上摘下，然后四下里摸索。其实，很少有人知道在大多数新车的后备箱里有一个手柄，只要拉动这个手柄，箱盖就会自动打开。于是，我迅速拉下把手，重新回到光明的世界中来。

"39 秒，"当我从后车箱里爬出来的时候，艾尔伍德说，"表现还不赖。"

世界上竟然还有人开设这种课程，这可真是让人难以置信。在这 48 小时里，我学会了怎样热线发动汽车、怎样撬开门锁、怎样乔装改扮、怎样从各种手铐、胶带、绳索与其他限制人身自由的桎梏中逃脱。

这门名为“都市逃生技巧”的课，也许这可以弥补我只懂得野外生存知识的不足。它的目的就是教给人们作为城市里的逃亡者应该如何自保。课堂上的大多数学员不是士兵，就是即将开赴伊拉克前线的雇佣兵。他们想要知道假如自己在敌占区被擒，如何才能返回安全地带。

在接下来的一节课里，我们来到教室后面的一个射击场里。那里已经铺设好了各种障碍物。艾尔伍德重新给我戴上手铐与脚镣。我飞快地穿过训练场，就像越狱的囚犯一样在椅子与长凳中间匍匐前行。我一边缩短自己的步伐，一边左躲右闪，轻而易举地就到了终点。我猜肯定是自己在儿童时代“跳懒汉”游戏中积累的经验派上了用场。

“你小子好像很熟练啊。”里夫半开玩笑地说。

尽管到了丛林里我会对自己的生存毫无把握，但在城市的逃生课程中却如鱼得水。我从小就在城市里长大，所以这一点点小聪明还是有的。

“从灾难发生到全国动荡只有 9 顿饭的时间。”训练结束后，里夫告诉我们。他的意思是如果没有粮食，不出 3 日，人们就会走上街头，社会秩序就会不复存在。“现在油价与粮价居高不下，再加上过去 6 个月发生的那些事情，你们都应该知道学会在城市里怎样逃离险境有多重要了吧。”

为了证明自己的看法，里夫告诉我们，卡特里娜飓风过后，在新奥尔良出现了一帮持枪的匪徒，他们挨门挨户地打家劫舍。“当地的一名警官告诉我，有一次宵禁以后，他们在街上当场击毙了 3 个人。”他补充说。

小时候我就经常梦见自己受人冤枉被送去监狱。一路上我都会左思右想不得其解，然后在一身冷汗中突然惊醒。从那以后，我明白了，在这些梦里我害怕的其实不是监狱本身，而是害怕失去了自己的人身自由。

日薄西山时，我们驱车来到一处废弃的垃圾场。在那里，里夫教我们怎样往火花塞里丢进绝缘片然后摇下车窗，怎样利用总键打开车门，以及怎样在点火开关上插进一把螺丝刀并用扳手拧开开关发动汽车。

当我用自己那套崭新的工具打开一辆道奇的车厢时，我心中暗想，这是我有生以来上过的最酷的课了。要是我在学校里就学过这些本事，我就不会再做什么“跳懒汉”的游戏了，而是会时不时的地热启动一下老师的汽车，或者违规然后从管教所里越个狱什么的，那多带劲儿啊。

晚上，我们一起吃烤肉，里夫问我为什么要参加这个培训班。“我觉得我们这一代的情况已经变了，”我告诉他，“我们出生的时候嘴里都含着银匙，但是现在这柄银匙却不见了。所以，大部分人都不知道该怎么照顾自己。加上现在我们前途未卜，因此在过去两年里，我不仅想方设法获得了必要的文书，还学会了不少生存的本领。”

我从来没有吐露过自己的心声。当周围出现情况时，我只会惊慌失措、坐卧不宁。在我说话的时候，里夫和艾尔伍德对望了一眼，什么也没说。过了一会儿，我忽然觉得也许自己说得太多了，可是里夫却笑了起来：“你算是找对人了。这也是让我们担心的事情。凯利在国内和欧洲都设有不少储藏点。”

在开学的第一天里，里夫就教过我们什么是储藏点，也就是在户外储藏粮食、工具和其他必要的求生设备，通常埋在地下，或藏在汽车站的公用柜子里。

“设立户外不同的储藏点是为了保证当一个地方被人发现时，你还有另一个地方，”艾尔伍德解释道，“所以，每一个储藏点都应该包括所有的急需物品：枪支、弹药、食物和水。”

“弹药是必不可少的，”里夫补充道，“将来，它就是世界货币。”

我翻开笔记本，在“求生必杀技”一栏上又添了一笔——“建造秘密地点。”

我发现不同的人们对人类本质的认识不同，因此对 TEOWAWKI 的准备方式也不同。像艾尔伍德与里夫那样对所谓的社会规则不以为然的人们会变得心狠手辣、自私自利。他们会为自己打造一个藏身之处，然后再准备上一大堆枪支弹药，甚至成立民兵组织。但是，对于那些讲究仁义道德的农耕主义者们来说，人人都怀有恻隐之心，因此最好的办法莫过于建立一个互相包容、和谐共处的社会。

就像我所笃信的“生命三角”与汤姆·布朗的“神圣秩序”那样，在艾尔伍德与里夫眼里，维持生存最重要的东西依次为：水、食物、安全、体力、住所、药品与网络。

从这一观点来看，我可以说已经万事俱备了，只有一个例外，那就是我还没有自己的圈子。

可是，我究竟属于哪一个圈子呢？亿万富翁我高攀不起，“世界公民”又对于统治者过于神经兮兮，生存主义者开口闭口就是枪支与政治，原始主义者却对技术与现代文明不屑一顾，而那些宣传 2012 年世界末日的人们似乎只是对此事津津乐道，但却一样束手无策。

除非你能像《我是传奇》中的罗伯特・奈维尔那样——不过就连他最后也是死路一条，否则，要想在 WTSHTF 时躲过一劫，最好的办法就是培养一支训练有素的队伍。

最近，我刚刚读完一本名为《爱国者》的书。作者是一位臭名昭著的生存主义博客写手，叫詹姆斯・威斯利・罗勒斯。表面上看这只是一本小说，其实书中不乏关于求生技能的详细解说。该书的作者预言，在不久的将来，通货膨胀将会导致美元贬值，而美元贬值又会引起社会经济与政府系统的崩溃。然而，在爱达荷州乡下的一个围场里，却有这样一支 8 人小分队。为了以防万一，他们不仅接受了大量专业的训练，而且还储备了足够的应急物资。后来的事实证明，正是因为他们训练有素、身手不凡与坚定的基督教价值观，使他们躲过了一劫又一劫，顺利通过了强盗、黑帮、甚至还有联合国的人员的打击而生存了下来。

为了生存，他们无所不用其极。这能给我们带来不少灵感。他们建造了一个容量为 900 加仑的柴油库、一个太阳能水泵、一个可以贮存 3 500 加仑水的蓄水池、一个高达 57 英尺的风力发电塔、7 个经过伪装的用来伏击来犯者的散兵坑、防弹的钢板门与百叶窗。

这只是他们所有装备中的一小部分而已。他们甚至还在自己的汽车上加装了备用油箱。于是我也比葫芦画瓢地装了一个。

也许我应该考虑一下组建一个圈子的事情了。哪怕只是一个小圈子呢，至少能让我多几个可以推心置腹的盟友吧。不管怎么说，一群狼的战斗力要比一只狼强大得多。就连社区救灾反应队的那个消防员凯文・曼森不也说过要与左邻右舍搞好关系吗？这是一个策略问题。

而我呢？连一个盟友也没有。

“现在你有了，”当我把自己的想法告诉里夫时，他说，“不管是什么时候，你都可以来这里找我。”

不过里夫住在新泽西州。等 WTSHTF 的时候，只怕他就是想要助我一臂之力也是爱莫能及吧。但我还是向他表示感谢，至少我不再是孤军奋战了，至少当我需要别人的建议时不再只有斯宾塞可以求教了。

“但是，明天可不行。”说着，艾尔伍德的脸上露出了一丝狞笑。明天是我们结业考试的时间，“因为我们要在街头进行大追捕。”

第 55 节
如何乔装改扮

星期日上午 9 点整，在一辆路虎揽胜的后座上，里夫又给我戴上了手铐。不过，这次我不再只身一人了。我的同伴名叫迈克尔，他正准备前往伊拉克，到哈利伯顿当一名卡车司机。迈克尔告诉我说，他打算在那里赚上一笔钱，然后开一家自动洗衣店。

“不管是谁，衣服总要洗吧。”说这话的时候，好像真的有一大堆美元在他眼前闪闪发光一样。

从俄克拉何马城出来以后，里夫带着我们又往前开了十几分钟的路程，来到郊外一处荒凉的停车场上。他没收了我们俩的背包，然后把我们铐在一辆 SUV 里就匆匆离开了。现在只剩下我和迈克尔了。假如我们俩被里夫和他的队员们——大都是身手不凡的缉凶高手和军队训练员——在城里逮到了，那就只能再戴着手铐坐在汽车的后座上，然后到几英里开外的地方从头再来。

幸亏受过专业训练，我知道在城市里求生最为关键的一条就是：凡事预则立，不预则废。因此，我不仅在前一天的晚上就准备好了各种工具，并找到了理想的隐蔽点，还联络了几个盟友。而且，为了防止里夫没收用来开锁的发卡，我还在衬衫的领口处剪了一个小洞，然后把发卡塞了进去。

所以，我一伸手就取出了发卡，先给自己打开了手铐，接着又把迈克尔也放出来。汽车脚踏垫下面放有一个信封，里面详细列举了我们要到俄克拉何马城闹市区执行的任务。只有顺利完成这些任务，我们才算是真正学会了如何在危机四伏的城市中保护自我。第一项任务是到布里克镇上找到一家名叫巴斯普罗的户外用品商店，里面有一个头戴黑帽的女特工。我们要想方设法从她的口中套出下一个目标才行。

可是，如果我们就这样招摇过市的话，很快就会被那些"猎人"发现，所以只能走背街小巷。这样一来，去布里克镇的路途就变得更加漫长了。不过，刚巧在我们的旁边就有一家出租汽车的小店，说不定有人愿意载我们一程呢。

于是，我和迈克尔推门进去，却发现店里空荡荡的，只有一个年轻的小伙子在租车。他穿着一件宽大的无袖篮球衫，肌肉发达，个子大约要比我高出 6 英寸还多，块头也有 3 个我这么大，脸上的刀疤纵横交错。

我走上前去，问他能不能让我们搭个便车。

"有朋友和我们开了个玩笑，开到半路就把我们俩丢在这里走掉了。可是我们得赶到布里克镇去，不知道你能不能让我们搭个便车呢？"

"你们俩身上有枪和毒品吗？"他张口就问。这个问题可真是让人大跌眼镜。

"没有，绝对没有。"我们俩异口同声地回答。

"好吧，那我就载你们一程，"他似乎有点不太高兴，"但是丑话得说在头里，要是一会儿有警察让我停车的话，我可不会有好脸色给他们瞧。"

他这话让我丈二和尚摸不着头脑，但是脊梁沟却直冒冷汗。我突然醒悟，这不再只是一场捕猎游戏，而是真正的现实生活。

尽管如此，我和迈克尔还是跟着他来到门外停着的一辆黑色雪佛兰塔荷前，然后乖乖地钻了进去。在和他一路进城的时候，我暗自担心，很多人不就是这样遭到毒手的吗？显然，这时在我心里占上风的已经不再是人所共知的常识，而是保存体力的原则。

快到镇上的时候，他递给我一张名片，上面写着"专治信誉不良"。"如果你的信誉不良，我会在一夜之间为你修复，而且价格绝对公道。"他对我说。也许从某种程度上来讲，他也是这个城市里的一名生存主义者，只不过采取的方式不同罢了。

我和迈克尔在布里克镇上的一条小巷里下了车。昨天晚上，我已经提前在这里藏了一个装有乔装打扮工具的背包。记得有一节课，里夫和艾尔伍德专门教过我们怎样乔装打扮。他说，在每个城市中都有一群可以被称之为“隐形人”的团体。如果我们把一座城市比做纵横交错的血管，这些“隐形人”就好比是清洁血管的白细胞。比如腰带上拴着钥匙的狱卒，在笔记板上安排次序的报警服务员，抬着一摞包装盒的快递员和那些戴着安全帽、穿着救生背心、系着工具带的建筑工人。如果你能伪装成这些人，里夫和艾尔伍德说，不论是什么时候，你都可以如入无人之境。

不过，既然这些高招都出自艾尔伍德与里夫之口，我想，如果我也装扮成这些“隐形人”，一定逃不过他的火眼金睛。但是，如果我能够装扮成一个“隐形女人”，只怕就算是艾尔伍德与里夫本人也始料未及吧。

我和迈克尔来到一家名叫胡特斯的餐厅。我悄悄溜进后廊，发现昨晚我放在角落里的工具包竟然还完好无损。此乃天助我也。于是，我抄起背包，翻墙而过，跳到了一条店铺林立的小巷里。迈克尔正在那里等着我呢。

我们找到一个公共厕所，然后开始乔装打扮。我先对着镜子刮掉了脸上的胡子，接着又钻进隔间里换上了一件黄色印花毛衫。昨天，我看到街上有一位长相平凡的女士穿的就是这个，于是，我灵机一动就去沃尔玛也买了一件。

我脱掉自己身上的工装裤，穿上一条黑色的女士长裤，又把脚上的运动鞋换成了一双黄色的平底鞋。随后，我从背包中掏出一个钱夹，里面有一顶女帽、假发、太阳眼镜、夹式耳环，还有凯蒂特地为我推荐的香粉、睫毛膏和口红。

接着，我打开小门，对着洗手间里的镜子戴上帽子和假发。不过镜子中的那个人却让我大失所望，这哪里像是一个女人啊，就连个男扮女装的男人都不像啊。但愿凯蒂的化妆工具能帮得上忙。

于是，我先在脸上搽了点粉，勉强遮住了刚刚刮过的胡子楂儿。可是，正当我拿出睫毛膏准备上妆时，洗手间的门突然开了。一个脸红脖子粗的大学生跌跌撞撞地走了进来。他理着平头，身上穿了一件带领扣的条纹衬衫。看样子八成是喝多了。

他看了看我，含糊不清地说：“你他妈的在这儿干吗呢？”

“我正在进行练习呢。”我赶忙回答，并尽量装出一副若无其事的样子，但愿他别再深究下去。可是，我在俄克拉何马城的一个男士洗手间里穿着女人的衣裳，这到底是哪门子事儿啊。

“你小子他妈的是个什么东西？”

我想我不太明白他的问题，但是这会儿可不能不说话。“有杀手在追捕我，所以我得打扮成女人才能躲过他们的视线。”

他上一眼、下一眼地打量了我半天，然后皱了皱眉头。我赶紧补充说：“我们正在进行城市生存训练。”

听到这里，他打开洗手间的大门，对着走廊上吆喝：“嗨，兄弟，快来看呐。”

一眨眼的工夫，这位仁兄也闯了进来。他的块头比刚才那个人还大，不过也一样喝得烂醉如泥。

“这儿还真是有稀罕事儿哪。”他看着我说。

我敢肯定，接下来他们就不会再这么规矩了。

这两个彪形大汉挡住了我的去路，看来我非得露一手给他们瞧瞧才行。不过，这里既没有挂锁可撬，也没有汽车能偷，而且今天我也没有带着斯普林菲尔德的那条弹带。相反，我手里还拿着一个坤包。

记得麦德·刀哥曾经告诉过我要以暴制暴。于是，我一把揪掉头上的帽子和假发，努力装出一副不可一世的样子，用不容置疑的口吻冷冷地对他们说：“我他妈的是海军陆战队的。今天我们营在城里演习。你们两个快点儿给我滚回去，要不然老子立马把我的弟兄们都叫过来。”

那个刚刚还在这里寻衅闹事脸红脖子粗的家伙看了看我刚刮过的脸，然后怯生生地说：“我一猜您就是海军陆战队的。”

感谢上帝我还没有戴上那副耳环。

我在自己的“求生必杀技”上又添上了一条备忘录——学会徒手格斗。我可不能一辈子都当逃兵。那两个家伙之所以会离开，唯一原因就是他们以为我是个斗士。我忽然想起来在“追踪师学校”里学习捕猎时汤姆·布朗曾经说过：“逃跑的野兽是最不堪一击的。”

于是，等他们离开之后，我重新换上自己的牛仔裤和网球鞋，穿上法兰绒衬衫，然后戴上那顶刚刚买来的绿色军帽和眼镜，再加上这张已经刮掉了胡子的脸，我想艾尔伍德他们应该认不出吧。刚才虽说有惊无险，但是我要吃一堑、长一智：在城市里逃生时，男扮女装不仅不是什么妙计，纯属自杀行为。

当我回到巷子里时，已经有好几个人在等我了。除了迈克尔以外，还有其他4个人。昨天晚上，我在自己的博客上贴了一张公告，招募四位志愿者共赴俄克拉何马城执行一项机密任务（很明显，周日下午俄克拉何马城的人们都很闲）。既然教官把我们全部分成组，我想假如能够扩大自己的队伍，他们就会更难发现我了吧。

我们一行 6 人一路穿街走巷，沿着公园与废弃的工厂迤逦前行，最终安全抵达这项任务第一站——巴斯普罗户外用品商店。不过，我必须离开队伍，只身到另外一个秘密地点去取撬锁的工具。因为里夫曾经告诉我们："一旦你学会了怎样撬锁，全世界的财富就掌握在你的手中。"

我在河堤旁边的一堆沙袋下找到了自己的工具，然后匆匆往回赶。可是，一抬头却突然发现一个"猎手"就站在桥的对面。幸好他还没有朝这边看，不过用不了多久他就会发现我的。

可是，桥上除了一扇小门以外插翅难逃。我转动把手，却发现门是锁着的。于是，我迅速取出工具箱，从箱子底部抽出一根撬棒，插进锁孔，打开了箱子，里面整整齐齐地放着五样东西。

我挑了一根末端为 S 形的撬棒，插进了锁孔，然后又在锁的末端插进一个扳手，一边拨动锁舌，一边压住扳手。几分钟以后，我用扳手轻轻一推，只听得咔啪一声，门开了。

这门技术比我大学里学过的所有课程都更加实用。

我提醒自己不要忘了这是现实而不是演习，凡事有前因必然有后果的。

15 分钟以后，我终于回归到自己的队伍中来，并顺利地完成了其余的任务，包括找到白天藏身的地方、水源、食物，晚间栖身之所，容易到手的汽车，能够当做防身武器的工具，并把它们一一拍摄下来。

这简直就像是一次教唆犯罪的训练。但是，正如那些自称好人的官员、警察与军队一样，我们可以做自己想要做的任何事情，除非另外一些也自认为是好人的那群人有不同的想法。

在我寻找水源（比如说喷泉）与食物（比如说可食的植物或者水塘里的鱼类）的时候，我意外地在灌木丛中发现了一些流浪汉们建造的藏身之处。其中两处地方竟然还有煎锅和塑料袋里装着的毛毯。原来在繁华的城市背后还有另外一个不为人知的世界。在这个世界里，即使你无名无姓、一文不名照样能够生活下去。我还从来没有想到过流浪汉们也可以算是生存主义者呢。

我们胜利地完成了各项任务，并向凯文作了汇报。"这么快就把一切都搞定了，难道就没有人发现你们吗？"他满腹狐疑地问。

虽说不知道他会不会认为我作弊，我还是向他吐露了实情：我在自己的博客上招募了一支侦查与掩护的队伍。

“我倒是看见那些人了，不过就是不知道他们是干什么的。你们的做法还是挺有创意的。”

听了这话，我如释重负。看来在城市里逃生和在森林里是截然不同的，那就是你可以无所不用其极，所以什么事情都有可能发生。这也正是它的迷人之处。就算是你想要向我们的祖先学习，也没有必要去真的刀耕火种，最重要的是能够尽可能地运用现有的资源与手段。

我还记得在自己刚刚学会射击的时候和斯宾塞谈起过，我们只需要做好两手准备就行了：要么留守，要么出逃。多亏了里夫与艾尔伍德，我才学会了这些技巧。等到大难临头的时候，我就可以左右逢源、逢凶化吉了。

于是，我打电话给洛杉矶的马加术格斗中心，准备学习近身搏击术。这样一来，等到下一次我在洗手间里男扮女装的时候，我就不会再像今天这样唯唯诺诺、任人宰割了。

第 56 节 测试一：藏身之地

第一天

凌晨 0：39

托马斯打来电话："洛杉矶城已被封锁，水电煤气都停了。"

他的电话打得可真不是时候。我刚刚在腰上缠了一条浴巾准备冲澡。不过我还是得执行他的命令。托马斯曾经告诉过我，这一周里他随时都有可能打电话过来开始这次为期 3 天的市区应急测试。显然这几天我不可能再洗澡了。

也就是说，在 3 天以后托马斯过来宣布警报解除之前，外面的世界对我来说实际上已经不复存在了。这个测试的目的不仅是要检验我离开这些给养以后的生产能力，同时也是为了检验在大难临头时我在这里与圣基茨的储备物资能否保证在一个月甚至更长的时间里让我维持生命。

我从床头拿出手电筒，先走到刀闸前切断了电路，然后又找到水管的主阀门关闭了水源。接着，我关掉了黑莓手机，拔出了地线。最后，我取出了自己的莱斯·兰奇折叠式多功能扳手，可以用来切断安全带、砸碎玻璃、关闭煤气管道和当做探测器的一种紧急求生工具，然后拧上了煤气管道的阀门。

屋子里漆黑一片，在万籁俱寂中我酣然入梦。因为我有备无患，或者说我自恃有备无患，所以才一点儿也不害怕这种与世隔绝的生活。唯一让我担心的就是冰箱里我亲自抓到、活剥并且煮熟的鱼正在变质，满屋子都是一种奇臭无比的味道。

于是，我在自己的备忘录上写道："不要再钓鱼。"

上午9：30

我拿着笔记本来到床上，准备开始写作。在接下来的半个小时里，没有电视、没有电话、没有互联网，也没有电邮链接到YouTube网站上看稀奇古怪的视频，我忽然变得思如泉涌。这次为期3天的测验应该是我有生以来经历过的最好的考试了吧，不过很快我就发现了其中漏洞百出。

在8个小时的酣睡之后，我的膀胱开始出现了情况。

可是我不能去卫生间里解决问题，因为马桶里很可能已经没有水了；我也不能去后院里，因为那里地方狭窄，而且我也不想招来虫子，反正我就是不愿意到那儿尿尿；我也不能到外面的树丛里，因为旁边就是熙熙攘攘的街道，我可不想光天化日之下被人逮个正着。

于是，我跪在洗碗池上，拉开裤子的拉链。可是我又担心如果没有水冲的话，屋子里除了鱼肉的臭味，还会再加上一股子尿臊味。这时我灵机一动，忽然记起了自己在"9·11"事件后从耐特洛·派克公司买到的那套72小时求生工具。它至今还没有开包呢。

想到这儿，我重新拉上拉链，找到了那个帆布包，拍了拍上面的尘土。然后，我打开包装，揭掉上面的塑料布，从里面取出来那一套东西。这可真是雪中送炭呀。

丛林助手

里面有一个纸板做的底座和座圈，还有五只可生物降解的垃圾袋。安装完毕后，我拿着这个马桶来到后院一处隐蔽的地方，生怕被邻居在无意间看到。

解决了膀胱的问题以后，我才注意到这个“丛林助手”没有盖子。为了防止里面的臭味招来虫子，我系上了塑料袋。这些东西可不能随便浪费，说不定什么时候还会派上用场呢。

进屋的时候，不知怎的，我忽然想起10岁那年露营的经历来。那个时候，每逢星期三，教官都会带我们进城买糖果吃。当别的孩子都急着把糖果吃掉的时候，我却把它们全都装进了背包，以备不时之需。所以，随着时间一周一周地过去，我的糖果也越攒越多。到了年底，我不得不把这些泛滥成灾的糖果全都扔掉。可即便如此，我也从来都没有后悔过，因为虽然我没有吃到一块糖果，但是我却能够保证自己随时都有的吃。

这样说起来，从10岁那年起，我就已经懂得有备无患的道理了。

于是，我在自己的备忘录上写道：“再买一些生物降解塑料袋。”

上午 10：30

在社区救灾反应的培训班里，教官曾经告诉我们，在紧急时刻，一定要先把冰箱里容易腐烂的东西填到肚子里，然后再吃掉里面别的东西。只有到了危急关头，才能打开罐装食品、压缩口粮与紧急储备物资。

我打开冰箱门，里面还有几瓶牛奶、一些鸡蛋、几块奶酪、够我吃上一两天的黄油、一些意饺、半个比萨，还有吃剩的一点儿中餐。

于是，我从路边捡来一些枝条与木棒，取来一根麻绳当做火媒，准备生火做饭。不知道除了煎鸡蛋以外，冰箱里还有什么东西可以现在吃。后来我发现那盒中餐已经开始变质了。

于是我掰开春卷，里面的东西应该是蔬菜、肉和鸡蛋吧。我来到火边，把里面的馅儿，除了洋白菜以外统统都倒在了我的煎蛋上。

其结果是，这是我有生以来尝到的最美味的食物了。看来“需要”就是创造之母啊。

于是，我在自己的备忘录上写道：“再买一些春卷。”

上午 11：30

可是还有一个问题，不论是哪一个生存主义者都没有教过我：

WTSHTF 时怎样刷碗。附近既没有河流，也没有湖泊，我可不想把宝贵的饮用水浪费到刷锅洗碗上。

当我把碟子摞进水池里的时候，忽然意识到其实水无处不在。这一带的住户差不多家家都有游泳池，而且这会儿我的邻居们应该都还在上班。我家倒是有一个小小的游泳池来着，不过因为年久失修、灰土剥落，几个月前我把里面的水全都放掉了。

想到这儿，我从车库里拿出一个防水的塑料盒子，鬼鬼祟祟地溜到邻居家的院子里，灌了一盒用氯消过毒的水，然后慌里慌张地跑了回来，把水溅得满地都是。

这次生存测试只进行了半天，我就已经开始打家劫舍了。也许那些拿刀动枪的家伙也不是蛮不讲理。

于是，我在自己的备忘录上写道："修好水池，放满水。"

下午 1：30

吃过饭以后，我回到电脑跟前，继续写作。在接下来的一个小时里，没有任何东西打扰我的思路，真是痛快极了。

慢着，我的胃里好像有什么东西再作怪。我打了饱嗝，忽然感到肠子里面蠢蠢欲动。

我尽量不去想它。我可不想在光天化日之下在自己的院子里大便。我得忍住了，可不能每吃一顿饭就出现这个问题。我得像露营时储存那些糖果一样将自己的大便保留下来，以备不时之需才行。

看来，在你的需求出现之前，生存问题都还不是一件难事。

于是，我从自己的备忘录上画掉了"再买一些春卷"。

下午 2：00

我踱到屋子外面小便时，却发现"丛林助手"的下面有一条涓涓细流。这让我大吃一惊。我提起袋子，想看看有没有漏洞。只见袋子已经漏得不像样了，显然是生物降解的过程早就已经开始了。

我只好小心翼翼地拎着袋子，扔到了外面的垃圾桶里，然后，拿出来一个普通的塑料袋套在"丛林助手"上。

没想到这篇日志里得花这么多笔墨来描述我的排泄状况。从今以后，我再也不会小瞧平日里的抽水马桶啦。

于是，我从自己的备忘录上画掉了“再买一些生物降解塑料袋”。

下午 4：00

吃完了剩下的半个比萨后，我打开自己的发电机为电脑充电，然后继续我的创作。这时，凯蒂和她姐姐路过门口，顺便进来看看我。

凯蒂穿着一件粉色的紧身T恤衫和一条低腰牛仔裤，脚上的鞋跟有3英寸高。显然，她是人类文明的登峰造极之作。

“空调坏了吧。”

“不是，我只是在进行一个为期3天的生存测试。”

“这儿太热啦，宝贝儿。我看我还是去肯德拉家住好了。”

“一会儿就凉快了，你没看见我正开窗吗？”我不想让凯蒂离开，我不想一个人待着，“今天晚上就住这儿吧。肯定很有，呃，意思的。”

“那我还能用卷发器吗？”

“我可以把发电机搬到洗手间旁边，然后再接一根延长线就行了。”

“那洗手间呢？”

“我在外面放了一个小座便器，你想不想看看？”

“能冲水不？”

“不能，不过有塑料袋罩着呢。”

“我看我还是去肯德拉家住好了。”

于是，我在自己的备忘录上写道：“找一个更坦荡荡的女朋友。”

第二天

下午 2：30

今天一天我都很忙，直到这会儿才抽出时间来写点儿东西。没有了那些日用品倒是也能凑合，就是得多花一些时间。我先把冰箱里快要变质的食物洗劫一空。然后，捡来一些木棍开始生火。火着了以后，我先做了一碗汤，然后把冰箱里的鸡肉炸了一下吃掉。接着，我又溜到邻居家的游泳池边舀了一盒水，洗净了盘子和烤架，然后给发电机加了一下汽油。

如果是一个四口之家的话，只怕事情会变得更加复杂。其实，那些我们称之为现代的东西，那些我们认为让我们与古人不同的东西，其目的不过是为了让我们避免痛苦、减轻劳累、节省时间。事实上，我们与自己的祖先只怕没什么两样吧。

吃完午饭以后，我的肠胃又开始作怪，不过这一次没有任何商量的余地。说不定是那些鸡肉的问题。我差点儿都没有来得及打开马桶上的塑料袋。

奇怪的是，这个纸做的座便器在我躯体的重压之下竟然岿然不动。说实话，能在阳光底下大便，那感觉还真是不赖，简直就像是在天体海滩上一样，而且还能顺便晒晒太阳呢。

假如有一天你看到一个人浑身都晒成了古铜色，只有膝盖以下是白的，那他的情况十有八九和我差不多。

于是，我在自己的备忘录上写道："买点易蒙停，以防万一。"

下午7：00

夜幕降临了，我关上门窗以保持屋内的温度，然后把所有的工具都收进来，换掉了电灯和手电筒里的电池，把提灯里添上煤油，开始生火做饭。

我从冰箱里拿出最后一条快要解冻的鱼，然后去掉内脏，往里面塞上香料、柠檬和洋葱。接着，我又用一张锡箔纸把鱼包好放到炭火上。这让我忽然联想起"追踪师学校"里那个海军陆战队的士兵，是他告诉我说那些反叛的伊拉克村民也是这样被活活烧死的。

鱼还没有熟的时候，我才想起来自己该刮脸了。于是，我拿出一面带有手柄的镜子，把它放在洗碗槽旁边的桌子上，开始刮胡子。

我刚刚刮完胡子，凯蒂恰好也到了。幸亏她没有问我为什么我的脸上有一股洗洁精和鸡肉的味道。和她一起来的还有她的两个朋友，肯德拉和布里特尼。凯蒂无论走到哪里，向来都是成群结队，因为她还是害怕开车。

"真浪漫。"肯德拉一进屋就说。凯蒂的脸上露出一丝笑容。说不定我能借机让她留下来呢。也许我不该说自己返璞归真，而应当说这是罗曼蒂克，这样就能带动她的积极性了。两个人一起在星光下露宿很浪漫；把射击当成放焰火也很浪漫；把杀牛宰羊当成是去商场买衣服，同样也很浪漫。

"我知道你不想住在没有电的地方，"我说，"不过今晚我打算举办一次浪漫的晚餐，要是你也能参加就好了。”

“晚餐吃什么呢？”

“我打算做自己抓到的鱼。”

“用手抓的吗？”

“钓来的。”

“那我想上洗手间的话怎么办？”

“如果马桶里还有水的话，全归你了。”

说完，我带着凯蒂和她的朋友们来到灶火前。鱼刚刚烤好。于是，我把鱼从炭火上取下来，打开外面包着的锡箔纸。鱼皮一揭就掉了，骨头也露了出来，只剩下白白嫩嫩的鱼肉。她的朋友也留下来与我俩共进晚餐，我们在煤油灯下津津有味地吃掉了所有的鱼肉。

“这真是个完美的周末，”肯德拉对凯蒂说，“你可真走运。我以后再也不和那些酒吧里头脑简单的肤浅家伙约会了。我也要找一个真正的男人。”

“你可以去圣莫妮卡码头找个渔夫啊。”凯蒂揶揄道。

虽说这只是玩笑，可是却让凯蒂眉开眼笑。她提着那盏煤油灯，自豪地走进了洗手间。

但愿马桶里还有水。

于是，我在自己的备忘录上画掉了“不要再钓鱼”。

第三天

上午 10：00

冰箱的冷藏和冷冻室里已经几乎没有什么可吃的东西了。没有鸡蛋，没有肉，没有黄油，只有两块我准备用来做午饭的已经发臭的鸡脯肉。甚至连凯蒂想喝牛奶麦片粥的牛奶，都已经变质了。于是，我生火烧水，准备煮一些燕麦粥代替。

“要是我们有一头羊就好了，那样每天都可以喝上麦片粥了，”吃完早饭后，凯蒂把头靠在我的胸前，我们俩一直依偎在沙发上，“养羊就像养狗一样，不对，比养狗还好呢。因为它不会到处乱咬东西，顶多也只会啃啃你的鞋带。”

“我知道，”我对她说，“从农耕场回来以后，我就开始考虑这件事情了，但是我们没有地方养羊啊。”

“你可以在游泳池里养啊。”

在基本的生存技能中，凯蒂首先支持的就是豢养动物了。说到这儿，还真的有一个人想要卖给我一头漂亮的阿尔卑斯山羊。因此，在游泳池里养羊也不见得就不行。总之，如果到了WTSHTF的时候，有一头产奶的母羊——也许还得加一头公羊用来交配——比一柜子罐头要好得多吧。而且我还可以因此减轻自己的负罪感，就像麦德·刀哥说的那样，弥补自己给食物链造成的损失。

于是，我在自己的备忘录上画掉了“修好水池，放满水”。

我的邻居一定会想杀了我的。

下午1：00

我让凯蒂帮忙望风，然后偷偷跳进邻居家的游泳池里洗了个澡。接着，我取出自己储藏的干粮，有花生黄油、巧克力酱和全麦饼干。吃完饭以后，我和凯蒂在沙发上做爱。从昨天晚上算起，这已经是第六次了。我想我很快就会适应的。

下午5：00

凯蒂想要做巧克力夹心饼，让她试试也无妨。我们在路上捡来一些树枝与落叶。我先教给她怎样生火，然后我们俩一起用木棒烤棉花糖吃。

不过，既然火已经着了，我打算把最后一点容易变质的东西也烤了吃掉。可是，凯蒂活到这么大，除了果酱甜饼以外什么都没有做过，我怎么教会她做鸡脯肉啊。虽说凯蒂害怕火，害怕生鸡肉，害怕累着，最后，她还是把鸡肉丢到了烤架上。

“怎么湿漉漉的，还脏兮兮的。”她说。

“我会不会得传染病啊？”她问。

“我可不想烫着自己。”她抱怨道。

但是，她还是坚持了下来。时间到了，烤架上的碎鸡肉又嫩又软，香气芬芳满溢。这大概是我们吃过的最香的鸡肉了。

尽管我早就忍不住想要把电源打开了，但是迄今为止我还是很享受整个过程的。从前我不理解，那些没有电灯和现代化设备的古人是怎么过的，现在我知道了：他们应该过得还不错。

于是，我在自己的备忘录上画掉了“找一个更坦荡荡的女朋友”。

下午 7：00

我想起了所有还未喝完就被丢进垃圾桶的饮料，所有尚未吃完就被扔进洗碗池的剩菜。我想起了餐厅的服务员问我要不要打包时，我常常会说：“不用了，谢谢。”现在，冰箱里已经空无一物，每一滴水、每一块面包都成了宝贝。我为自己从前的浪费行为而感到羞愧。

我想起了自己在浴室里长时间冲澡，我想起了自己常常不关灯就出去，我想起了自己为了遮盖洗手间的声音而打开的水龙头，我想起了自己一进门就把温度设定在华氏 73 度（约 23℃）。这次测验让我意识到这些都是多么地不必要。

然而，因为这些资源似乎取之不尽、用之不竭，似乎只要一按按钮或者一开开关就有，我，就像我们大多数人一样——浪费了太多太多。

不过，也许造成当代能源危机的不是我们浪费的习惯，而是水、电、煤气的输送过于便捷。在往常，如果凯蒂和她的姐姐经常来此小住，那么 3 天里我们会消耗掉 531 加仑的水。但是，这一周里，我只用了一加仑。在往常，三天里我会消耗掉 121 千瓦的电力。但是，这一周里，我用发电机发电，只用了一加仑半的汽油。在往常，三天里我会用掉 2.28 千卡的天然气。但是，这一周里，我只用了一些干草、树叶和木棍来取暖。

晚上 10：00

我打开自己的粮食储备，想要找一点儿东西做夜宵充饥。可是，除了几块饼干、糖果以外，就只有几听罐头了。没有什么可以充饥的东西。

这时，我突然想起了自己在“9·11”事件之后买的那些压缩食品，它们不都还放在我的客厅里吗。这些东西据说可以保质 7 年呢。现在刚好到 7 年。

我打开这包压缩食品，里面有一袋葡萄味的饮料，看样子一点儿营养价值都没有。我把它倒进杯子里，冲了一杯水，弄成了一杯类似淡版“酷爱”的饮料。还有一个袋子，上面写着：蔬菜饼干。袋子里还装着一管葡萄果冻一样的东西，大概是让挤在饼干上的吧。于是，我把果冻挤在饼干上，然后就着那杯饮料下了肚——味道还挺好，而且因为这是军队专用的食物，所以连一点儿饼干渣都没有掉。

这些东西倒是也能够下咽。我接着打开另一个小包，上面写着：炖鸡。我把袋子里面的东西挤进一只碗里，黑糊糊的一大块，跟狗粮差不多。不过，我还是相信军队营养专家的水平的，所以轻轻地咬了一小口。不知道这东西变质了没有，要么它的味道本身就是这样糟，要么是我没有加热的缘故吧。

我伸直脖子，用力咽了下去。突然响起了一阵敲门声，是凯蒂的姐姐格蕾丝。她从这里路过，所以顺道进来看看我。她在沙发上挨着我坐了下来。我看到她的手里拿着一袋外卖食品。

我看着她从袋子里面取出来一个菠萝，然后揭开菠萝的盖子，顿时，一阵泰国菜的味道在房间里弥漫开来。

“你吃不吃？”当她看见我直盯盯地瞪着那个热气腾腾的菠萝时，从里面舀出一勺食物问。

“我不能吃。你不该把这个菠萝带到我家来的，这会毁了我的应急测验。”

“你就吃一点怕什么，我跟谁都不说不就行了。”

“我只是想看看如果世界上没有送外卖的，我还能不能活得下来。”

“那你就看着吧。”

“不，是你看着。”说着，我咬了一大口那一团黑糊糊的东西，差一点就吐出来。

我勉强吞下这碗炖鸡，没有浪费一点儿。然后，我打开点心袋，里面装着一块柠檬蛋糕。说来也怪，这块蛋糕已经放了七年了，味道怎么还是这么鲜美呢？

于是，我在自己的备忘录上写道：“再买一些压缩食品。”

晚上 11：00

第三天快要过完了。今天晚上，也许是明天一早，托马斯会过来通知我警报解除。我好像觉得自己是在度假一样，就算是现在能够重新回到电子世界里，我也不会迫不及待地想要打电话，发邮件，做工作了。

从这次简单的测验里，我不仅懂得了许多道理，还和凯蒂一起度过了有生以来最为浪漫的周末。看来，这个测验我们俩都很需要。

我想，假如洛杉矶再来一次大封锁的话，我不会再把这当做是一种负担，而是一次机会。

第四天

上午 9：00

“亲爱的，”凯蒂轻轻摇醒了我，“我想洗澡。”

这会儿托马斯应该已经到了的。我开开门，想看看他是不是留了纸条给我，但是什么也没发现。

我想要打开煤气、水管和电闸，但是我必须遵守规则。因此，我倒了一杯开水，囫囵吞下一袋麦片，然后打开发电机，开始写作。

“什么时候我可以洗澡呀？”

“等到托马斯来了以后。”

“我想我还是去肯德拉家好了。”

中午 12：30

我一个人无精打采地坐在沙发上。现在，就连牛肉干和金枪鱼罐头也没有了，我只能吃花生黄油配饼干了。我忽然感到自己的人生了无意义。也许这样的生活我可以再坚持几个星期，不过我开始想念那些生存主义者们不会拥有的东西：变化。

没有电视频道，没有新鲜事物；没有餐馆，没有特别的日子；没有网络，没有《家庭明星》连续剧。

只有我和空荡荡的房子。

下午 2：30

还是没有托马斯的音讯。利用这段时间，我给自己列出了一个长长的清单。

当然，现在人人都知道我在储备物资了，因此，大难临头时，只怕我的朋友们想到的第一件事就是跑到我家吧。

我想，他们肯定是不错的蛋白质来源吧。

为什么我老是要开这种玩笑？难道我真的没有这样想过吗？

从前，我害怕自己被吃人掉。现在，我害怕自己去吃别人。

下午 7：00

还是不见托马斯。要是能用手机就好了。

要是他再不来的话，我就要出去找他了。这很正常。

晚上 10：00

这可不是闹着玩儿的，也没有什么罗曼蒂克。我寂寞极了！我快受够了！

我还有很多事情要做，还有很多人要见，还有几只山羊要买。

第五天

上午 9：15

一阵急促的敲门声把我从梦中惊醒。

我跑下楼去，看见托马斯满面愧色地站在门口。

"昨天你把水电都打开了吗？"他问。

"没有啊，我一直都很遵守规定的。"

"对不起。"

"哦，封锁结束了吗？"

"是的。对不起。我把这码事给忘光了。"

我恨死了托马斯。可是，他却在无意中给我上了宝贵的一课。也许，偶尔离开现代文明度个假倒是很有趣，但是一直住在那里简直就是地狱。

于是，我在自己的备忘录上写道："解雇托马斯。"

此前，我们已经学会了怎样用发卡打开手铐，可是你的敌人有可能会用其他手段来限制你的自由。

如果有人用绳子绑住你的双手，你可以使用扭动的办法从中逃脱。双手迅速上下运动，同时手腕以半圈为轨迹左右扭动，等到绳子变松的时候，你就可以溜之大吉了。

如果有人用布基胶带或者软手铐捆住了你的双手，首先要确保你的双手在身体的前面。然后，用手腕用力拉紧手铐，前臂向上直立，肘部猛力向下来回摆动，直到手腕能够挨着肋骨为止。这种张力最终会让胶带或者软手铐断开。

还有一种打开软手铐的办法就是用针、钉子或者发卡塞进手铐带与塑料锯齿之间的连接部位，手铐就会自动打开。

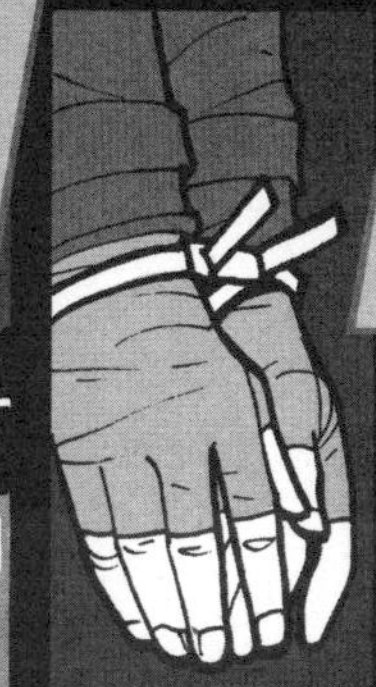

不过，最好的办法莫过于使用鞋子上的鞋带。解掉一根鞋带，系在连接手铐两边的塑料片上。

然后，在鞋带的两端分别打上一个环形的结，将脚伸进去像骑车一样猛地上下拽动，让手铐与鞋带之间产生摩擦。

如此反复使劲，塑料片自然会断开。不过，如果你的鞋带先断了，你可以解开另一根鞋带，或者拼命扭动手腕使塑料片断裂。

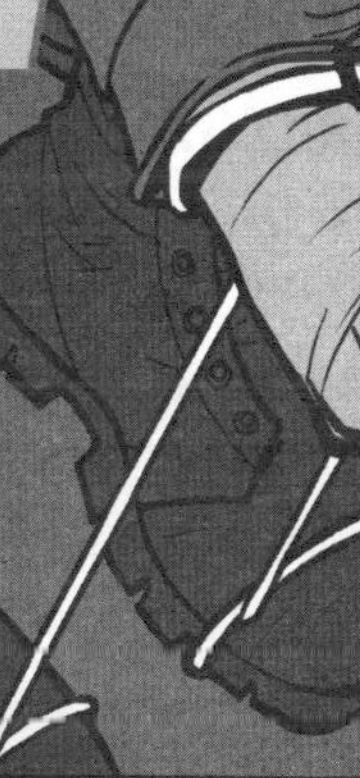

未完待续……

第 57 节 测试二：出逃

陆 地

WTSHTF，有很多人都不用担心自己到何处藏身。他们要么是住在偏远的地区，要么至少也有一家亲戚住在乡下、郊区或有个避暑的去处。

但是，我和父母一直都在城里居住。他们曾经住在芝加哥的摩天大楼里、波士顿的闹市区、旧金山的山脚下——无论哪一处在社会失控时都不是理想的落脚点。可自从上次为期三天的测试结束以后，虽然我已经为留守做好了准备，但对于如何出逃，我仍然缺乏相应的安全策略。

"如果你住在城里，生存的秘诀就是见机行事，"城市逃生培训课程结束以后，我打电话向里夫求教的时候他告诉我说，"所以，你要紧扣时代的脉搏。如果以色列进攻伊朗，那么我就会马上飞往圣基茨。如果洛杉矶乱作一团，那么我就会在原地求生。出逃只是不得已的手段。"

里夫前往加利福尼亚之前，特意花了几天的工夫为我设计出逃方案。显然，他履行了自己在俄克拉何马城向我许下的诺言。

我和里夫用了一个上午研究加利福尼亚的地图，联系了几十处可供藏身之用的湖泊与水库。我们的目标就是从中选择 3 个不同的地点，并设计出逃方案。到时候无论发生了什么事情，至少我还有选择的余地。

当天下午，我和里夫测试了第一个出逃方案。我们骑着摩托车穿过一片山地与消防通道，来到了 30 英里外的马里布湖。途中，我们还检查了所有可能的障碍物，保证没有交通堵塞，而且道路的宽度也要足够让我左转右转避开子弹的袭击。

"这个地方有你生存需要的一切东西，"到了湖边以后，里夫告诉我说，"这里有水源、鱼、可食的植物、动物，还有丝兰花可以用来搓绳子。在这一片棉花丛里，就是住上几个星期也没有问题。"

我们侦查地形的时候，里夫摘下一片丝兰花的叶子，教我怎样把叶子的尖端当做针来缝合伤口。接着，他捡起一根木棍，戳了戳旁边的一堆大粪，想要看看是什么动物留下的。

"这里面还有麦片呢，"他告诉我，"肯定是一只狗。"

于是，我在自己的备忘录上写道：学会辨别粪便。

不过，我又很快把这一条记录擦掉了，因为我想有些本领还是留给专家们好了。

空 中

为了寻找第二处更为隐秘的出逃方案，我打电话向麦德·刀哥请教。

"你得准备一架旋翼飞机，"他毫不犹豫地说，似乎旋翼飞机像刀具一样必不可少，"然后驾驶飞机逃走，而不是坐以待毙。如果你能买一架平底旋翼飞机，到时候就算是无路可走也没关系，因为你可以降落在山区的湖泊里。只要带上一顶 7 磅重的帐篷、一点儿燃料、一把斧子、一张锯和一根钓鱼竿就可以了。"

听起来不错。一旦局面失控，这个办法可以让我迅速逃离。于是，我开始四处打听哪里才能买到这样一架旋翼飞机：

问题是旋翼飞机的造价在 10 000 美元到 30 000 美元之间不等，而我的生存训练已经让我负债累累。就算是我能买得起，我也没有地方放

置这么一个庞然大物，还得另外租地方停放。我还顺便考察了一下直升机，虽说要是出逃的话直升机更加理想，但是就算是一架二手的也要15万美元。

于是，我选择了一种更为经济的方案：联合航空公司。显然，WTSHTF时乘坐商用客机不是一个好主意，但是至少就目前的情况来说，这是逃离洛杉矶继而寻找第二个藏身之地的最佳方案了。

为了确保自己已经吸取了上次的教训，我给自己进行了一次新的测试。这个测试在6个月前也许会让我丧命，但是现在我已经彻底摆脱了对现代生活的依赖，我要看看自己能不能在3天之内，仅仅凭着自己的刀子和智慧在森林里活下来。

为了防止自己误食加利福尼亚西芹中毒身亡，我邀请里夫与我一同前往。同时，为了以防万一，我还在附近藏了一套求生工具。

尽管我已经准备了几个月，但是这次实地测试与我想象中的情形完全不同。大自然总是让人捉摸不透而来个措手不及。

森林里一片阴暗，我无法搭建木棚，所以我只好背靠大树，然后用树叶盖在身上取暖。

而且，为了使用弓钻取火，我不仅用光了两根鞋带，还花了整整一上午的时间。

为了找到可食的植物，我用了3天的时间，走了3英里的路。

我的飞棍也没能击中任何一只动物，甚至连边儿也没挨着。而且，我也不能铺设陷阱，因为在国家公园里这样做是违法的。

为了烧水喝，我花了好几个小时。因为这里禁止明火，所以我只能偷偷地生火。

最后，当我好不容易徒手捉住一只火蜥蜴时，却发现它的皮肤是半透明的，眼睛向外凸出，尾巴又尖又长——我怎么会有胃口吃这种东西。

不过，尽管困难重重，火蜥蜴的样子又如此怪异，我还是活了下来。这是我有生以来第一次仅仅依靠土地就活了下来，也是我体验到的最自由的感觉。当我离开这里的时候，我知道自己已经具备了在丛林中求生的本领，虽说我仍会感到难受，但是至少我不会死去。连我自己都不敢相信，我已经从一个在“追踪师学校”里哭鼻子的懦夫到达了现在的境地。

尽管我没有用到3天前埋藏的那些工具，但我还是把它们留在了那里——万一我或者你将来出逃的时候用到了呢。如果你要用的话，就是下面的这些工具了：

我倒是想告诉你它们的具体位置，但是这样一来，每一个读过这本书的人都会把它拿走。因此，我列出了 8 条线索，每一条都藏在这本书中。如果你能解开这些谜题，你就会找到我的那套求生工具。

如果破解了这些谜题，请发电子邮件给我，地址是 StSlimJim@gmail.com。收到邮件后，我会给予你额外的奖励，而且你也用不着再在地上打洞了。另外，你也可以通过上述电子邮件地址联系我，以便了解那套工具是否已经被人取走。

如果你取走了这套工具，请你另外在里面也埋藏一些物品，以便其他寻宝者能够有所收获。不过，除非我已经攒钱买下来一架旋翼飞机，组装好，并且学会了怎样驾驶这架飞机，我会另想其他出逃方案的。

海　上

我坐在一艘帆船上，在太平洋蔚蓝的大海里疾驰而过，又咸又苦的海风吹打着我黝黑的脸庞。现在，距离第三个藏身之处已经不远了。WTSHTF 时，没有比这里更加理想的出逃方式了。这里既不会有交通堵塞与路障，也不需要燃料，更不会有人趁火打劫。不过，倒是有可能会有一小撮海盗不期而至。

幸亏里夫告诉过我如果碰到这种紧急情况该怎么办："如果有海盗袭击，你可以用你的雷明顿霰弹枪击沉他们的船只。你只要从弹夹里取出一枚子弹，在子弹上凿一个直径为 1/4 英尺的小孔，然后从下面塞进一个 .22 的圆片，把子弹重新装好。这样，当你朝着船只的吃水线开枪射击时，圆片就会在船上炸出一个洞。大多数船只都会被击沉。"

此刻，我们真正前往卡特琳娜岛的途中。该岛距洛杉矶南部仅20英里，人口只有4 000。因此，当别处乱成一团时，这里应该是一个相对安全的去处。

虽说我买不起任何一种飞机，但是买一艘小艇，在上面装满备用物资，然后藏在海边还是可行的。如果有一根钓鱼竿，我就等于是有了饭吃；如果有了海水淡化器，我就有了取之不尽的水；如果再加上一支船桨，我就有了无穷无尽的动力。

“你知道这样做毫无意义吧？”凯蒂的声音打断了我的思路。我带着凯蒂一起踏上这次测试之旅，因为我打算在将来出逃时带着她，希望她也能够有所准备。

“你是什么意思？”

“你来卡特琳娜岛难道就是打算在地上挖个坑吗？”

“你是说储藏地点吧？”她耸耸肩。我带着一个军火筒，里面满满地装着冻干食品、水和其他一些求生工具。“这些东西的用处就是，如果我把它们埋在这里，将来只要我能划到卡特琳娜，我就有活命的希望。”我安慰道。

她把头枕在我的膝盖上，脚翘在船帮上，不一会儿就睡着了。凯蒂因为晕船，所以刚刚吃了一片茶苯海明。药物的作用再加上情绪不佳，她一定是感到十分疲乏。另外，凯蒂不仅一直在担心我们的小船会不会触礁，而且已经连着两顿都没有吃饭了。

她让我想起了科马克·麦卡锡的《路》中的那个小男孩。他天真烂漫、富有同情心，但是却总是因为自己杞人忧天的父亲而备受困扰。我不知道在WTSHTF时，这样的人会第一个逃走，还是会变得更加残酷无情。不管他们怎样，我反正是快变成那样子的人了。

里夫从纸袋里拿出3个金枪鱼三明治，那是我们买来准备当做午餐的。我叫醒凯蒂，递给她一块三明治，可是她却迷迷瞪瞪地眨了眨眼，然后又沉沉睡去了。

等她睡醒，三明治已经在阳光下变质了。放眼望去，卡特琳娜岛的轮廓渐渐变得清晰起来。用不了多久，我们就能吃上饭了。

3个钟头以后，我们在卡特琳娜岛的双港码头下了锚，这儿距离阿瓦隆市还有10英里远。凯蒂还没有睡醒，我和里夫爬进小船取东西。

眼见天色快黑了，我们驾驶着摩托车沿着海岸疾驰而去，来到一个荒凉的地方。我和里夫在山上找到了一处理想的位置，做了一个记号，然后像海盗那样挖了一个洞，把储备物资放了进去。

一个半小时以后，我们回到帆船上时已经精疲力竭了，但是却无比地惬意。看来，出逃要比留守有趣得多。我已经等不及要去这里唯一的一家餐厅品尝著名的焦烤肋条了。

里夫推着船的后面，我和凯蒂在前面把船拖上了岸。这时，她已经饥肠辘辘了。

"我的胃里好像打了个结，"凯蒂抱怨道，"现在要是能吃上布法罗香葱烤鸡块，让我怎么样都行。"

谢天谢地，餐厅还没有打烊。尽管店里没有什么顾客，吧台后面还是站着几位侍者。"我们能看看晚餐的菜谱吗？"我问其中一个侍者。

"厨房已经关门了，"他立即答道，"因为今天没有什么顾客，所以厨师提前下班了。"

凯蒂的脸马上沉了下来。她问这里还有没有其他餐馆、比萨店或者便当店。每一个问题的答案都是"没有"。凯蒂气坏了。

"我们回到船上行不行？"她忙不迭地问我，"船上还有吃的吗？"

"有倒是有，不过已经藏起来了。"

"还找得到吗？"

"当然能找到，但是要到那儿去再挖出来了，只怕还得好长时间。"我热衷于为了将来的灾难做准备，却忽略了现在的情况。不过，至少现在凯蒂明白了在地上挖坑的重要性了吧。

"我可不能再等了，"凯蒂舒了一口气，然后愤愤地看着吧台旁边拿着薯条或三明治的人，"我的情绪糟透了，说不定我会为了吃的杀人呢。"

也许凯蒂和《路》中的那个小男孩还是不一样吧。书中描述的饥饿是虚幻的，而现在凯蒂的饥饿感却是真的。"所以我才要练习射击呀。"我对她说。但愿她能理解自立的重要性。

"是为了在饥饿的时候杀掉别人，然后抢走他的食物吗？"

"不是，是为了对付像你这样的人。"

"哼，要是我有枪的话，我会直接走到船上对他们说，'把吃的统统都给我。'"她狠狠地瞪了那个侍者一眼，说，"我可不想被饿死。"

我曾怀疑过自己牺牲看电影、参加聚会、阅读书籍、陪伴朋友还有度假的时间学到的那些生存技巧到底值不值得。不过，以后我不会再产生怀疑了。既然连像凯蒂这样的人都有可能因为饥饿而变得失去理智，那么要是一个国家的人都嗷嗷待哺，结果会怎样呢？

她看着那个侍者，勉强挤出一丝笑容，可怜巴巴地问："你们这儿还有面包吗？"

"我想还有一点儿，"他回答，"不过都是凉的。"

"你不知道我们现在有多饿。"

那个侍者走进里面，然后拿着两个面包走了出来。凯蒂狼吞虎咽地吃下其中的一个，然后转过脸来对我说："我敢肯定什么东西他都可以从厨房里拿得出来。"她不怀好意地朝着那个侍者一笑，接着说，"要是我们三个困在了这里，我要吃人的话一定从他下手，因为他太小气了。"

凯蒂这一句话重新唤起了我内心深处的恐惧，看来想要社会乱套真是易如反掌。里夫说要挨饿 3 天人们才会暴动，实际上恐怕用不了 3 天，甚至连 1 天都用不了。让凯蒂失常的不仅是因为没有了食物，更是因为失去了希望。如果不能通过和平的手段立刻解决她的饱腹问题，她就不得不采取其他办法了。如果你把一群丧失了希望又饥肠辘辘的人们放到一起，而又迟迟不解决他们的问题的话，其结果必然是天下大乱。

我们回到船上的时候，竟然又找到了一些饼干聊以充饥。昏昏沉沉地睡了一觉以后，第二天一早，我们开船到阿瓦隆饱餐了一顿。

也许出逃并不像我一开始想的那样有趣。如果没有一个理想的地点，无论是把这些物资藏在马里布还是卡特琳娜都不容易。如果我再找不到合适的储藏地点，那么一切都会前功尽弃。

"也许我得攒点儿钱，在附近盖一所房子吧，"我告诉里夫，"万一到时候我来不及去圣基茨怎么办呢？"

"这个主意倒是不错。我去过北爱达荷州的科达伦和华盛顿州的斯波坎。那里地价低廉、人烟稀少，对枪支的立法不严，而且也不是什么战略要地。"

当他说到"斯波坎"这个词的时候，我突然想起了一件早已忘记的事情。记得父亲曾经告诉我，在 20 世纪初期，我的曾祖父把他的孩子一个一个地从德国送到了华盛顿州靠近斯波坎的一个乡村里。

在我年纪尚幼的时候还和祖父祖母一起到那间小屋参观过。我记得房子的外面就是一个宁静的湖泊，我还和表兄弟们在那里摘越橘、捉鱼，对了，还有一张驼鹿从水中蹚过的照片呢。

那里不就是生存主义者的天堂吗？

我抄起手机，拨通了父母家里的电话。

“祖母住过的那间华盛顿的房子最后怎么样了？”

“我们还是所有者之一。”父亲回答。

“如果发生什么事情，我能不能去哪里避难呢？”

“我看不出来有什么不可以。”

“我到处找地方藏身，你们怎么不早说这个呢？”

“我们从来都没有想起过这个，”母亲插言道，“你可是最聪明的。”

我催促他们赶快告诉我有关那间小屋的一切。原来，那儿不仅有渔具和小船，还有柴火和地下储存室。这可真是得来全不费工夫。

“不管什么时候，如果你要去那里的话，叫上我帮忙吧，”里夫主动请缨，“我们得在路上储藏汽油，这样你才能到得了那里。”

现在，除了三个储藏物资的地点以外，我真正拥有了一处藏身之地。

尽管如此，当我飞回洛杉矶的时候，却发现自己并没有想象中那样自信。从圣基茨的那次大停电开始到现在，我已经学会了好像要一辈子才能学完的东西。虽说我顺利地通过了每一次测试，但是我心里很清楚，如果真的 WTSHTF，仅凭这些演练是远远不足以让我躲过劫难的。因为除了圣基茨的护照迟迟未果以外，我还缺少一样最重要的、足以决定我生死的东西，那就是千金难买的“经验”。

第5章

救苦救难

RESCUE

如果你想要万寿无疆，
那你就要像众神一样。
即使你自觉坚不可摧，
其实不过是不堪一击。

——吉尔伽美什，《第十一块泥板》，公元前 2100 年

Gilgamesh, *Tablet XI* , 2100 B.C.

第 58 节 总统的救命计划

假如还有下一次自然灾害或者恐怖袭击，美国将会发生以下这些事情：

消防人员、警察和救援公司会在第一时间赶到现场。其中最优秀的官员将会被任命为救灾指挥长。他会立即建立一支应急队伍，或者是指挥总部。如果不是被解除职务，他将统揽全局，除非又出现了新的情况(比如说炸弹在多个地点同时爆炸)。不过，即便是真的出现这种情况，他和别的区域指挥长也会立即向同一个总领汇报。

与此同时，那些受伤的人们就只能躺在那里，身上淌着血，哀声呼号。不过，这没有什么，因为我们会制订更加完备的方案，就算是社会再乱，有再多的人丧命也在所不惜。

我们的紧急指挥官会任命一位新闻发言人，好对付媒体与公众；还会任命一名联络员，以便从其他部门获得援助；然后再任命一名安全员，可千万不能让救灾工作影响了他们自身的安全啊。

如果灾情严重，需要众多部门的协作或者已经跨越了司法界限，那么我们的指挥长就会成立一个联合救灾指挥部，然后从各个部门选派官员，共同指挥救灾工作。

要是有人说还有很多人在流血，那也要有条不紊才行啊。没关系，他们很快就会考虑到的。不过，对于那些身受重伤、大量出血的人们来说，恐怕就只有死路一条了。

接下来，我们的指挥长就会成立 4 个部门分管这项工作。它们分别是计划部、后勤部、工作部和财政管理部。

然后，这些工作部的官员们会组建一些小分队。救援队负责撤离伤员，医疗队负责进行分类护理，消防队负责控制火势，灾害应急队负责处置灾后的有毒物质和已经感染的人员。指挥长还会任命一名现场负责人，负责把救援人员送到不同的小分队。

最后，救援人员开始展开救援工作，保证这一地区的安全，并疏散伤员。如果他们能够在保证自身安全的前提下接近伤员，他们就会把这些人分门别类地用飞机或者救护车送往附近的医院。

如果事态严重，当地有关部门没有足够的能力妥善处理，我们的应急指挥长会通知地区应急中心，然后地区应急中心会通知州应急中心，州应急中心会向州长作出汇报，而州长会要求本土安全局进行联合灾难救援，或者在必要的时候请求联邦地方应急管理局向总统汇报宣布该州进入紧急状态。接着，该局官员会对该地区的情况进行评估，内部汇报的同时通知国土安全局。国土安全局的官员则会将这一申请转交总统。

如果你已经看糊涂了，那是因为这本来就是一本糊涂账。如果有人情况危急，而且因为没有接受及时治疗而死去的话，那他只能自认倒霉。至于其他的人呢，只好躺在那里挨饿受冻，一边眼睁睁地看着疾病肆虐，一边眼巴巴地盼着救援队的驾临。

接下来，总统会宣布全国进入紧急状态，并启动国家应急协调中心。该中心负责制订一份完备的计划，通知相关部门，部署救援队伍。所有相关部门将成立一个联席办公室，共同协调国家资源并派遣救援队伍。

然而，有组织的机构并不等于有组织的人民。

当灾难来临时，即便因为政府部门的程序问题而耽搁的时间可以忽略不计，那些前往救援的队伍也会满腹狐疑：这里究竟发生了什么事，他们到这里来到底是干什么的？当那些受灾的人们在废墟中生死未卜时，我们的应急人员仍在就他们是不是有义务把这些人救出来而争论不休；当人们已经奄奄一息时，官员们还正在为究竟应该由谁来负责而各执一词。当救援的报告一层一层地被递上去时，当越来越多的官员被任命时，当各种各样的委员会与小组在组建时，死亡的人数也在节节攀升。

如果灾情严重，那么这一体系即便完全按照预定的程序进行，也要等3到14天以后才有反应。到了那时，国家应急管理中心所做的就不再是把灾难救援科学化，而是引起更多的争执与误解。

我能懂得上面这些，是因为现在我也是其中的一分子。

Emergency Management Institute

FEMA

This Certificate of Achievement is to acknowledge that

NEIL STRAUSS

has reaffirmed a dedication to serve in times of crisis through continued professional development and completion of the independent study course:

IS-00200.a
ICS for Single Resources and Initial Action Incidents

Issued this 27th Day of December, 2008

Cortez Lawrence, PhD
Superintendent
Emergency Management Institute

0.3 CEU

Los Angeles County Disaster Management Area G

presents this

Certificate of Training

to

Neil Strauss

upon completion of NIMS ICS-100 and IS-700 Training Program

October 4, 2008

Mike Martinet, MS, CEM
Area G

训练合格证书

在过去的几个月中发生了许多事情，请你听我慢慢道来。

第 59 节
冰岛：新兴的加勒比国家

也许是因为每加仑的油价在部分地区突破了 5 美元的大关。

也许是因为贝尔斯登是大萧条之后第一家由政府进行救助的证券经纪公司。

也许是因为印地麦克是近几个月来第五家倒闭的美国银行。

也许是因为政府部门授权海关人员可以没收、拷贝和分析所有过境手提电脑与数据存储设备中的信息。

也许是因为房地产市场的崩溃，失业率的上升，股票市场的狂跌，信用卡债务的膨胀，物价指数的上涨，国家财政赤字的攀升，部分大城市公立学校高达 50% 的辍学率，有迹象显示会成为美国历史上最长的两场战争的阿富汗和伊拉克的战争。

也许是因为许多人都坚信局势还会进一步恶化。

然而，这些不都是孤立的现象。

虽说时值盛夏，可空气中到处弥漫着悲观的情绪。很多与我交谈过的人们都在说，黑暗已经近在咫尺了。可他们仍然大惑不解，因为此前他们根本就没经历过这样的事情，也不知道今后的美国会走向何方。

国内的形势越是严峻，我打电话给麦克斯韦尔的次数就越多。我开始担心自己的双重国籍计划到头来会不会是竹篮打水一场空。现在，再要想出逃比起从前来更是难上加难。

即使是斯宾塞的室友，那个曾经嘲笑我们杞人忧天的霍华德也开始考虑往加勒比海地区移民了。后来的事实是，他的公司在那里倒闭了。

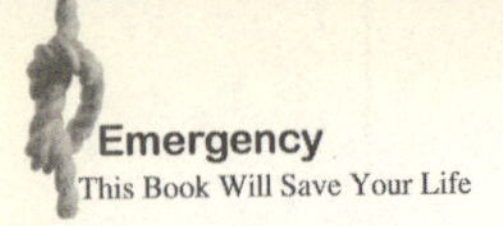

因此，他不得不为躲避诉讼而整日东躲西藏。

“我们都能未雨绸缪，这真是太好了。”当我们在他洛杉矶的住处夏特蒙特庄园共进晚餐时，斯宾塞对我说。

在瑞士银行碰了一鼻子灰以后，我听从了斯宾塞的建议，在一家加拿大银行开设了一个账户。这家银行在圣基茨设有分行，而加拿大与圣基茨又都是英联邦的成员国。他说，如果美国一旦出了问题，我就可以随时拿到自己的钱。然而不幸的是，在办理这项业务的过程中，我发现想要保守自己在外国银行存款的秘密已经是非法行为了。美国国税局规定，所有在境外账户内资金超过 10 000 美金的人都要每年向它们报告存款的数额、开户银行以及账号。

与此同时，斯宾塞的 10 年计划也有了进展。他在新加坡开办了一家互联网公司，因此可以在当地开设一个私人银行账户，而且据称要比瑞士银行快多了。不过，斯宾塞也还没有拿到圣基茨的护照，所以他正在研究怎样才能买下一座岛屿。

“我正在看冰岛附近北方的一些岛屿，因为不会有人想要到那里找人吧，”说着，斯宾塞露出了一丝自得的微笑，“如果我能说服其他姓亿的人们和我一道，我们就可以利用那里的地热资源打造一处地下住所。”

“那你的潜艇呢？”

“如果能在不为人知的情况下去那里当然更好了，不过现在已经来不及了。我们得抓紧时间。这只是个开始。”

“你觉得情况会有多糟呢？”斯宾塞好像要比我们大多数人都更有经济头脑，也许是因为他就是创造了经济繁荣局面的其中一分子吧。

“我想整个美国不会崩溃。但是，我们正在迎来一场自大萧条以来最严重的经济灾难。我所担心的是随之而来越来越严重的暴力犯罪现象。”

那年夏天，无论我走到哪里，那个名叫“以防万一”的多头怪就会如影随形地跟着我，在我耳边大声疾呼。它的下巴已经挨近了我的脖子。可是，我已经学会了这么多，改变了这么多，检验了这么多，现在我应该停下自己的准备工作了。我应该转过脸来，直面这个多头的妖魔——还有我自己的恐惧。

而我的引路人是一位音乐家。

第 60 节
那么，爱呢？

“我所担心的，”当我坐在莱昂纳德·科恩洛杉矶公寓简朴的客厅里时，他告诉我说，“是人们的精神在这个国家死亡之前就已经死去。”

他的语言总是这么精辟又尖刻，就像他的那些歌曲一样。

在寻找这个世界问题的答案时，有些人会去找政客、牧师或者父母，但是我总会到音乐中去寻找答案。而且，莱昂纳德·科恩对我来说既是政客，又是牧师，还是父母。他美丽的语言总是能够深深地打动我，并给予我创作的灵感。

我的一位好友、唱片公司执行主管大卫听我谈起有关生存的话题时把我引见给了他，说我一定会与他投缘。不过，随着经济衰退与 2008 年大选迫在眉睫，好像大多数美国人都与忧虑投缘。除了大卫。

声音温柔的大卫过着一种隐居的生活。他很少读报，但是却酷爱阅读心灵类的图书。不像科恩与我，大卫不是消极的逃避者，而是积极的拥趸。

“但是，国内对伊拉克战争的抗议怎么说呢？”我们仨一起坐在科恩的客厅里时，大卫问，“这可是有史以来第一次有人在战争爆发之前就提出抗议。也许这是一种意识觉醒的征兆吧。”

“恶魔的力量在这个世界上仍然很强大。”科恩回答道。他前额灰白的头发下面是几道深深的皱纹，不过一双栗色的眼睛里却仿佛闪烁着一个 20 岁学子的光芒和一位百岁高僧的智慧。

“战事已经箭在弦上。”

说完，他从容不迫地呷了一口茶。至于那些抗议，他接着说：“你终究会变成你所抵抗的那个样子。”

科恩站起身来，在炉子上面煨了一锅豆羹。他已经73岁了。最近，听说他的经理人被控盗取了他的大部分退休金。现在他已经濒临破产，光是一桩接一桩的诉讼案就让他身陷绝境了。

离这里大约几英里的南部，科恩回到客厅里的时候说，隐藏着洛杉矶城里最为危险的黑帮。如果把这伙人惹翻了，他们肯定会来这里大肆抢劫，到时候警察只怕自顾不暇，还有谁能来解救平民百姓于水火之中呢？

“我最担心的，”他说，“是我们的社会契约会因此而毁于一旦。”

“突如其来的？”我问。

“没错，突如其来的。”这时，我忽然明白，原来科恩和我一样，都是蝇王之国里的人啊。

我向科恩讲述了自己所做的准备和学到的生存本领。“看看我吧，”我讲完了自己的故事以后，他说，“我不适合那样做。也许我能够学会打枪，但是我没有任何实战的经验。我天生就不是个斗士。”

“那么，爱呢？”大卫打断了我们，“你们不一定非得东躲西藏、以暴制暴才行。你们应当学会爱。”我真的很嫉妒大卫的积极乐观精神。他们这种人死到临头还在做着天堂的美梦，而我们到了最后一刻仍然要为地狱忧愁。

科恩的回答总是信手拈来，好像几十年前就已经想好了一样。或许是他举行反越战音乐会时就想好了吧。“你的说法正中敌人的下怀，因为这样他们就会轻而易举地征服你们。而那些历经迫害仍然大难不死的人们是因为有着强健的体魄。”

接着，他又引用了一句禅宗的格言：“水中生莲花，近火必枯萎。火中生莲花，近火愈娇美。”

按照这一说法，就像大多数出生于20世纪70年代末八九十年代的大部分人一样，我只是水生的莲花。因此，借用科恩的说法，我们都很脆弱。这就是近年来的事件让我如此恐慌的原因。幸亏有了“追踪师学校”、射击场和近身搏击术，现在的我已经变得更为强壮了。但是，如果我真正想要学会生存的技能，我只有让自己暴露在烈火之中，让自己变得更为坚硬，让自己在火烧眉毛之前就有所准备。

也许我来到这里的主要原因就是不想再对所谓的户外生存抱有任何

幻想。从孩提时代起，我就已经看了不少有关性与暴力的书籍、电影与漫画。不过当时这两件事我一件都还没有经历过。尽管在我历尽千辛万苦之后得到了性，但是暴力呢？我准备好迎接它的到来了吗？对于暴力，与性不同的是，我只有一次机会去认识它。

当我收回自己的思绪，重新加入到谈话中来的时候，科恩正在讲一本关于奥斯威辛集中营的书。有很多学者对于当时犹太人的表现极为困惑：他们为什么不冲上前去，夺过敌人手中将要屠杀他们的机枪，而是乖乖地进了集中营呢？

“因为他们知道，即使是他们的反抗成功，他们也仍然无路可逃？”我抢着回答。

“是因为他们不认同这种做法，”科恩回答，“他们想的是反思自己的人生，然后为死神的来临做好准备。”他顿了顿，缓缓地端起茶杯又说，“这也是我现在正在做的事情，为死神的降临做好准备。”

“怎样才能为这个做好准备呢？”我好奇地问。

科恩没有理会我的问题，而是径直站起身来去厨房看了看那锅豆羹，然后领着我们来到办公室，一起欣赏他刚刚创作的新歌。歌词写的是一串长长的可能发生的恐怖的事情，最后跟着的是一句祈求：“告诉我你仍然爱我。”

不知道他是在向一个女人祈求，还是在向上帝祈求。

从科恩家里出来以后，我反而比以前更加紧张了。我参不透他所说的莲花的隐喻，只知道他是指我的求生训练里还存在漏洞。除了被人痛扁过两次，我没有亲身经历过任何真正的灾难、困境或者紧急情况。而且，除了那次在俄克拉何马城洗手间里的事件以外，我没有任何徒步或者架飞机出逃以及说服别人挽救自己性命的经历。我甚至还没有看见过什么人的尸体。因此，如果我压力重重而又身陷绝境，我不知道自己是否能够有效运用那些刚刚学会的本领——说不定我会慌了神，惊呆在那里，吓得尿了裤子呢。

接下来，我用了整整一个星期的时间左思右想，怎样才能让自己暴露在压力与危难之中。从彩弹（不太可能致命，不过仍有受伤的危险）到实弹（可能受伤甚至致命）都考虑到了，我就是想看看在危急情况下，自己是否还能够控制肾上腺素，并且提前给自己打打预防针。

“也许你可以跳进轨道里，然后在火车快到你跟前的时候再跳出来，”

当我向凯蒂问计时，她说，“要不你穿一件上面印有‘嗜血’字样的衬衫，不带枪去康普顿走一遭？那肯定很刺激。”

“你真的想让我这样做吗？”我问。

“不是的。要是真的去了不就等于是去送死吗。”

我也没什么好办法。于是，我决定向自己曾经结识的那些专家请教。

“减轻压力的最好办法就是反复地经历类似事件。”当我打电话给城市逃生培训班的凯利·艾尔伍德时，他这样告诉我。与我不同的是，艾尔伍德有一位在绿色贝雷帽特种部队任职的父亲，因此，从 6 岁起他就学会了要坚强。而我的父亲只教会了我什么是爵士乐。

“那么，如果没有这样的事件，除了日常生活中的压力以外，我还能做点什么呢？”

“我正在进行急救训练。在那里，你可以得到最好的急救培训，而且对于减轻压力也有所帮助。因为作为学员之一，你必须学会接到 911 报警电话后就开着救护车迅速赶到。”

听他这样一说，我不由得心跳加速。其实，在洛杉矶城里，每天都有成千上万的人置身于危险之中：消防队员、警察、护理人员、救援队伍。我得找到这些人，然后加入到其中。

我不仅会得到梦寐以求的经验，还可以获得专门的制服与徽章；我不仅会体验生死关头的紧张滋味，还可以获得最佳的、最强大的网络体系。这样，到了危急关头，我就可以顺利穿过路障而逃之夭夭了。

或许莱昂纳德·科恩是对的。你终究会变成你所抵抗的那个样子。

第 61 节
死于非命的几率

如果在切除阴茎包皮的过程中，不管是部分切除还是全部切除，作为一名急救员，我就可以“使用无菌外套进行局部减压处理”。

如果有人“在性交时过度兴奋，并因此损伤到阴茎包皮”，作为一名急救员，我就可以立即将患者送往医院，立即进行修复。

如果包皮的前侧被卡在拉链里，作为一名急救员，我就可以想方设法拉开拉链。另外，“假如包皮被卡的部分过多，或者患者情绪不稳定”，我就可以使用剪刀剪开裤子的拉链……不过，在开始剪切之前一定要解释给患者听以减轻其心理负担。

这些宝贵的急救经验来自于《伤病员的急救与运输》一书，该书厚达 1 296 页，里面详尽地罗列了文明社会中人类可能遇到的各种紧急情况，从枪伤到拉链意外事件包罗万象、应有尽有。这是自 FM3-05.70《美国军队实地求生手册》以来我读到的最好的、最简明扼要的、最有价值的一本求生工具书了。

这本书也是我在加利福尼亚紧急医疗救护培训学院使用的教材。我也想要做一名急救员。

看来艾尔伍德为我指点的方向没错。这种课程对我来说再适合不过了。实际上，我们的第一节课就是如何应对压力。

“你们准备好看见死人没有？”学院的院长，那个超级活泼的马特·古德曼朝我们大喊。

教室里一片死寂。

"是的，这只是你们工作的一部分。你们会因为这个紧张吗？"他停了一下，等着有人回答。好像有几个学员张了张嘴随声附和。我真闹不明白班里的同学们都三缄其口，究竟是因为震惊呢，还是因为厌倦？"肯定会紧张的。而且，你们还得亲眼看着他们死去。但是，你们决不能因为紧张就把事情搞砸，决不能让自己的情绪影响救援工作。你们的家人可能会对你们大发雷霆，但是不要去试图取悦或者说服他们。一定要保持镇定，把他们的话当成耳旁风就行了。"

我感觉自己就像是个骗子。坐在我右边的学员准备到消防队工作；坐在我左边的女孩真打算报考医学院；坐在我前面的那个家伙是本地搜救小分队的队员。而我呢？我只是为了防备万一。

不过，在追寻安稳的途中，我已经跨越了底线。我不再只是为了以防不测而报名参加各种培训，而是准备亲自参与到其中。

在接下来的课程里，古德曼教给我们如何辨别以及在必要的时候如何处理人体的各种创伤：心脏病突发、车祸致残、中风、过敏反应、癫痫、中毒、枪伤、骨折、烧烫伤、溺水、体温过低、中暑、服药过量、分娩综合征、肺病、糖尿病突发症状、蛇毒、电击以及其他疾病、事故与精神错乱所造成的伤痛。

尽管我们学过了如何辨别并处理任何大规模杀伤性武器可能引起的症状，我们也知道比起思想偏激的少年、为作物喷洒农药的飞机与因为饥饿持枪行凶的邻居，有更加令人恐怖的事情。

举个例子来说，比如麦当劳让美国每隔一分钟就有一个人因患心脏疾病而死去，古德曼说。当我拿着一块鸡肉蘸芥末酱作为加餐时，他狠狠地瞪了我一眼。尽管我花了整整 8 天时间去思索我们的外部世界，但是我却从来都没有想过自己的内心世界，也从来都没有想过吃着炸鸡块、汉堡包与薯条就像一个人走在夜晚巴格达的街头那样危险。

这样看来，或许生存主义不仅仅意味着开枪射击与喝马桶里的水，还意味着合理的锻炼与健康的饮食习惯。毕竟这些知识要比太阳能蒸馏器更加实用。就连生存主义者的先驱人物、那个储备了大量物资与重型机枪的梅尔·塔潘不也是因为充血性心力衰竭而在 47 岁一命呜呼了吗？

在古德曼就心脏病给我敲响了警钟之后，我打算认真研究一下自己的生活方式哪一方面还存在问题，什么因素会威胁到我的生命，以及在什么情况下这些疾病可能发作。这样我就可以高枕无忧了。

根据最新统计数字，2005 年有 2 448 017 位美国公民死亡，其中，652 091 人死于心脏病，559 312 人死于癌症，143 579 人死于中风，130 933 人死于慢性下呼吸道疾病。

就像这个星球上的其他居民那样，第 5 条，也就是最后一条是我和凯蒂最为担心的：117 809 人死于联邦政府称之为非故意伤害、急救队称之为外伤的疾病。

也就是说，每年每 2 500 名美国人中就有 1 人因为某种意外伤害而有可能丧命。

按照国家伤害防治中心的说法，在这一数字中，有近 40%——约为 45 343 人——的死亡是由于驾驶摩托车造成的。因此，无论是驾驶还是乘坐摩托车很有可能是人类最危险的一种活动。看来，进化过程并没有让我们得以防御高速驾驶所带来的伤害。

说来也怪，另一个致人死亡的最大原因竟然是中毒。2005 年有 23 618 人因此丧生。接着是坠落，有 19 656 人因此丧生。

不管私人持枪是对还是错，总之持有枪支的美国人不是给别人，而是给自己造成了更大的伤害：有 12 352 人被枪击而死，17 002 人用枪支自杀身亡。总之，2005 年共有 18 124 人遭他杀，32 637 人自杀。

其他导致外伤性死亡的原因包括烧烫伤（6 496 人）、窒息（5 900 人）与溺水(3 582 人)。尽管在 2005 年中,美国历经了 8 场飓风与热带风暴(包括卡特琳娜飓风）和 7 次地震，但是死于自然灾害的人数相对来说较少，只有 2 462 人。

最后，死于疲劳过度的人数为 11 人。排前面一位的是恐怖主义，2005 年有 56 名美国人（不包括正在执行任务的军事人员）在恐怖主义事件中丧生。但是，这些恐怖主义事件都不是发生在美国本土。

看看我有多傻：在过去的 7 年中，我为了防范恐怖主义、经济危机与自然灾害造成的危险而费尽心机。就算是和凯蒂比一比，究竟是谁更害怕开车出行呢？

我一直在取笑她总是因为平凡的日常生活而小心翼翼，其实，一直以来正确的是她，而不是我：日常生活里的危险要远比世界末日更可怕。

幸亏我进行了急救训练。因此，无论是前者还是后者，我都能得心应手。

第 62 节 怎样救护夏威夷女郎

“我的老二，就像南瓜一样大，”救护车的窗户里传出米奇·阿瓦隆的歌曲，“你的小弟，就像麦考利·卡尔金 (Macaulay Culkin，美国演员，曾出演《小鬼当家》而爆红)。”

弗朗西斯科和罗布穿着制服坐在前排，和着音乐大声地唱。

“如果你和我们一块儿工作，你也会唱起来的。”他们往后看着我说。为了拿到急救员的证书,这已经是我第二次接到 911 报警电话执行任务了。

“我的老二，能举起三百五的哑铃。”弗朗西斯科和罗伯对着窗外一个身着黑色海军制服的金发女军官放声高歌。

罗伯甚至打开了警笛，想要引起她的注意。

看来，艾尔伍德所说的压力并没有真的实现。迄今为止，我们去过一次退休社区，那里有一位上了年纪的妇女呼吸急促需要救助；还去过一次汽车站,那里有一个个头超大的 12 岁顽童在玩滑板时不慎擦破了皮；我们还到过一个精神分裂儿童的家，她身上穿着威豹乐队的运动衣，告诉我们说好像有个看不见的人掐住了她的脖子。

尽管我有机会将自己刚刚学会的本领付诸实践，比如止血、输氧、固定脊椎、做心电图，等等。这些经历让我感到的更多还是人性和痛苦，而不是压力和肾上腺素。

“你最想接到什么样的电话？”弗朗西斯科转过脸来问我。刚才，我们接到了一位老人的电话。他在洗手间里晕倒了，身上全都是粪便。

“要是能接到一个产妇的电话就好了。”我说。

“你说的那个我已经接到过好几次了。我最想接到的是一车夏威夷女孩出了车祸的电话。到时候我就可以给每一个人都分类包扎了。”

那天我们接到的最后一个电话也是一个老人打来的。正如滚石乐队所唱的那样：“衰老是一件无聊的事。”多亏了现代医学创造的奇迹，人们才能够在痛苦、耻辱与孤独中苟延残喘。

不过，也许生活本来就是这样。在我学习如何为产妇接生的时候，教官告诉我们辨别一个新生儿健康与否的办法之一就是看他的表情。如果产儿一副愁眉不展的样子，那就说明一切正常；可是，如果一个孩子是面带笑容出生的，那就说明有问题。这更加坚定了我悲观的思想。因此，当我们离开这个世界时，是不是也要像我们来到这个世界时一样忧心忡忡？

也许我有点儿玩世不恭，但是，在过去几年中，世界末日、战争、谋杀、食人与种族灭绝如此种种纷至沓来。当你知道自己必死无疑时，又怎么能够乐观起来呢？

我喜欢像这样在城市里的大街小巷来回穿梭，为那些需要帮助的人们提供救援。这些经历让我觉得如果我能得享天年——美国人的平均寿命是 77.8 岁，假如到时在我的身边有一群爱我的人，那么我的人生就要比孑然一身快乐得多。因此，我需要储备的事物除了健康以外，还有家庭的幸福。不过，这种储备与其他的物资却迥然不同，因为我不能在洛杉矶和圣基茨各储藏一套。

一天晚上，在去上课的路上，我看见路边的紧急停车带上有一辆摔倒的摩托车。车旁趴着一个男子。可是，车子一辆接一辆地从他的身边疾驰而过，却没有人注意到他。于是，我迅速靠边停下车，拨通 911，打开我的急救包，取出里面的紧急求生工具，冲到他的身旁。这名男子的伤势并不严重，我先用一条 2×4 英寸的纱布紧紧缠住他的胳膊止血，然后又用一段胶布扎好，等待救援队的到来。

我的内心正在悄悄地起着变化。我还从来没有为了救助一个陌生人而停车，因为我总是以为会有别人来做这些事情，而且他们肯定比我做得要好得多。

可是，我还是缺乏紧张经历的磨炼。是不是我选错了救援队伍？于是，在我们的急救课程即将结束的时候，我问前面的那个男人，怎样才能加入到他们的搜救小分队中。也许和他们在一起，我就可以得到自己想要的经验了。

那一周的周末，我收到了一封已经等待了一年半之久的电子邮件。“你的公民资格申请已经通过，”麦克斯韦尔写道，“目前，我们已经向财政部提交了你的相关文件，以便你能够拿到公民证书和护照。”

我简直不敢相信自己的眼睛，慰藉的泪水夺眶而出。如果他所说的是真的，如果这不是他的拖延战术，那么这一年多来我的后备计划可以说已经几近完美。不管怎样，我已经就要成为圣基茨的公民了。

第 63 节
怎样保护谋杀现场

“如果有警察向你敲诈勒索、胡乱指责的话，把他的名字记下来，然后来找我。”德文郡警署凶杀科的探员迈克·福斯伯曼在点名室里对我们说。这是我生平第一次进警察局。在我的想象中，我是会戴着手铐来到这里的，而不是作为一名后备警官。“据我所知，当外出执行任务时，你们与其他任何警官一样，拥有同等的地位和声誉。对你们分队的工作，我表示由衷的敬意。”他说。

这支分队就是我在急救学校时另一名学员告诉过我的搜救小分队，也就是加利福尼亚州紧急流动巡逻队。这个巡逻队是一个非营利性组织，已经有 46 年的历史了。队员们 24 小时待命，听候洛杉矶警局和洛杉矶消防局的调遣。按照分队申请协调员的要求，我穿了一件白色带扣衬衫、一条黑裤和一双黑靴。会议结束以后，申请处会收走我的材料，并决定是否予以录用。

福斯伯曼警探向我们讲起上周他看到的一具尸体。死者是一个在欧洲环游的艺术家。因为受不了住房的束缚，所以他每天都在公园里落脚。几天以前，他还曾经给一些十几岁的孩子买啤酒喝，但是后来却发生了争执。他骂其中一个人的女友是婊子。没过多久，这伙人赶回来将他用刀子捅死。

福斯伯曼说这是他看到过的最残忍的刀伤。为了确定死亡的日期，他们把尸体内的一条蛆送到了验尸官那里。昆虫学家将根据这个幼虫来判断凶杀案发生的准确时间。

说到这里，福斯伯曼抬手揩了揩额头上的汗水。他身材瘦削，略有些谢顶，脸上干干净净，一双小眼看起来冷酷无情。像他的父亲一样，他身为一名凶杀案警探已经超过 25 个年头了。

如果说荒野生存的经历让我的皮肤变得粗糙，那么这次加利福尼亚紧急流动巡逻队的训练将会让我的内心也变得坚硬起来。除了能够经历紧张与暴力以外，我还可以进行长达几十小时的营救与警察训练；我可以与消防部门、警察局、护林员取得联系；我可以在 911 报警中心、验尸室和其他应急部门进行实战演习；我可以获得一套蓝色警察制服、金属徽章、警用无线电，以及一辆带有警灯与汽笛、可以通过官方设置路障的汽车；我可以获得政府无线服务项目优先权——这样一来，等到了紧急关头，当别人的电话打不通的时候，我就能够享受优先通话的特权了。这个只怕就是斯宾塞也买不到吧。

3 天以前，福斯伯曼在加州紧急流动巡逻队的协助下刚刚破获了一起杀人案。在本案中，一个 15 岁的女孩告诉自己 18 岁的哥哥说，她在公园的某处发现了一把步枪。于是，小女孩带着哥哥来到了公园里一个地方，让他挖开一个坑。

但是，坑里没有枪。而他并没有意识到自己正在自掘坟墓。当坑挖得差不多了，小女孩一刀刺向哥哥的后背。

“你为什么要这样做？”他大声叫道，“我可是你的哥哥，我爱你。”

小女孩突然良心发现，扔掉了手中的匕首，拨通了 911。当这名男孩被送往医院时，已经危在旦夕。

有人问小女孩为什么要这样做，她告诉警察说因为他该死了。

“人类仍然是动物，”福斯伯曼扫视了一眼教室里的学员说，“而且还是邪恶的动物。在我干这一行之前，很多案件对我来说都是不可想象的。”

自从加入生存主义者的队伍以来，我一直以为自己的思想阴暗。但是，我发现后来遇到的这些人的思想比我更加黑暗——奇怪的是，他们相互之间却能够和睦相处。关于人类的本质，也许没有人能够像西格蒙德·弗洛伊德分析的那样精辟。“我发现，从整体上来说，有关人类的事情很少有‘好’的，”弗洛伊德在一次采访中坦诚，“以我的经验来看，不管人们怎样自我标榜道德观念，其实大部分都只是垃圾。”

在接下来的半个小时里，福斯伯曼向新来的学员讲解如何保护谋杀现场。他告诉我们不能挪动尸体，也不能用毛毯或者单子盖住，更不能像电影里看到的那样用粉笔画出尸体的轮廓，不能在现场吸烟、吐痰或者咀嚼烟草，也不能让任何人碰到烟蒂、血渍或者拖拉的痕迹。否则，一旦DNA证据被沾染，辩护律师就会有机会对陪审团的决定提出疑问。

这些规则，福斯伯曼接着说，至关重要，尤其是几个月以后，加利福尼亚州将开始采集该州内所有罪犯的DNA样本。

听到这儿，我向四周看了看，发现没有人对他的话表示异议。政府部门对自己所做的一切，包括在护照中加入无线电频率识别器芯片，在街角安装摄像机，建立公民DNA、面部特征、指纹及虹膜的数据库，宣称说都是为了协助办案工作并减少犯罪行为与恐怖主义。然而，这些措施当中很有值得商榷的地方。在强权的压力下，政府部门就有可能将这些监控公民的工具用于为类似法西斯统治的龌龊勾当。隐姓埋名已经开始行不通了。

“每一个谋杀犯对于我来说都一样，”福斯伯曼总结道，“不论他是达官贵人还是无家可归的流浪汉，他们都是某个人的孩子。”

会议结束以后，我接受了面试。考官问我为什么想要加入到这支队伍中来，为什么想要学习这些本领。当我将自己学过的东西与救灾的经历向他们和盘托出时，考官们面面相觑，谁都不说话。

“我通过了吗？”我问。

“请等候通知。”

他们的话飘进了我的耳膜，在我的喉咙里堵住了，然后又在我的心里打了个结。不知道我是不是他们要找的人，但是我非常想要加入这支队伍，不仅是因为经验、制服还有警笛，最重要的是我想有所归属。

我孤零零地站在德文郡警察局点名室的外面，心里七上八下。只要能够进到屋子里面，就能成为这支训练有素、有目标、有任务的队伍中的一员。不像疯狂的“世界公民”与囤积居奇的生存主义者们，这支队伍的目的不只是为了保全自己的性命。他们拥有信息，他们了解体制，他们可以接触到有关当局，他们拥有的不只是技术与本领，而是一颗在福斯伯曼所描述的那个世界里乐于助人的心。

我来到休息室的门前，等待着他们的决定。在自动售货机的上面有一台电视机，正在播放一个名为“世界上最凶猛的警官”的节目。

几分钟以后，申请协调员 SR77——这里没有人叫你的名字，只有代号——从走廊里走了过来。“欢迎你的加入，”她说，“他们为什么就不能当场把结果告诉你，害你在这里担惊受怕。”

我裂开嘴，露出了舒心的笑容。只要是有知识的地方，我就要像海绵一样吸取。这是我第一次感到自己像是个什么东西。

当我回到点名室以后，分队的医疗长官 SR33 向我宣讲了队员义务、长长的队规以及每月参加活动的最低时间要求。“如果发生了地震，你首先要做的就是保证自己家人的安全，”他面无表情地对我说，“这件事情做好以后，你的下一个任务就是保证邻居的安全。然后，你的任务才是回到加州紧急流动巡逻队。”

直到现在我才发现，这次训练不仅是一次生存本领训练，更是一次重大的人生抉择。因为到了晚上，对于他们来说，我就不再是尼尔了，而是 SR14a：

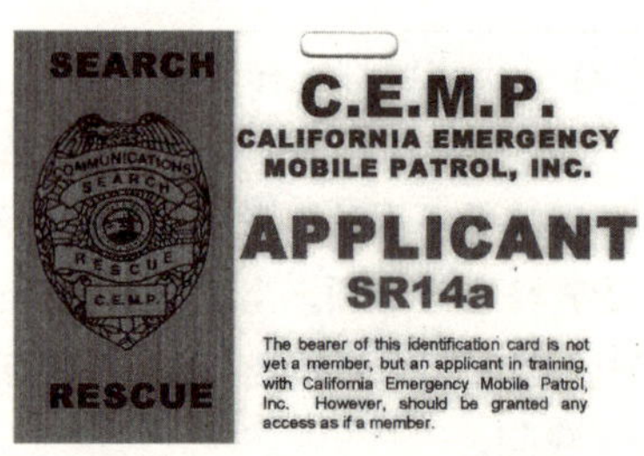

但是，我感到自己不是失去了自我，而是最终获得了一个归宿。

第 64 节
怎样辨别地震的声音

在加入加州紧急流动巡逻队不久后，我就经历了一次真正的自然灾害。

现在，我还只是一个申请人，也就是说还要经过为期 6 个月的训练与为期 3 个月的见习期，所以我自己买了一台无线电。WTSHTF，如果座机与手机都失灵的话，用这个我就可以知道外界发生了什么事，哪些地方是安全的。另外，如果有必要的话，我还可以寻求援助。

凯蒂不喜欢这台无线电，尤其是当我收听地震频道的时候。由于这个电台被链接到了一台地震探测仪上，所以在通常情况下往往没有任何声音。不过，如果电台发出了任何响动，那就意味着地震探测仪正在接收大地震颤的讯号。听到的人就应当立即趴下、寻找掩护并抱成一团。

“屋子里好像有个什么东西我看不见，”凯蒂抱怨道，“要是在我们晚上睡觉的时候，这个东西会不会突然响起来说，‘我正看着你呢’？”

我笑了。我还以为她只是在开玩笑。我不该这样的。

“你可能以为我是在幻想。但是，亲爱的，那完全有可能发生。这也太吓人啦。”

“你有没有意识到这么久以来恐惧让你的生活有多痛苦吗？”我得帮凯蒂一把。如果任其自由发展，最后恐怕她会变成一个整天与猫为伍的疯子。而且她还不会让猫陪着她呢，怕当她睡觉的时候，猫会压在她的胸口让她窒息。“你一直与姐姐关系不和，是因为她不愿意走到哪儿都带着你。而你也因为不会开车，所以不得不取消了许多生活计划与面试的机会。”

“也许你说的没错，”她摘掉眼镜，放下手中的那本雪莉·修柏的《恐惧之书》，那是我买来想要帮助她的，“我可以打车啊，不过就是信不过那些计程车司机。”显然，这本书没有起到任何作用。

“你也可以自己学会驾驶啊。”

“我可不知道自己行不行。我总是担心汽车轮子会到处乱跑，然后撞上什么东西。而且，就算我不去撞别人，要是别人撞到我怎么办？”

“所以你才得在开车之前学会驾驶啊。有时候为了顾全大局，我们的确需要做出一些小小的牺牲。虽然我们不能控制别人的行为，但是却可以掌握自己的行为，从而最大限度地降低风险啊。”

真不敢相信，这竟然是我说的话。也许是这些年来的一切让我不再怨天尤人，而变得更加成熟了。

刚开始的几天里，凯蒂推三阻四地不愿意去上驾驶课。有一次，姐姐忘了接她，所以她错过了一个电视制片公司的重要面试机会，最后，她终于让步了，答应我要面对自己的恐惧。

第二天下午，一个上了年纪、留着一把白须的西班牙男人来接凯蒂去学驾驶。凯蒂先是怯生生地朝车里看了一眼，然后转过头来。

“我信得过他，”她说，“因为他让我想起洛拉。”

洛拉是我们养的一只羊，上一周刚刚运到。洛拉聪明可爱，而且已经身怀六甲。凯蒂给它取的名字，因为她听到一场戏里唱到：“洛拉想要什么，洛拉就有什么。”

“这头小羊多可爱啊。我们没有好好对待贝蒂，所以我们一定要好好对待洛拉才行。”她向我解释道。

当凯蒂在洛杉矶街头横冲直撞的时候，我前往圣安娜参加了美国通信委员会技术班的考试，最后取得了这张证明、一个呼叫信号以及在业余无线电台上广播的许可。

Call Sign / Number	Grant Date	Expiration Date
KI6SJC	07-28-2008	07-28-2018

Operator Privileges	Station Privileges
Technician	PRIMARY

STRAUSS, NEIL
8491 SUNSET BLVD 364
WEST HOLLYWOOD, CA 90069

AMATEUR RADIO LICENSE

FCC Registration Number (FRN): 0017987942

FCC 660 - May 2007

拿到证书后的第一天，凯蒂还在外面练习开车，我一个人在家里。地震台的无线电一直开着。突然，从里面传出了一阵叽里呱啦的声音。

我赶忙钻进房间里的桌子底下。我刚刚抓住桌腿，房子就开始剧烈地抖动，好像巨人来了一样。过了一会儿，震感消失了。据测定这是一场强度为里氏 5.4 级的地震。

没有人员伤亡，也没有造成财产损失。但是，嗡嗡声仍然不绝于耳。我忽然想起那些环保主义者经常打的比方：人类仿佛就是地球背上的跳蚤，它总想把我们摇下去。

既然这里没有什么事，我急忙打电话给凯蒂。她也安然无恙。然后，我来到屋外看了看洛拉和我的邻居们是否平安无事。最后，我又打电话给加州紧急流动巡逻队，问他们需要不需要我参加救援。

能够胸有成竹可真好。

第 65 节
怎样越境潜逃

这也算是一个小小的奇迹吧：凯蒂终于学会了驾驶。今天前往联合包裹服务店为我的急救证做指纹取样时，是她开的车。一边开车，她一边因为操纵着一个比自己重上许多倍的家伙而忐忑不安。不过，她到底还是学会了。在第三次补考的时候，凯蒂终于通过了测验，拿到了驾驶执照。

“我感到自己的人生将要发生翻天覆地的变化。”她变得滔滔不绝。上个星期，凯蒂不仅重新回到了大学，而且还自己开车参加了五六次面试。“现在，我可以谁也不靠了，因为我自己就行。我自由了。”

她停了一下，慌里慌张地绕着万特乐大道转过弯，然后才接着说：“说来也怪，当有人想让我去什么地方见面时，我的第一个反应就是精神紧张，然后我就会想，靠，那怎么行。”

“那你会怎么办呢？”

“我一上车就开走了呗。”她说，好像这个答案早就在那里了。

“但是为什么你现在能够做到的事从前就做不到呢？”

“因为现在我有了足够的驾驶经验，所以我变得自信多了，”她一边说着，一边向减速带猛冲过去，然后砰的一声就停在了停车场上，“我相信自己。”

说来好笑，我刚刚学会那些生存本领时也有过这种想法。不过，作为一个生存主义者，我应该要比作为司机的凯蒂合格一些吧。

在联邦包裹服务店里，我看着一个戴着白手套的大学生一根一根把我的手指摁在电脑的扫描仪上。接着，我的指纹一个接着一个地在屏幕上显现。然后，他点击提交。一眨眼的工夫，我的指纹已经被美国司法部永远记录在案了。现在，我不能再仅凭一本新的护照就改变自己的身份了。我做出的牺牲就是为了换来下面的一纸证书：

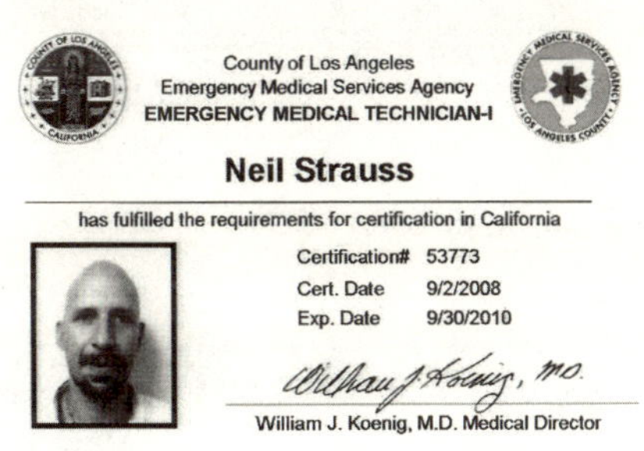

“现在你的资料已经记录在案了。”那个学生告诉我。看来就连他也觉得我正在做的事情没有任何反悔的可能。

我想，今天下午我一定要做出决定。

我想了好几天才决定迈出这一步。一方面来说，这样做无异于就要牺牲我极为珍视的个人隐私。但如果没有这张证明，我就无法为加州紧急流动巡逻队或者地方救护公司开展救援工作。思来想去，我终于决定不能仅仅因为奥威尔所预计的将来政府追捕我那微乎其微的可能而放弃这张证明。用库尔特·萨克森的话来说就是：“疯狂的偏执是没有回报的。”

也许这是第一次我挺身而出的本能超越了逃之夭夭的本能。

此外，现在的我已经具备了潜逃出境的本领。因为我从自己刚刚结识的执法人员口中得知，出逃的最佳地点就是穿越得克萨斯州麦卡伦附近的格兰德河。这是个子夜到清晨八点间无人把守的地段。

疯狂是没有回报，不过有时候你得为此付出代价，然后再用这个代价换来自己的安心。

就像凯蒂克服了自己对驾驶的恐惧那样，我牺牲了自己的个人隐私，但是我的担心并没有因此而减少。我想，反正我的资料已经被记录在案了，就是再多一个证件也没有什么影响，所以我在射击场申请了一个携带秘密武器的许可证。

CONCEALED WEAPONS PERMIT

STRAUSS, NEIL DARROW

Permit #	Issue Date	Expiration Date
7872265	9/4/2008	9/4/2013

Race	Sex	Height	Weight	Hair	Eyes	DOB
W	M	506	130	XXX	BRO	10/13/1973

I HEREBY CERTIFY THAT THE PERSON DESCRIBED HEREON HAS BEEN GRANTED THE PRIVILEGE OF CARRYING A CONCEALED WEAPON IN COMPLIANCE WITH ARIZONA REVISED STATUTE 13-3112.

DIRECTOR, ARIZONA DEPARTMENT OF PUBLIC SAFETY

接着，我又参加了射击考试，拿到了：

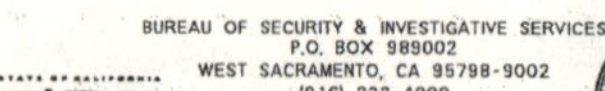

BUREAU OF SECURITY & INVESTIGATIVE SERVICES
P.O. BOX 989002
WEST SACRAMENTO, CA 95798-9002
(916) 322-4000

STATE OF CALIFORNIA
dca
DEPARTMENT OF CONSUMER AFFAIRS

Permit For Exposed Firearm

NEIL D. STRAUSS
8491 SUNSET BLVD #364
LOS ANGELES CA 90069

Permit No: FQ 303882 Expiration: 12/31/10

CALIBERS 9mm .45

Must Have Valid Guard Registration Card

Signature

RECEIPT NO.
00976355

后来，我还取得了一张保安人员的证书：

BUREAU OF SECURITY & INVESTIGATIVE SERVICES
P.O. BOX 989002
WEST SACRAMENTO, CA 95798-9002
(916) 322-4000

STATE OF CALIFORNIA
dca
DEPARTMENT OF CONSUMER AFFAIRS

Guard Registration

NEIL D. STRAUSS
8491 SUNSET BLVD #364
LOS ANGELES CA 90069

Registration: G 1622603 Expiration: 12/31/10

Additional Permit Required to Carry Firearm

Signature

RECEIPT NO.
00976356

现在，如果有人陷入了困境，他一定非常想要得到我的帮助，因为我已经有了这么多专业生存证书。

“当我还只是个十几岁的孩子时，我总是以为自己会在成年之前夭折，”在凯蒂开车带我从联邦包裹服务店回家的路上，我说，“我当时的偶像之一是一位自称要在 30 岁那年自杀的诗人。可是，现在我想要活得很长很长。我也不知道这是怎么回事。”

“也许，”凯蒂转上月桂谷大道，与另一辆右转的汽车几乎擦肩而过，“你需要的只是一些经验。当你知道生活有多么美好时，你是想不到要去自杀的。”

HOW TO LIVE LONGER
怎样才能长寿

1. 每天睡六七个小时。

2. 不要抽烟。
HAZARDOUS MATERIALS KEEP OUT

3. 养一只宠物。

4. 去医院做一次先进的胆固醇检测，然后再据此调整你的食谱。
TOP SECRET

5. 与家庭成员和你所爱的人亲密无间。
TOP SECRET

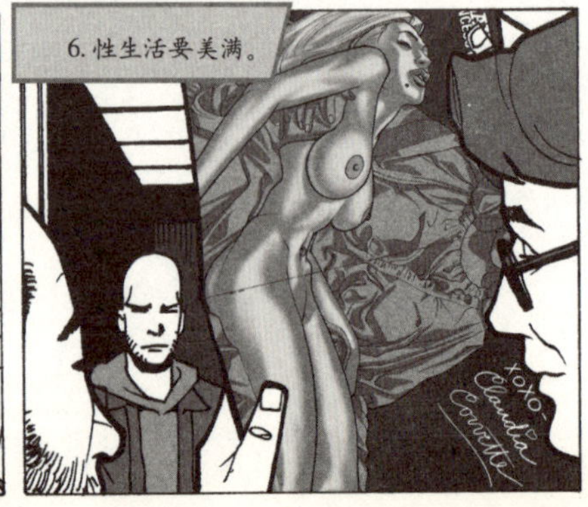
6. 性生活要美满。

7. 保持乐观的心态。
这就是解毒剂的分子式吗？

8. 减轻压力，避免发怒。
也不见得。不过这样可以让我更有动力继续研究下去。

9. 要有人生目标，勇于迎接新的挑战。
如果你愿意的话，我们还有一个机密任务。

10. 减少卡路里的摄入量，少吃加工过的食品，多吃坚果与水果、蔬菜、红酒（适当饮用）以及其他可以抗氧化的食物。
我们需要一箱红酒与一桶牛肉才能，呃，设计好配方并阻止疫情扩散。

11. 每天做一些喜欢的体育运动。
好的。
TOP

一周以后……

12. 与那些坚持上述 11 条原则的人们来往。
TOP

嗨，这里还有人吗？

完

第 66 节
怎样驯化一头孤独的狼

凌晨 4：48，电话铃声响了。

“发生了一起火车事故，”SR77 冷冷地说，“我们要去查兹沃斯的里纳尔迪和卡诺加。目前还没有进一步的消息。”

“我会在 20 分钟内赶到。”

我迅速穿上制服，别上徽章，系好弹带，一把抓起我的急救箱，冲到了车前。接近该地的时候，我看见卡诺加大道上已经拉起了一条黄色警戒线，4 名警察站在旁边。我朝他们晃了晃我的加州紧急流动巡逻队徽章，他们一言不发地就让我穿越了路障。

迄今为止，我们已经参加过几次行动了。上一次是帮助当局在格里菲斯公园追捕了一名连环纵火犯。但是，今天这次行动是从我加入到巡逻队以来遇到的最严重的事故，事实上也是自我搬到洛杉矶 9 年以来最严重的事故。奇妙的是，在学习如何逃离灾难的过程完成后，不知怎的，我最终变成了奔赴灾难的一员。

一辆载有 222 名乘客的联邦轻轨列车与一辆联合太平洋货运车迎头相撞。在事故现场，除了我们的分队以外，还有不计其数的警车与消防车停在那里。空气中浓烟滚滚，许多乘客神色迷离、满身是血。消防队正在焦急地等待通知。只有清除上面的尸体，才能救出下面的受困乘客。尽管目前只有 3 例伤亡报告，但是从现场的情况来看，恐怕远远不止这个数字。

我很想马上冲到车上展开救援，但是按照事故处理指挥制度，我们只能原地待命。在这一体制中，要么每一个参加救援工作的人员都是英雄，要么每一个人都不是。个人主义的做法只会牺牲更多生命。

“这里有谁是急救员？”我们的事故指挥SR07问。他也是刚刚从无线电上获悉这次行动方案。

我举起那只指纹已经被记录在案的手。除了我之外，现场还有其他5个急救员。“请你们带上急救包前往查兹沃斯中学，我们到那里接头。”

我们几个一言不发地上了车开往学校，然后把校礼堂改造成一个家庭团聚中心，把体育场改造成一个治疗中心。随后，红十字、应急中心、警察局与消防队的人员都纷纷赶到。

伤势较重的乘客被立即送往附近的医院，而那些因划伤、淤伤、擦伤与扭伤流血但是仍然能够行走的乘客由我们负责分类护理。我按照自己在社区救灾反应队课与急救课上学到的方法，分别在伤员的脖子上挂上分类标签。我还从来都没有想到有一天这些本领能够在真正的灾难中派上用场。

在我们工作的同时，一家电脑公司的货车赶来，向伤员分发饮用水。附近的居民也都纷纷带着装有甜甜圈的盒子与热咖啡前来帮忙。比萨店、超级市场和药店也捐赠了许多急需物资。这些人身上体现出来的慷慨与无私让我汗颜，让我蝇王之国的信仰悄然改变。

我的第一个患者是一个穿着肥大的带扣衬衫和卡其裤的秃顶西班牙裔人。他自己爬了进来，然后一下子就跌倒在椅子上。我迅速地检查了他的气管、呼吸系统与血液循环系统，然后跪下来检查他腿上的伤势。这些工作让我感到自己的人生充满了意义。此前，我所追求的仅仅是个人的享乐、收获与生存。我从来都没有想过有一天自己会去帮助他人，并从中发现生命的意义。

“我和其他一些乘客想要赶回去帮助别人，但是汽车着火了。”当我为他检查伤势时他告诉我。也许，此时他正在脑子里一遍又一遍地回忆事情的经过，想要知道怎么样才能帮助火车上受伤的乘客。

“但是，我们害怕极了，因为情况非常危急。可是我们尽力了，真的尽力了。”他又补充道。

与生存主义者、“世界公民”、蝇王国民与西格蒙德·弗洛伊德看法相左的是，灾难仿佛具有一种强大的力量，而这种力量能够唤醒人们心底的良知。不仅是那些昼夜奋战的消防队员与警察，不仅是那些成群结队的热心居民，不仅是那些不计报酬送来救援物资的商人，就连那些伤痕累累的乘客们也一直都在危难之中互相帮助对方。

可是，当他们身处险境时，当救援物资奇缺时，当他们仍然处在生死关头时，他们也许还没有这样做。然而，一旦脱离了险境，他们的第一反应就是寻找同伴，帮助他人。或许我的人生观应该有所改变了。如果我们把人类比作动物，那么我们就像动物一样，从本质上说大多数时候是不会危及他人的，只有当人们感到自己的生命受到威胁时才会变得穷凶极恶。

在我们工作的时候，来送饼干、麦片、汉堡、比萨、饮料的人源源不断。当我向其中的一位妇女表示感谢时，她面带微笑地回答："如果你留了借条就不是抢劫。"我抬起头来，发现她竟然是社区救灾反应队的同学。看来，我不再是一头孤独的狼了。

当已经没有幸存者送来的时候，我们被派往现场与其他队员会合。在那里，我见到了有生以来看到过的最残忍的场景，一节节火车车厢翻倒在地，有的脱出轨道外，有的已经被压瘪的轻轨列车的车头被撞进了第一节车厢，车厢中间的划痕历历在目，其余的车厢都翻倒在一侧，场面惨不忍睹。恐怕列车前部的乘客无人能够幸存。

我们的任务是在消防队员清理残余尸体时为他们照明，就像这样：

在列车的附近有一双球鞋，鞋子的旁边的柴油还在滴答作响，不知道它的主人是谁。这时，我看见护理人员从一辆救护车黑色的玻璃窗里递出一卷油布，准备用它来包裹一个女尸，她是一名坐在前面车厢里的乘客。

我走进第二节车厢，只见地板上扔着一堆血糊糊的衣服。在衣服的下面趴着一个男人。这是我第一次见到人的尸体。他的身上裹着一条单子，右手伸开，旁边扔着一部翻开的手机，大概当时他还在打电话吧，完全没有意识到接下来会发生什么。

这就是我最恐惧的事情。撞毁的金属，破碎的玻璃，横七竖八的尸首。这就是从劫数的角度看到的世界。

这一场景唤起了我在过去 3 年中都在竭力改变的事实：我其实渺小又无能。

这时，对于我来说，周围的一切仿佛都已经不存在了。其实，我们只不过是一群夜郎自大的机器。大自然无时无刻不在提醒着我们这残忍的事实，让我们为自己的人生目的而感到恐慌与困惑。

在车厢的另一侧，一条血迹斑斑的毯子裹着驾驶员的尸体。看样子他好像在最后一刻从车上跳下，但是一节车厢却翻倒在他的身上。如果他能跳得再远 3 英尺，他就会平安无事了。也许生存就像成功一样，需要的不只是机智的头脑，还有运气与时机。看来，生存主义论坛上的座右铭——“忍耐、调整、克服”——应该改一改了。

在不远处的河堤上，一张巨大的黄色油布在地上铺开，仿佛是为了消除人们心头的疑虑一样。一阵手机铃声从下面传出来。

现在我知道当自己身陷火海时会是什么感觉了。也许我的身体不会出现不适，但是我的精神难以承受。

几分钟后，一队验尸官赶来了。他们打开地上的油布，只见里面的尸体横七竖八地躺着。其中有一名男子的内脏在地上到处都是，还有一个年轻人的一条腿只剩下了一半，脸部也已经面目全非。有一个女人全身的骨头似乎都已经被撞碎。她的尸体看起来就像一个牵线的木偶一样。

他们来自不同的地方，还有各种各样的事情等着他们去处理。可是现在，无论他们是好人，还是坏人；是成绩优异的学生，还是商场失意的经理；是忠贞不渝的妻子，还是寻欢作乐的丈夫；是性格坚毅的生存主义者，还是唯唯诺诺的胆小鬼，他们都在一场无情的事故中被命运夺走了生命。

我随着光线来到列车旁的河堤前。地上有一大滩红色的液体，不知道是不是血。这时，我注意到旁边的地上有一些翻倒的大桶，这才明白那些红色的液体是从这辆货车运送的草莓中流出来的。

当我离开现场回到查兹沃斯高中时，团聚中心里已经挤满了人。他们正在心焦如焚地盼望着自己的儿子、女儿、父亲、母亲平安归来，可是有的人等到的却是黄色油布与雪白的被单里包裹着的尸骨。看着一张张满怀希望的面孔，我的泪水模糊了双眼。

那一天，共有 25 名乘客丧生，134 名乘客受伤。这是加利福尼亚州有史以来最严重的一次火车事故。“我已经在队里工作了 21 年，但是从来都没有见到过这种场面，”德文郡警察局局长在我们的结业典礼上讲起了如何控制自己的紧张情绪，“感谢你们所做的一切。如果没有你们的无私付出，将会有更多的人在事故中丧生。”

当天晚上，我发现在急救课上发生的变化已经在我的心里生根发芽。我的心情已经与进行社区救灾反应队培训时迥异，我不是只为了得到一身加州流动巡逻队的制服与一次紧张情绪的体验然后溜之大吉。如今，当我躺在床上的时候，我不再去想如何穿越路障从城市中逃离，而是假如我是第一个赶到事故现场进行分类救援的人该如何处理。每当我听到外面有汽车紧急刹车的声音时，我都会立即抓起急救包，冲到街上看看有没有撞毁的车辆或者玻璃的碎片。

面对灾难时，我的第一反应不再是夺路而逃。假如我的生命没有危险，我会立即挺身而出、救苦救难。

自从我结识了莱昂纳德·科恩后，我已经从一个逃兵变成了一名勇士，可以说我已经成了一名更称职的生存主义者吧。

总之，对于那些没有凡事退缩并且勇于直面人生苦难的人们来说，想要生存下去，道路只有一条：相互关心、相互帮助。因为如果我们轻易放弃，那么莱昂纳德·科恩的恐惧将变为事实，而希望也就随之消失。

第 67 节 上帝究竟站在哪一边？

“我已经拿到了圣基茨的护照了。”斯宾塞飞来了镇上，向我炫耀自己手里的证书。

“我想这下你就不用再买什么小岛了吧。”我回答。虽说如此，可是我私底下还是希望他会买潜水艇。因为如果那样，我就可以大开眼界了。

“为什么我还没有拿到，你就拿到了呢？”我问道。

查兹沃斯撞车事故之后两个星期，我和斯宾塞在日落大道的一家墨西哥餐馆一起吃饭。斯宾塞在汉普顿区的室友霍华德因自己接管的贷款公司破产逃离了美国，而那个投机资本家亚当现在住在澳大利亚。只剩下我们两个人了。

“就在不久前，开发商给我拿来了一份更改过的协议，这样我们就可以把房产买下来。”他吞掉了一个像婴儿胳膊那么长的玉米煎饼。这时，有 4 位女士站起来从我们身旁走过，桌子上的食物还没有吃完。

昨天，政府部门刚刚扣押了华盛顿互惠银行的资产。几个星期以前，美国最大的一些抵押贷款公司、保险公司与中介公司纷纷倒闭或者濒临破产的边缘，包括雷曼兄弟、范尼梅、弗雷德马克和美国国际集团。除此之外，我和斯宾塞为了保护个人资产曾经光顾过的塔拉索夫联合律师事务所也正在接受美国国税局的调查。但愿他们百忙之中没有忘记保护自己的资产。

保罗・肯尼迪在《大国的兴衰》中所预言的一切正一幕幕地呈现在我们眼前。

我忽然想起了一个故事。一天，有两个人在摔跤。

一个观众问智者："上帝究竟站在哪一边呢？"

这位智者回答："上帝总是站在赢家那一边。"

"这 8 年里，我们就葬送了一个帝国。"斯宾塞说。在我们的四周，到处都是高高的广告牌，有苹果播放器、卡尔文·克莱恩、《宋飞正传》，还有自称为"明日汽车"的迷你酷跑。

"不知道这会对人们的日常生活造成什么样的影响。"

不知道将来的历史课本上会怎么写。我们扔在日本的两颗原子弹、在越南的大屠杀、入侵伊拉克以及越来越少的发达国家盟友让我们仿佛成了历史上的坏人。

"对末日情景的描述有很多，"斯宾塞说，"在我看来，美国只是在经历影响力日渐衰落的阵痛。"

日落大道上川流不息。粗犷的黑色悍马、方形的粉色迷你酷跑、矮矮的黄色保时捷。从表面上你是看不出来这个国家已经病入膏肓了。"我们还是有希望的，世界各国决不会袖手旁观。他们会与我们休戚与共，他们不会轻易放弃 25% 的生意。如果美国垮了，中国、俄罗斯还有其他所有国家都会被拖垮。那样岂不是天下大乱了吗？"

"这么说世界危机不可避免喽？"

"我想是的。"两名穿着饰有骷髅图案衬衫的男子从我们身边走过，一边打着手机。只要我手机能够接通，只要能够上网，只要打开电视机就能看到熟悉的面孔，我们会觉得一切如常。但是，等到手机打不通的时候再醒悟为时已晚。"我们做的是别人都不愿浪费精力去做的事情。但是，假如事情真的走到了那一步，我们就能够化险为夷。也许我们花费了不少财力和物力，但还是值得的。"

"我一回家就给麦克斯韦尔打电话。"我向斯宾塞保证。

两个星期后，麦克斯韦尔通知我说，我的护照在他办公室里。我的后备计划终于大功告成了。我从电脑前一跃而起，兴奋地把这个消息告诉了凯蒂。

"他会不会在撒谎啊？"凯蒂总是这样多一个心眼儿，"我们得亲自过去看看。圣基茨不就是个小岛嘛。我们可以逮住他严刑拷打，让他把你的钱退回来。"

"那我们得怎么办呢？"

“我们先躲到他的办公室里，然后趁其不备跳出来，让他还钱。要是他敢不还，哼！”

“要是他不还怎样？”

“要是他不还，我们就去警察局。要是警察不相信的话，我们可以贿赂他们。有钱能使鬼推磨呀，宝贝儿。”

有一点凯蒂说的是对的。我得立即到岛上去看看麦克斯韦尔说的是不是真的。

不过，这次的心情与上次踏进他办公室时的心情完全不同。那个时候，我惊恐万状。现在虽说世界变得更加令人惊恐，但是我不再畏惧。如果美国发生了灾难，我会奔赴现场，留在那里救护我的邻人，帮助加州流动巡逻队进行救援。

但是，与此同时，我会怀念圣基茨。我喜欢那里的人民、那里的海滩、那里的气候、那里的清洁，还有那里的朗姆酒。在那里，天堂仿佛近在咫尺，而幸福与活力就在眼前。在过去的 8 年中，虽然美国让我失望，但是圣基茨却没有。那里有着全新的视野，有一望无际的大海与淳朴的荒原。

在飞往圣基茨之前，我打电话给那个曾经给了我启迪的温代尔·劳伦斯。我告诉他自己的近况，问岛上有没有进行救援的组织。他让我联系国家紧急管理局，相当于美国的联邦应急管理局。

随后，我踏上了最后一次赴圣基茨洽谈移民问题的旅程——不仅是为了自己的公民资格问题，还是为了能够帮助他人。

第 68 节 取得双重国籍以后要做的事情

踏上圣基茨的国土以后，我立即搭计程车前往市场街。想到上次我与麦克斯韦尔套近乎，现在一晃几年已经过去了。“最近有没有抽时间打打高尔夫球啊？”

“没有，”仿佛全世界的苦难都包含在这个词里，“我跟你不一样，除了拼命工作，哪有时间晒日光浴和打网球。”

可是，我不会打网球。

麦克斯韦尔开始填写我的最后一份文件。他慢吞吞地，好像这份工作让他不胜其烦，好像他很想去打网球一样。这一次，我不在乎。无论他高兴也好，不高兴也罢；客气也好，刻薄也罢，这就是他的工作——虽说他拖拖拉拉，也许这里的生活节奏就是这样吧。

当他把一个马尼拉式的信封递给我时，就像主权协会的格雷格在谈起离开新西兰时那样，我的心中洋溢着一种温暖、兴奋的感觉。顷刻之间，我胸口压着的那座大山仿佛不翼而飞。

这让我回想起托马斯与其他四千多个移民一起拿到美国公民证明时的情景。虽然今天的典礼没有那样庄严，但是我与托马斯一样历尽了辛酸。我握着麦克斯韦尔的手，向他表示感谢，可是一不留神有点高兴得过了头，邀请他与我共进晚餐。

“我很累。”他答道。

我转身离开麦克斯韦尔的办公室，在怀里紧紧地抱着那个信封，就像抱着一个初生的婴儿那样，生怕一不小心掉在地上。街上到处都是索克音乐的声音，刚刚出炉的面包香气四溢，一群十几岁的孩子在四处嬉戏。不会有人突然冲出来把我的宝贝抢走吧。

附近是一排五光十色的建筑和林立的店铺，中间好像有一座教堂。我穿过街道，走进了这座阴森森的教堂里。除了门口的侍者以外，教堂里空无一人。我在管风琴对面的一排长凳上坐下来，当着十字架上基督的面，小心翼翼地打开了那个信封。

首先映入我眼帘的是一张白纸，于是抽出来仔细查看：

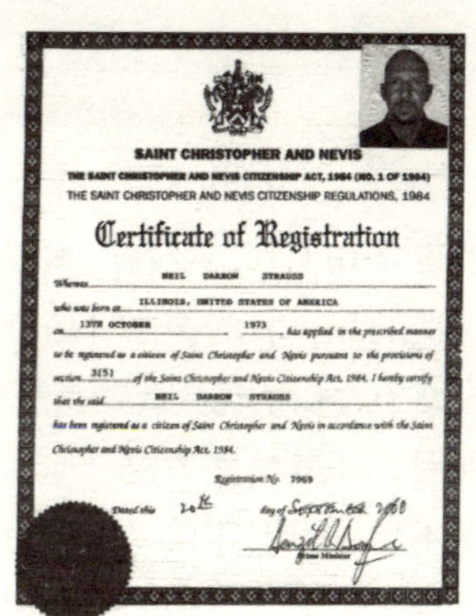

SAINT CHRISTOPHER AND NEVIS

THE SAINT CHRISTOPHER AND NEVIS CITIZENSHIP ACT, 1984 (NO. 1 OF 1984)

THE SAINT CHRISTOPHER AND NEVIS CITIZENSHIP REGULATIONS, 1984

Certificate of Registration

Whereas NEIL DARROW STRAUSS who was born at ILLINOIS, UNITED STATES OF AMERICA on 13TH OCTOBER 1973 has applied in the prescribed manner to be registered as a citizen of Saint Christopher and Nevis pursuant to the provisions of section 3(5) of the Saint Christopher and Nevis Citizenship Act, 1984, I hereby certify that the said NEIL DARROW STRAUSS has been registered as a citizen of Saint Christopher and Nevis in accordance with the Saint Christopher and Nevis Citizenship Act, 1984.

Registration No. 7969

Dated this 20th day of September 2008

Prime Minister

我屏住了呼吸，看到自己在韩国城拍摄的那张貌似杀人凶手的照片下面写着：圣基茨和内维斯公民证。

接着，我把手伸进信封，掏出来一个薄薄的册子。我的心都快要跳出来了。

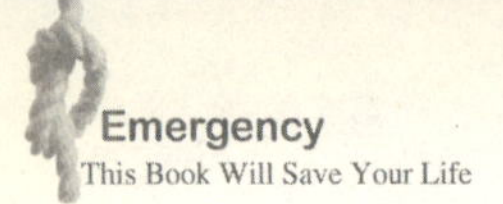

当我打开护照时，激动得不能自已。就连耶稣也好像伸长了脖子从背后望着我的一举一动。

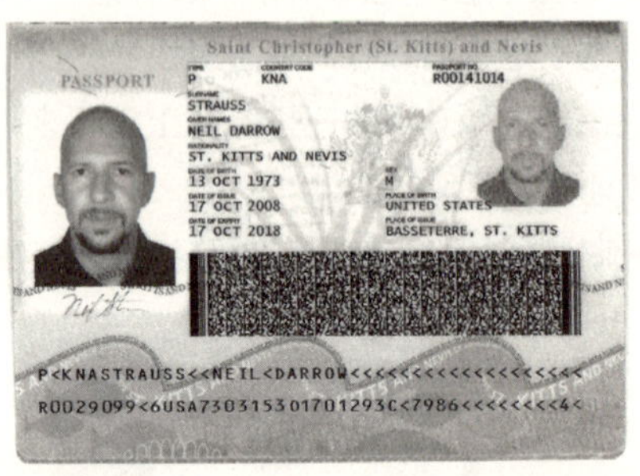

终于到手了。我的名字和照片出现在一本不是美国的护照上。秘密特工们的证件还都是伪造的呢，我的护照可是货真价实。记得温代尔曾经告诉过我，将来我的妻子和孩子也会成为圣基茨的公民的。

当我看着这本护照时，不禁恍然大悟，原来我不仅仅是需要，而是发自内心地想要得到这本册子。两年前，国籍对我来说至关重要，但现在不再是了。我可以仅凭一把刀在美国的荒野中生存，同样，也可以仅凭着这把刀在圣基茨的丛林中立身。

为了确保自己可以在没有外援的情况下在岛上独立生存，我结识了当地的一名自然专家，克里斯。在他的帮助下，我了解了这里野生动植物的基本情况。原来圣基茨岛上除了猴子外，竟然还有山羊。

尽管许多买家在费尽周折拿到一个薄薄的小本之后大都会追悔莫及，但是我却兴高采烈。因为我在一座美丽的岛上美丽的海滩旁拥有一栋美丽的公寓。现在，我既是一名美国公民，又是一个圣基茨岛民。整个世界都为我豁然开朗。

这本护照是我备用计划的组成部分。3 个星期以后，在孟买发生了一次恐怖袭击。据目击者称，恐怖分子指明点姓要那些凡是有美国和英国护照的人站出来——这样看来，我的这本圣基茨的护照还有第三种用途吧。我先预定了一张到古巴的机票，接着又打电话给那家曾经回绝过我的银行。也许他们不和美国人做生意，但是一定会和圣基茨人做生意。最后，我按照斯宾塞一开始就给我的建议，成立了自己的出版公司，并找到了第一个愿意在我位于圣基茨的避难所里工作的作家。

所谓避难所，就是指装满了储备物资的那栋公寓。

可是，那个刚刚与我签约的作家在前往圣基茨之前因心脏病突发不幸身亡，享年 83 岁，超出美国人平均寿命 6 年。他叫拉里·哈尔蒙，也就是人所熟知的“大个儿小丑”，少儿电视节目中的当红角色之一。

即使是在卸妆以后，他也是我认识的最幸福的人。有一次吃晚饭时，他兴高采烈地向我透露了自己长寿的秘密：“要永远爱笑。”

现在，除了护照、枪支、水、逃生包、急救包、爱我的家人、健康的饮食习惯与适当的锻炼以外，我答应拉里要在自己的生存储备手册中再加上笑容这一项。

一名优秀的士兵总是要有备无患嘛。

第 69 节
停电以后怎么办

在当地一家名为“蜜糖馆”的台球厅的酒吧里，五百多名圣基茨岛民人头攒动，一起观看美国 2008 年大选。其中有一小撮外国人，包括凯蒂、斯宾塞和我。

“我喜欢这里，”当有人递给凯蒂一个印有奥巴马头像的别针时，她说，“不论你走到哪里，到处都是碧草连天、绿树成荫。还有那些可爱的猴子。这里的人也不错。我觉得很安全。”

我点头表示同意。我开始相信她的直觉了。

我们寄出了自己的选票，然后一道飞往圣基茨。斯宾塞担心如果奥巴马输了，会引发国内的种族骚乱。我倒不担心这种发生几率微乎其微的骚乱。尤其是在我有了能够让我随时与外界保持联系并脱离险境的业余无线电、人际网络与相关经验以后，我随时都有万全的准备。不过这倒是个很好的理由，因为我可以借此首次以公民的身份重返圣基茨岛。糖厅里，许多圣基茨人都穿着印有奥巴马头像的衬衫，一边高唱“嘿，嘿，再见”。每次麦凯恩输掉一个州，这里都欢声雷动。

当超重低音音响（这种音响设备恐怕更适合播放索克与雷鬼音乐）里传出美国有线电视新闻网新闻时，我回想起 4 年前的那次选举。也就是从那时起，我开始有了出国的念头。这一次，我希望美国可以在世人面前，在历史面前，重新证明我们自己。

将近午夜时，奥巴马的选票节节攀升。酒吧的侍者为我们每个人的塑料杯中都加满了免费赠送的香槟。突然，酒吧里响起了一阵就像是唱片机逐渐停下来的时候发出的那种声音。电视机啪的一声关掉了，屋子里突然变得一片漆黑、鸦雀无声。

又停电了。

幸好这次我有准备。

我打开手电筒，找到斯宾塞和凯蒂。“我们可以到，呃，我家，接着看电视。那儿有一台发电机。”

回家的路上，我们绕路经过加勒比的海滩，看到在上次我决定在圣基茨买房的那家露天酒吧里也有一台发电机，喇叭里正大声播放着美国有线电视新闻网的新闻。我们一致同意在海滩上一边喝着朗姆酒，一边等待大选结果。我忽然觉得，如果你事前做好准备并且遇事不慌，那么大多数所谓的紧急情况都只是一些小小的不便而已。

12 点整，第 44 届美国总统大选结果公布了。酒吧里欢声如雷，我们 3 个人也都长长地吁了一口气，好像这口气我们已经憋了 8 年，终于有朝一日可以扬眉吐气了一样。不能说乔治·布什就是个坏人。这里没有坏人，只有工作不得法的人。

从某种程度上说，我还要对他表示感谢呢。如果不是因为他，我就不可能在洒满月光的海滩上拥有自己的第二故乡，不可能对人生与未来充满了新的憧憬。看来圣人吉姆不愧为双重国籍与急救人员的先知啊。

但愿美国这次换防为时未晚。在过去的 7 年中，只有身处其间的人们才明白，要想毁掉一个国家简直易如反掌，然而想要恢复它的活力谈何容易。

“看来美国还是有希望的。”我身旁一个穿着大红衬衫的圣基茨人面有得意之色地说。又是这个危险的字眼儿：希望。7 年来，这是我第一次感到充满了希望。这让我想起了在白宫度过的那个千禧之夜，当时我们虽然毫无准备，但是却抱着最好的希望。如今，我不仅学会了有备无患，还懂得了希望不仅是指我们的思想，更是指我们的行动。对于那些手无缚鸡之力的人们来说，最要不得的就是仅仅去希望。如果前途未卜，我们要做的就是行动起来、主动出击。

所以，当我不在圣基茨的时候，大部分时间都待在洛杉矶，以 SR14a 的身份帮助加州流动巡逻队开展救援工作，以业余无线电操作员 KI6SJC 的身份在救灾联络服务部进行训练，以 B1892201 号急救员的身份对当地的伤员进行救助，以社区救灾反应队第 5 分队队员的身份进行大规模事故善后演练，或者在自己的后院里挤羊奶。

其实，对于那些躲在避难所里的生存主义者们与藏在深林里的农耕主义者来说，他们远离死亡的同时也远离了生活。因此，作为一名急救员与社区救灾反应队队员，作为一个险象环生的户外世界中的后来者，我发现：当你接近死亡的同时，你也接近了生活。

当你走向深渊的边缘，当你尽力俯下身去查看那里的黑暗，甚至当你伸出手来拉出那个不应当在这里出现的人的时候，你就会感到自己的人生充满了生机。

从前，我一直怀疑柯特·萨克森、汤姆·布朗、布鲁斯·克莱顿以及其他许许多多的生存主义者们是否曾经为自己把精力倾注在一种自己可能一辈子都难以用到的本领上而追悔莫及。但是，现在我知道了其中的答案。这些本领他们每天都在运用。经历了 3 年的搜寻、训练与积累之后，我忽然明白，这些本领带给我们的不是生存，而是内心的安宁。

我知道，我已经具备了照顾自己与所爱的人的能力。但是，在我必须施展这一能力之前，我会不遗余力地照料自己身边的每一个人。

尾 声

她还只是一个19岁的学生。每个星期六，她都会到教堂去唱歌、弹钢琴。今天一早，我接到社区救灾反应队的通知，要我到北岭地区参加救援工作。一辆运动型多功能SUV在那里的十字路口闯红灯时撞到了她的身上。

这个女孩一下子就飞出去十几英尺远，然后脸朝下摔到了路旁。她身上戴着的首饰在地上纷纷散落开来，手里拿着的那幅画作也已经被撞成了碎片，在冷冷的晨风中越飘越远。

她看起来是那样地冰雪聪明，那样地秀外慧中。

然而，她甚至连选择的机会都没有。

一切都突如其来。也许那个人本来应该是我，或者是你，但却是她。

不论今天发生了什么，明天还是一样会到来。

渔妇悉多致吉尔伽美什的离别辞

“天上的诸神创造了人类，但是他们却把永生留给了自己，把死亡抛给了我们。所以，吉尔伽美什，你必须要接受自己的命运。每一天，你都要洗漱沐浴，穿着干干净净的衣服，享用美味可口的佳肴。奏起美妙的音乐来，唱吧，跳吧，每时每刻都要欢欣鼓舞。爱你的妻子吧，是她给你带来了愉悦；爱你的孩子吧，是他们与你朝夕相处。你的人生就是一场欢乐的盛宴！这就是诸神赐予人类的使命，这就是你应当追寻的脚步，这就是世间凡人所能得到最大的幸福。”

后记

过去的3年中，我为本书的创作做了大量工作。但是，由于篇幅有限，对于这些事情我不仅没有在正文中一一叙述，甚至也没有在注释中提到。不过，如果您是个喜欢刨根问底的读者，您不妨到www.fliesian.com上浏览一下。在这个网站上，我详尽地列出了本书中所有相关事实与信息的来源。如果您想为自己准备一套出逃工具，您可以参考我给出的方案。如果您发现其中有任何纰漏——无论是关于参考资料还是出逃工具，都请发邮件告诉我（stslimjim@gmail.com）。

在本书的写作过程中，有许多人在生存技能方面为我提供了不少宝贵的建议，但是他们的名字却没有在文中出现，在此，我仅仅列出其中少部分人的名字以示谢意。

首先，我要感谢兰斯·哈里斯。他不仅帮我拿到了防弹背心，加利福尼亚州门禁卡和可随身携带武器的证明，还不厌其烦地为我讲解如何才能打造一支完美的户外生存队伍。“钱并不重要，”在我们刚刚结识的第一天，他就告诉我说，“什么东西都可以堆积如山。不过，要是他们在危急关头遇上了一个像我这样的人，只怕什么东西也保不住。”我想，到时候我得保证让这个人站在我这一边。

感谢“奇妙动物出版社”的席德·约斯特（还有特莱弗与朱莉叶），是他们帮我找到了一头性情温顺的山羊，并且教会我如何抵御野兽的袭击。从今以后，恐怕我再也不会有机会喂狗熊吃甜甜圈，把胳膊放进狮子嘴里，让狼舔我的脸了。

谢谢琼恩·杨，是他让我认识到了大自然的可贵。杨不仅是一位自然主义者，还是一位模仿鸟啼的专家。他告诉我说：“我的家就在这座山的左边，那里漫山遍野都是辐射松。”

谢谢罗杰·加罗。他曾经写过一本名叫《逃离美国》的书，我从这部著作里借鉴了不少经济实惠的出逃方案。“在中美洲的许多国家里，比如说伯利兹，移民们几乎只依靠土地与海洋就能生活，”他说，“另外，还有洪都拉斯、尼加拉瓜、圣萨尔瓦多、危地马拉、哥斯达黎加和巴拿马，只不过这些国家的自由程度各不相同。现在移民智利的行情在看涨，但是像秘鲁、厄瓜多尔与玻利维亚这些南美洲西海岸国家的价格相对公道，很多人都不知道这里其实是流亡艺术家们的天堂。如果你想移民，加勒比海国家或者多米尼克共和国也是相当划算的。”

此外，我还要感谢杰森·哈德利，他不仅是我第一个在生存主义者网站上结识的网友，还亲自登门向我展示他的出逃工具。他的工具包让我大开眼界，因为里面不仅有大家都有的物品，还有一些别人没有的战备物资，如咖啡、烟草与卫生巾，等等。此后，我还从这个论坛结识了摩根·第纳维亚，他精通木工，是他教给了我怎样用信用卡制作刀具，也是他帮助我打造了自己的藏身地点。

感谢戈登·韦斯特。是他帮我拿到了技工班的证书，让我成为了一名业余无线电爱好者。他的精神令人可钦可敬。

同时，我也要向职贯·德莱芬致以谢意，感谢他不辞辛劳，每周一晚都要教给我近身防御术；感谢耐特霍克在汤姆·布朗“追踪师学校”就刀具与军事方面给予我的指点；感谢那些为我确认本书中相关信息在政府情报机关任职的那些无名英雄；感谢西蒙·塔尔波特与唐恩上校传授给我有关船只的知识，感谢史蒂夫·迈克戈文，罗伯特·德雷克与吉姆·凡耐克教给我如何驾驶旋翼飞机；感谢霍尔库姻警官不辞辛劳为我借来直升机，并告诉我要像印第安人一样思考问题；感谢凯特·墨菲在社区应急培训中给我的帮助；感谢萨奇·李拉尔加给与我的无私指点，感谢马克加拉尔多在射击场上给我的耐心指导。

除此之外，我还要感谢科恩罗肯公司的杰夫格雷厄姆，是他鼓励我驾驶摩托车。感谢德西基多，是他教会我驾车出逃；感谢洛杉矶突击队所有员工，他们对我稀奇古怪的问题总是不厌其烦地给予解答；感谢洛杉矶应急班的基恩·欧丹耐尔、加拿大大使馆的特使玛丽，洛杉矶卫生局的艾丽莎·莫拉尔斯，政府应急办公室的有毒物质处理人员弗莱德·米赫尔和凯文·里夫，是他们为我提供信息并教会我怎样防御恶犬、怎样打开镣铐、怎样开门撬锁和怎样驾车外逃。

有一项求生技能我一直不得要领，是里夫的指点让我茅塞顿开，一天晚上我看见他拿着一个塑料瓶拐进了一条背巷，之后他向我透露了用塑料瓶当便壶的诀窍：“撒尿的时候要用手捏着阴茎的上面，形成一个气囊，要是你堵得太严，就会把事情搞砸。”

我还要对克里斯丁·哈兰（疑似《特务行不行》中的99号女特工的原型）表示感谢和歉意，是她帮助我获得了有关驾驶直升机、收藏枪支、饲养山羊、无线电俱乐部、美联邦应急管理所等重要信息，也许她再也不会帮助我进行类似的研究了吧，不过我希望她仍然会。

谢谢里科夫·多夫曼，凯利·吉尔维兹和格蕾丝·阿德加在电话里耐心地做我的听众，并为我提供了不少宝贵的意见。谢谢本·斯科特，雷·古菲，亚力克斯·威尔金与诺埃尔·加西亚4年来辛勤的校对工作。谢谢蒂姆·菲利斯、安娜·大卫、本·怀奇、凯蒂·菲尔德、唐迭哥·加西亚、迪恩·杰克逊、史蒂芬妮·戴克尔、史蒂芬·米勒、杰弗里·赖斯纳、托马斯·斯科特·迈克坎奇、本·罗尔尼克、卡伊娅·凡·桑特、布拉弗、泰南、吉塔·琼斯、托德、D.R，以及M.G不辞劳苦为本书进行先期试读。

感谢足智多谋的编辑卡尔·摩根。感谢哈珀·柯林斯的生存主义者们对我一如既往的支持，尤其是加莉·卡尔娅、丽莎·加拉尔、布利特妮·哈姆布赫、阿尔伯托·罗贾斯、科尔特·伯林格和基兰·卡西迪。非常感谢我的经纪人艾拉·西尔弗伯格，一年来，为了不让自己显得趋炎附势，他已经尽力而为了。感谢露丝·加里。谢谢托德与安德里娅·加勒普、杰里米·迪保罗、丹尼尔·马奎斯，还有“牛肉土豆设计室”梦之队的杰出工作。另外，安东尼·博萨为本书联系了出版公司，里亚姆·考罗比、沙里·希米莱、迈克尔·莱文、彼得·米切利、乔治·迈克奈特、雷明·科梅里安、彼得罗·冈萨雷斯、彼得·梅恩德兹玛、奥马尔·安娜妮，以及朱莉安·陈均为本书做了无私的奉献，在此一并表示感谢。

为了保证故事的连续性，书中我对一些事情的前后次序，如某些培训课程的进度安排做了一些调整。另外，为了防止不法之徒趁机进行身份盗窃，书中有关文件的信息也做了相应改动。当然，我不是信不过你们。

我只是信不过和你们来往的那些人。

短信查询正版图书及中奖办法

A．电话查询

1．揭开防伪标签获取密码，用手机或座机拨打4006608315；

2．听到语音提示后，输入标识物上的20位密码；

3．语言提示：您所购买的产品是中资海派商务管理(深圳)有限公司出品的正版图书。

B．手机短信查询方法(移动收费0.2元/次，联通收费0.3元/次)

1．揭开防伪标签，露出标签下20位密码，输入标识物上的20位密码，确认发送；

2．发送至958879(8)08，得到版权信息。

C．互联网查询方法

1．揭开防伪标签，露出标签下20位密码；

2．登录www.Nb315.com；

3．进入“查询服务”“防伪标查询”；

4．输入20位密码，得到版权信息。

中奖者请将20位密码以及中奖人姓名、身份证号码、电话、收件人地址和邮编E-mail至my007@126.com，或传真至0755-25970309。

一等奖：168.00元人民币（现金）；
二等奖：图书一册；
三等奖：本公司图书6折优惠邮购资格。
再次谢谢您惠顾本公司产品。本活动解释权归本公司所有。

感谢的话

谢谢您购买本书！顺便提醒您如何使用ihappy书系：

- ◆ 全书先看一遍，对全书的内容留下概念 。
- ◆ 再看第二遍，用寻宝的方式，选择您关心的章节仔细地阅读，将“法宝”谨记于心。
- ◆ 将书中的方法与您现有的工作、生活作比较，再融合您的经验，理出您最适用的方法。
- ◆ 新方法的导入使用要有决心，事前做好计划及准备。
- ◆ 经常查阅本书，并与您的生活、工作相结合，自然有机会成为一个“成功者”。

优惠订购							
	订阅人		部门		单位名称		
	地址						
	电话				传真		
	电子邮箱		公司网址		邮编		
	订购书目						
	付款方式	邮局汇款	中资海派商务管理(深圳)有限公司 中国深圳银湖路中国脑库A栋四楼　　邮编：518029				
		银行电汇或转账	户　名：中资海派商务管理(深圳)有限公司 开户行：招行深圳科苑支行 账　号：81 5781 4257 1000 1 交行太平洋卡户名：桂林　　卡号：6014 2836 3110 4770 8				
	附注	1．请将订阅单连同汇款单影印件传真或邮寄，以凭办理。 2．订阅单请用正楷填写清楚，以便以最快方式送达。 3．咨询热线：0755－22274972　　传　真：0755－22274972 E-mail: szmiss@126.com					

→利用本订购单订购一律享受9折特价优惠。

→团购30本以上8.5折优惠。